T0129465

¿CÓMO EVITAR
EL INSOMNIO INFANTIL?

¿CÓMO EVITAR EL INSOMNIO INFANTIL?

Dr. Richard Ferber

Traducción: Guillermina Cuevas Mesa

SIMON &
SCHUSTER

AGUILAR
LIBROS EN
ESPAÑOL

SIMON & SCHUSTER
Rockefeller Center
1230 Avenue of the Americas
New York, NY 10020

Copyright © 1985, Richard Ferber, M.D.
Copyright de la traducción al español: © 1995, Simon & Schuster, Inc. y
Aguilar, Altea, Taurus, Alfaguara, S.A. de C.V.

Todos los derechos reservados. Esta publicación no puede ser
reproducida ni en todo ni en parte

SIMON & SCHUSTER y el logotipo son marcas registradas
Simon & Schuster, Inc.

Impreso en los Estados Unidos de América

1 3 5 7 9 10 8 6 4 2

Datos de catalogación de la Biblioteca del Congreso
Puede solicitarse información

ISBN 0-684-81330-0

Aguilar, Altea, Taurus, Alfaguara, S.A. de C.V.
Av. Universidad 767, Col. del Valle
México, 03100, D.F.
Teléfono 688 8966

¿CÓMO EVITAR EL INSOMNIO INFANTIL?
Título original en inglés:
How to solve your child's sleep problems

Copyright © 1985, Dr. Richard Ferber.
Copyright de la traducción al español: © 1995, Simon & Schuster, Inc. y
Aguilar, Altea, Taurus, Alfaguara, S.A. de C.V.

Aguilar es un sello del Grupo Santillana que edita en Argentina, Chile, Colombia, Costa Rica,
Ecuador, España, Estados Unidos, México, Perú, Puerto Rico, Portugal, República Dominicana,
Uruguay y Venezuela.
Todos los derechos reservados. Esta publicación no puede ser reproducida,
ni en todo ni en parte, ni registrada en o transmitida por un sistema de recuperación de información,
en ninguna forma ni por ningún medio, sea mecánico, fotoquímico, electrónico, magnético,
electroóptico, por fotocopia o cualquier otro, sin el permiso previo, por escrito, de la editorial.

ÍNDICE

AGRADECIMIENTOS

Tengo mucho que agradecer a distintas personas por su apoyo, enseñanzas, ideas, aliento y críticas. Mi agradecimiento al Dr. Peter Wolff, quien fue el primero que me habló de los estados de vigilia y sueño en el bebé y en inculcarme la importancia de la observación, en vez de las suposiciones. Mi interés por el sueño de los niños surgió bajo su tutela.

Gracias a él conocí al Dr. Myron Belfer, quien compartió conmigo su convencimiento de que se necesitaba un centro de estudios del sueño en los niños. En 1979 organizamos juntos el Centro de Trastornos del Sueño en los Niños.

Debo un agradecimiento especial a la Dra. M. Patricia Boyle, codirectora del Centro. Su interés, entusiasmo, perspicacia y preocupación han contribuido en gran medida al éxito del mismo. Su experiencia en el diagnóstico es invaluable y nos ha ayudado a encontrar el mejor camino hacia la comprensión, la clasificación y el tratamiento de los trastornos del sueño en los niños.

Nuestro laboratorio del sueño se estableció en la Unidad de Ataques del Hospital Infantil. Esto no hubiera sido posible sin el apoyo y las enseñanzas de los doctores Giuseppe Erba y Cesare Lombroso.

La idea inicial de escribir un libro provino de mis conversaciones con los padres de muchos de los niños que he atendido, y en última instancia, sus experiencias constituyen la parte medular de esta obra. A ellos les estoy particularmente agradecido.

También agradezco sinceramente a A. Barry Merkin, quien reconoció la factibilidad de una obra como ésta, me convenció de ello y dio los pasos necesarios para convencer también a otros. Si no hubiera sido por su entusiasmo y el tiempo que me dedicó voluntariamente, este libro no hubiera sido escrito.

Cada uno de los borradores de esta obra fue leído cuidadosamente por Martha Cochrane y por mi esposa Geri. El tiempo que dedicaron fue enorme. Ellas, y mi editor, Fred Hills, ayudaron a convertir un burdo borrador en una versión final que pienso que es comprensible, fácil de leer y útil para los padres. Obviamente, cualquier error de contenido sólo es atribuible a mí.

Por último, deseo agradecer a los miembros de la Asociación de Centros de Trastornos del Sueño, cuyo entusiasmo por el estudio de los trastornos del sueño es contagioso.

PREFACIO

Los problemas del sueño en los niños son muy comunes y con frecuencia provocan honda preocupación, frustración y enojo en el hogar. No obstante, es difícil encontrar la ayuda adecuada. Por ello y para aprender más acerca de los problemas específicos del diagnóstico y tratamiento de niños con trastornos del sueño, abrimos el Centro de Trastornos del Sueño en los Niños en el Hospital del Niño, en Boston, en 1979. Yo estudié pediatría, medicina psicosomática y trastornos del sueño en adultos. Había aprendido a diagnosticar y tratar dichos trastornos en un centro importante de estudio de los mismos, pero sabía que para tratar con éxito a los niños se necesitarían enfoques muy diferentes.

Los problemas del sueño no son iguales en niños y adultos. Por ejemplo, los bebés y los niños que empiezan a caminar que no duermen bien, no se quejan, pero sus padres sí. En general, a los niños pequeños les disgusta más irse a la cama que su imposibilidad para conciliar el sueño; de hecho, es más probable que luchen contra éste, a que se pongan a contar ovejas. El significado de otros síntomas del sueño también depende de la edad. Un niño de cuatro años que aún moja la cama todas las noches, probablemente no sufra de ningún trastorno; el problema de uno de siete que haga lo mismo es bastante enojoso. Pero en el caso de un adulto joven que se moja todas las noches es realmente preocupante. El sonambulismo o los terrores del sueño podrían tener un significado psicológico muy diferente en función de la edad; en general, los ronquidos fuertes en los niños no tienen la misma causa que en los adultos, el tratamiento necesario tampoco es el mismo.

Desde la apertura de la clínica he aprendido mucho de los

cientos de familias a cuyos niños he atendido. La mayoría de los padres habían recibido consejos diferentes y a menudo contradictorios tanto de la familia y los amigos, como de profesionales de la salud, y casi todos habían probado diferentes enfoques para tratar de mejorar el sueño de sus hijos. En algún momento a casi todos les habían dicho que sencillamente dejaran llorar al niño, o les habían aconsejado que lo encerraran en su habitación, que lo dejaran dormir con ellos, que uno de los padres durmiera en la habitación del niño, que le cambiaran la dieta, que por la noche le dieran más de comer, que entibiaran la leche, que le pusieran un chupón, que lo mecieran para que se durmiera, que encendieran una luz, o el radio, o un generador de ruido blanco; que lo pasearan en auto a la hora de dormir, que no lo dejaran dormir siesta, que cambiaran a una cama de agua o que le dieran medicamentos para dormir. Erróneamente les decían con frecuencia que la única posibilidad era esperar a que el niño creciera y superara el problema. Con frecuencia los padres eran acusados injustamente de «malcriar» a su hijo y les hacían sentir que no eran buenos padres.

Me he dado cuenta de que estos consejos no sólo no ayudan sino que en general agravan las cosas porque no se basan en un pleno conocimiento del sueño en los niños. Afortunadamente he llegado a conocer con mayor profundidad las características del sueño y sus trastornos en los niños y he aprendido que es relativamente fácil identificar la causa de la mayoría de dichos trastornos, que se corrigen con técnicas sencillas y directas.

Por ejemplo, se ha comprobado que el problema más común en los niños pequeños, el insomnio, es el más fácil de tratar: incluso un bebé o un niño que empieza a caminar y que nunca ha dormido toda la noche puede empezar a hacerlo en pocos días si sus padres lo ayudan adecuadamente. Otro tipo de problemas, como la enuresis (mojar la cama), el sonambulismo o los terrores del sueño, requieren de enfoques diferentes, pero casi todos pueden mitigarse con el tiempo. Sólo ciertos trastornos, como la narcolepsia, requieren del uso continuo de medicamentos. Y sólo estados muy específicos, como la apnea, llegan a requerir cirugía.

En nuestro Centro, trabajo muy de cerca con la familia. Con su ayuda analizo los factores responsables de las alteraciones del sueño del niño y en la mayoría de los casos establezco tratamientos que los mismos padres pueden poner en práctica. En casi todos los casos, son los padres quienes resuelven los problemas del sueño en sus hijos, en general con éxito. Dado que sólo puedo trabajar directamente con un número limitado de familias, me pareció importante encontrar la manera de compartir con todos los padres lo que he aprendido. Este libro fue escrito con esa finalidad. El material incluido en esta obra debe ayudarle a identificar y tratar los trastornos del sueño de sus hijos o a reconocer los problemas para los cuales debe buscar ayuda profesional. Espero que responda a las interrogantes respecto del sueño de sus hijos para las cuales no había encontrado respuesta y que en última instancia ayude al niño —y a usted— a dormir bien por la noche.

A mis hijos, Matt y Thad,
por haberme enseñado
casi todo sobre los niños
y su sueño,
y a mi esposa Geri,
por ayudarme a aprender

PARTE I

EL SUEÑO DE SU HIJO

I. YA NO PUEDO MÁS

Las llamadas que con más frecuencia recibo en el Centro para Trastornos Infantiles del Sueño del Hospital Infantil de Boston son de padres cuyos hijos no duermen bien. Cuando el padre que está al teléfono empieza diciendo «Ya no puedo más» o «Estamos desesperados», casi puedo adivinar lo que me dirá después.

Lo típico es que la pareja o el padre o la madre solteros tenga un niño pequeño (con frecuencia el primero) de entre cinco meses y cuatro años de edad. El niño no concilia el sueño y/o despierta frecuentemente por la noche. Los padres están cansados y frustrados, y con frecuencia enojados. Su propia relación se ha vuelto tensa y se preguntan si su hijo tiene algún problema grave o si ellos no serán buenos padres.

En la mayoría de los casos han recibido muchos consejos de amigos y parientes, y hasta del pediatra, sobre cómo manejar la situación. «Déjalo llorar, lo estás malcriando», les dicen, o «Es tan sólo una etapa; ya la superará», pero ellos no *quieren* esperar y empiezan a preguntarse si tendrán que hacerlo, pues a pesar de todos sus esfuerzos y estrategias el problema del sueño persiste. Con frecuencia, mientras más hacen los padres por resolverlo, más empeora. Tarde o temprano llegan a preguntarse: «¿Tendré que dejar que mi hijo llore *toda la noche*?» Y si el niño se levanta cuatro, cinco, seis veces por noche: «¿Pasará esta fase antes que nosotros suframos un colapso por falta de sueño?»

En un principio parece que no hay esperanza. Si su hijo no duerme bien o tiene otros problemas —terrores del sueño, enuresis o fuertes ronquidos— que sean fuente de preocupaciones y frustraciones, no pasará mucho tiempo antes que también usted esté al cabo de sus fuerzas. Permítame asegurarle que sí hay esperanza. En casi todos estos casos podemos reducir significativamente los trastornos del sueño y con frecuencia eliminarlos en su totalidad. La información contenida en este libro le ayudará a identificar el problema específico de su hijo y le indicará formas prácticas para resolverlo.

En el Centro del Sueño me reúno con la familia —padres e hijo juntos— y me entero de todo lo relacionado con el problema del niño. ¿Con qué frecuencia se ha presentado y desde cuándo? ¿Cómo son los episodios? ¿Cómo tratan los padres al niño a la hora de acostarlo y cuando despierta en la noche? ¿En la familia se han presentado trastornos del sueño? ¿Qué factores sociales podrían contribuir al problema? En general, con esta historia clínica detallada, un examen físico y estudios de laboratorio en ciertos casos, puedo identificar el trastorno y sus causas y empezar a trabajar con la familia para tratar de curar el trastorno del sueño del niño.

Nuestros métodos de tratamiento para el «niño insomne» rara vez incluyen el uso de medicamentos. Más bien, trabajo con la familia para establecer nuevos programas, rutinas y formas de tratar al niño. Algunas veces podría ser necesario normalizar el ritmo biológico del niño o enseñarle nuevas condiciones que debe relacionar con el hecho de conciliar el sueño. Probablemente la familia tendrá que aprender cómo fijar los límites adecuados respecto del comportamiento del niño o quizá también se necesiten ciertos incentivos para que éste coopere. Siempre negocio las particularidades del plan con la familia. Es importante que estén de acuerdo con el enfoque y tengan confianza en que lo llevarán a cabo con constancia. Si el niño tiene edad suficiente, lo incluimos en la negociación. Después aplicamos una técnica firme y coherente, a la medida del niño, la familia y el trastorno en particular. Una y otra vez, *esto funciona*.

En general, el problema del sueño no tiene relación con la atención inadecuada de los padres. Tampoco los episodios (con pocas excepciones) forman parte de una «fase normal» que debe ser superada. En última instancia, generalmente el niño no presenta problemas físicos ni mentales. La mayoría de los padres se tranquiliza al saber que los trastornos del sueño son comunes en todo tipo de familias y medios sociales y que la mayoría de los niños que los padecen responden adecuadamente al tratamiento.

En ciertos casos, como la apnea, o con menor frecuencia la enuresis, podrían estar implicados factores médicos y nuestra intervención incluiría medicamentos o cirugía. En otros, como el insomnio depresivo, las pesadillas recurrentes, los terrores del sueño en adolescentes o los temores nocturnos extremos, podrían estar implicados factores emocionales. En estos casos será necesario identificar dichos sentimientos y tratarlos satisfactoriamente para que se resuelvan los trastornos del sueño. En ocasiones se recomienda asesoría profesional.

Los estudios de caso de esta obra se basan en la experiencia adquirida en el Centro del Sueño. La descripción de los mismos, así como la de los trastornos del sueño subyacentes y los métodos utilizados para resolverlos, le ayudarán a identificar, comprender y tratar el problema de su hijo.

¿Puede ser que un niño «duerma mal»?
Si su hijo es muy inquieto para dormir o parece no asentarse por la noche, tenga mucho cuidado respecto de suponer que sencillamente duerme mal o no necesita dormir tanto como otros niños de la misma edad. Sus propias expectativas pueden influir mucho en el desarrollo de los hábitos de sueño de su hijo a partir del día en que llega a casa del hospital. He tratado a muchas familias a quienes desde el pabellón de maternidad la enfermera les dice: «Su bebé apenas duerme. ¡Van a tener problemas!» Como a esos padres les hicieron creer que su hijo dormía mal y no había nada que hacer al respecto, le permitieron crear malos hábitos de sueño; no sabían que podían ayudarlo a desarrollar buenos hábitos. A resultas de ello toda la familia sufre enormemente. No obstante, he descubierto que casi todos estos niños cuentan con el potencial para dormir bien y con una ligera intervención pueden aprender a hacerlo.

Es cierto que la capacidad para dormir difiere de un niño a otro y algunos duermen muy bien desde que nacen; quizá en las primeras semanas hasta sea necesario despertarlos para darles de comer. Conforme crecen, no sólo siguen durmiendo bien, sino que es difícil despertarlos. Duermen profundamente por la noche en diferentes ambientes —con luz o en la oscuridad, en silencio o con ruido, en calma o con escándalo— y toleran interrupciones ocasionales de sus patrones de sueño; incluso duermen bien en periodos de estrés emocional.

Otros niños parecen intrínsecamente más susceptibles a las interrupciones de sus patrones de sueño. Cualquier cambio de la rutina al acostarse —una enfermedad, una hospitalización, huéspedes en casa— podría empeorar sus patrones de sueño. Si bien siempre se ha considerado que estos niños «duermen mal», en general nos damos cuenta de que también pueden dormir satisfactoriamente una vez que se modifican adecuadamente sus rutinas y horarios, así como su ambiente o su interacción con la familia. Dichos niños aún podrían dormir mal ciertas noches, pero si se siguen con regularidad las nuevas rutinas, rápidamente se restablecerán los patrones normales.

Obviamente, hay niños que duermen poco por razones que aún no hemos podido identificar. Para estos casos, nuestro tratamiento varía poco, o nada. Si su hijo se levanta mucho por la noche, podría suponerse que es uno de esos niños que duermen mal, pero es casi seguro que no sea ése el caso. Los verdaderos casos de mal dormir son muy raros entre niños pequeños; por ello es muy probable que el problema de sueño de su hijo pueda resolverse.

Virtualmente todos los niños sin problemas físicos ni neurológicos importantes tienen la capacidad de dormir bien. Pueden irse a la cama a una hora adecuada, conciliar el sueño en pocos minutos y dormir hasta una hora razonable. Y si bien es normal que todos los niños (y adultos) despierten brevemente durante la noche, estos despertares deben durar sólo unos segundos o minutos y el niño debe dormirse de nuevo fácilmente por sí solo.

Es muy probable que independientemente de su patrón actual, su hijo sea uno de esos niños que cuentan con la capacidad inherente de conciliar el sueño y seguir durmiendo. Esto es válido incluso si presenta algún trastorno del sueño, como sonambulismo o enuresis, los cuales se manifiestan durante el sueño o un despertar parcial; incluso los niños que presentan estos síntomas podrían tener una capacidad más o menos normal para dormirse y permanecer dormidos. En realidad, el sonambulismo y la enuresis son un poco más difíciles de tratar que el insomnio; no obstante, en general también mejoran, e incluso desaparecen con el tratamiento adecuado.

Cómo determinar si su hijo presenta
un trastorno del sueño
Si los patrones de sueño de su hijo son definitivamente un problema tanto para usted como para él, entonces padece algún trastorno del sueño; por ejemplo, si el niño se queja de que no puede conciliar el sueño o si usted tiene que levantarse con él varias veces durante la noche. Los terrores del sueño, el sonambulismo y la enuresis son fácilmente detectables y no es difícil identificarlos como trastornos del sueño, pero hay otros menos obvios. Quizá usted ni siquiera detecte que su hijo presenta uno de ellos o no se percate de que el problema del niño debe ser considerado como un trastorno que puede y debe tratarse. Probablemente no se dé cuenta de que sus fuertes ronquidos de todas las noches, además de mantenerlo despierto a usted, podrían constituir un síntoma de que su hijo no respira adecuadamente mientras duerme. Otros síntomas de posibles anormalidades en el sueño que deben ser identificados y tratados son: dificultad frecuente para conciliar el sueño a la hora de acostarse; despertar durante la noche y no poder dormirse de nuevo por sí solo; despertar demasiado temprano o demasiado tarde por la mañana; dormirse demasiado temprano o demasiado tarde por la noche, o estar irritable o somnoliento durante el día.

Uno de los problemas del sueño menos obvios es el de sueño insuficiente. No hay manera de medir si su hijo duerme lo suficiente todos los días. La figura 1 ilustra la cantidad de sueño promedio en niños de diferentes edades durante la noche o las siestas, pero todos los niños son diferentes. Podemos observar de cerca el comportamiento de cada uno durante el día para saber si está excesivamente somnoliento o caprichoso, pero los síntomas de la falta de sueño en un niño pequeño pueden ser muy sutiles. Si su hijo de dos años duerme sólo ocho

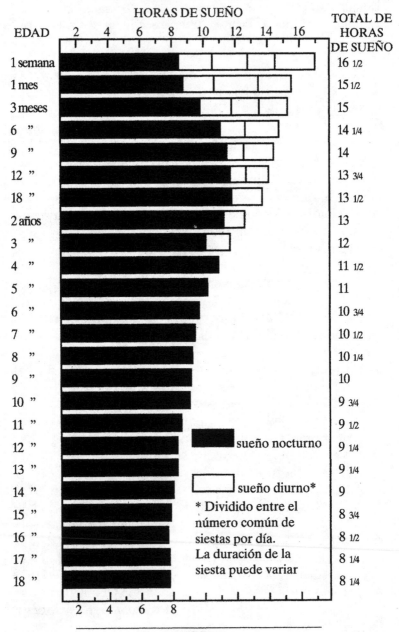

FIGURA 1
NECESIDADES DE SUEÑO
DURANTE LA INFANCIA

horas por la noche pero se ve feliz y funciona bien durante el día, podría hacernos suponer que no necesita dormir más, pero ocho horas de sueño casi nunca son suficientes a esa edad y con el tratamiento adecuado puede aprender a incrementar considerablemente el tiempo que pasa dormido. Usted podría empezar a notar una mejoría en su comportamiento en general, y sólo entonces se percataría de los síntomas más sutiles de sueño insuficiente que ya eran evidentes antes de que usted ajustara los hábitos de sueño del niño. Probablemente su hijo estará más contento durante el día, un poco menos irritable, con mayor concentración durante el juego y menos proclive a caprichos, accidentes y discusiones.

Con frecuencia los adolescentes no duermen lo suficiente; es poco probable que despierten espontáneamente los días de escuela y tienden a dormir cuando menos una hora más durante los fines de semana. Cuando tienen la oportunidad de dormir cuanto quieren, en promedio duermen nueve horas por noche, que es quizá lo más cercano a la cantidad óptima para su edad.

También es difícil decidir cuándo es «anormal» despertar por la noche. Un niño pequeño, de seis meses a tres años, podría dormir lo suficiente por la noche incluso si despierta varias veces y es necesario ayudarle para que concilie de nuevo el sueño. Los padres me preguntan si esto es normal. «De ser así, seguiremos levantándonos, pero si no lo es, nos gustaría hacer algo al respecto.» Yo les aseguro que la mayoría de los bebés nacidos a término duerme toda la noche a partir de los tres o cuatro meses de edad. No hay duda de que hacia los seis, todos los bebés normales pueden hacerlo.

Si su bebé no empieza a dormir toda la noche por sí mismo a más tardar hacia los seis meses, o si empieza a despertarse después de semanas o meses de dormir bien, entonces algo está interfiriendo con la continuidad de su sueño. Es posible que duerma mejor y muy probable que las interrupciones de su sueño puedan corregirse. Los capítulos V a XI le ayudarán a identificar su problema y le enseñarán a solucionarlo.

Lo bien que duerma su hijo desde los primeros meses influye no sólo en su comportamiento durante el día, sino en lo que usted siente respecto de él. Con frecuencia los padres me dicen: «Mi bebé es muy bueno, hasta tengo que despertarlo para darle de comer». Si bien lo que los padres dicen es que el bebé *duerme* bien, esto implica que el bebé es «bueno» desde el punto de vista moral. Es fácil percatarse de que esta distinción influye en cómo se relaciona usted con su hijo. Si éste no duerme bien, podría hacerle la vida imposible. No es difícil pensar que un bebé que duerme mal es «malo». Es muy probable que usted se sienta terriblemente frustrado, impotente, preocupado y enojado si tiene que oírlo llorar todas las noches, levantarse varias veces y no duerme lo necesario. Si los trastornos del sueño de su hijo son graves, su frustración y fatiga influirán en sus actividades diurnas e inevitablemente se sentirá cada vez más tenso con su hijo, su cónyuge, su familia y sus amigos. Si éste es el caso en su hogar, se alegrará de saber que es casi seguro que su hijo puede dormir mucho mejor y que usted mismo podrá dormir bien. Para ello tendrá que identificar con exactitud el problema de su hijo para poder aprender a resolverlo.

Para empezar, deseo explicarle brevemente lo que sabemos sobre el sueño. Si bien no es necesario que esté familiarizado con la investigación científica al respecto, será útil que tenga ciertos conocimientos sobre lo que es realmente el sueño, cómo se desarrollan los hábitos normales de sueño en la infancia y dónde puede estar el problema; de esta manera podrá reconocer los patrones anormales cuando empiecen a desarrollarse, corregir problemas ya establecidos y prevenir que se presenten otros.

Si bien la información sobre el sueño en el capítulo II no es excesivamente técnica, a usted podría interesarle más leer los capítulos que siguen para conocer los trastornos del sueño propiamente dichos y su tratamiento. De ser así, le sugiero que lea rápidamente la información sobre el sueño del capítulo siguiente y vuelva a leerlo con más detenimiento una vez que haya identificado el problema de su hijo. Esa información puede interesarle casi a cualquier persona, especialmente a los padres que desean hacer algo para que su hijo duerma mejor por la noche.

II. QUÉ SABEMOS SOBRE EL SUEÑO

Quizá le sorprenda saber que todavía ignoramos bien a bien por qué necesitamos dormir y para qué sirve el sueño. Obviamente sin él estamos somnolientos y esa sensación sólo desaparece durmiendo. Sabemos que el sueño constituye una función restauradora del cuerpo y quizá de la mente y no hay duda de que es necesario para que funcionemos normalmente durante el día.

Hasta hace poco tiempo, médicos e investigadores pensaban que el sueño era un estado único, diferente de la vigilia. No obstante, ahora sabemos que el sueño propiamente dicho se divide en dos estados diferentes, el sueño *MOR*, o de movimientos oculares rápidos, y el sueño no *MOR* que es quizá la etapa que más se acerca a lo que en general consideramos como «dormir»; la mayor parte de las funciones restauradoras del sueño se presentan en este estado. Durante el sueño no *MOR* yacemos tranquilamente y el ritmo cardiaco y la respiración son regulares. Si soñamos, los sueños son pocos, si bien siguen presentándose ciertos procesos de pensamiento. Durante el sueño *MOR* los sistemas corporales están mucho más activos y es en este estado en el que se presentan nuestros sueños.

El sueño no MOR
Después de los primeros meses de vida, el sueño no *MOR* se divide en cuatro etapas, las cuales representan niveles progresivos de sueño, desde la somnolencia hasta un sueño muy profundo, que pueden ser identificadas por el monitoreo de las ondas cerebrales, los movimientos de los ojos y el tono muscular, mediante un aparato llamado polígrafo.

Cuando usted empieza a conciliar el sueño, entra a la Etapa I, que es un estado de somnolencia. Si bien no está consciente de ello, los ojos se mueven lentamente bajo los párpados cerrados y empieza a estar menos consciente del mundo exterior. Si está familiarizado con la experiencia de sentir somnolencia durante una conferencia o una reunión, recordará que al empezar a cabecear pierde algunos comentarios del conferencista, aunque despierta de inmediato, con frecuencia sobresaltado, si oye su nombre o la cabeza le cuelga tanto que corre el riesgo de caerse de la silla. Podría pensar que no estaba dormido, pero el hecho de recuperar la conciencia le demuestra lo contrario. Al despertar del estado de somnolencia, quizá recuerde algunos pensamientos similares a lo que en general llamamos «soñar despierto». Algunas personas informan haber visto u oído cosas que más parecen verdaderos sueños. Estas imágenes «hipnagógicas» (es decir, en el momento de quedarse dormido) son similares a los sueños normales que se presentan más tarde, durante el sueño *MOR*, aunque no están bien construidas, son más cortas y menos extrañas.

Conforme se avanza de la somnolencia al sueño profundo, quizá se sienta una sacudida repentina de todo el cuerpo que efectivamente despierta brevemente e interrumpe el descenso hacia el sueño. Este «sobresalto hipnagógico» es normal, si bien no ocurre cada vez que dormimos.

La somnolencia realmente constituye una transición hacia las etapas mejor establecidas del sueño no *MOR*, pero sólo podemos identificar con certeza el inicio de la Etapa II si analizamos las ondas cerebrales. Empiezan a observarse brotes cortos de actividad muy rápida llamados picos de sueño y ondas lentas y amplias denominadas complejo K (véase figura 2). En esta etapa es fácil que lo despierten, pero al despertar podría no creer que estaba dormido, dependiendo del tiempo que pasó en la Etapa II, de qué tanto había avanzado en ella al momento de despertar y, como siempre, de las peculiaridades de cada persona. Es muy probable que al despertar usted no informe de sueños extraños, pero quizá describa algunos «pensamientos» en proceso.

Cuando el sueño es más profundo se avanza a la Etapa III

FIGURA 2
PATRONES DE LAS CEREBRALES DURANTE LA VIGILIA Y DURANTE EL SUEÑO

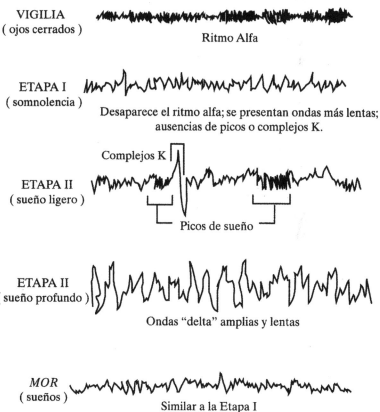

VIGILIA
(ojos cerrados)

Ritmo Alfa

ETAPA I
(somnolencia)

Desaparece el ritmo alfa; se presentan ondas más lentas; ausencias de picos o complejos K.

Complejos K

ETAPA II
(sueño ligero)

Picos de sueño

ETAPA II
(sueño profundo)

Ondas "delta" amplias y lentas

MOR
(sueños)

Similar a la Etapa I

y por último a la IV. Las ondas cerebrales pequeñas y rápidas del sueño ligero y de la vigilia desaparecen y predominan las ondas «delta», lentas y amplias. La respiración y el ritmo cardiaco se estabilizan, la sudoración podría ser profusa y es muy difícil despertar. En la Etapa II probablemente lo despertaría oír su nombre, pero este estímulo podría pasar desapercibido en la Etapa IV.

No obstante, si el estímulo es importante, es probable que despierte; por lo tanto, aparentemente incluso durante la Etapa IV de sueño muy profundo, nuestra mente sigue procesando cierta información del exterior.

Así, si bien podría ser difícil que despertara cuando tiene que levantarse a alimentar a su bebé, si alguien grita «¡Fuego!» o su hijo llora de dolor, usted despertará de inmediato, aunque incluso en emergencias de ese tipo se dará cuenta de que está despierto, pero *confundido*. Sabe que debe actuar con rapidez, pero le cuesta trabajo pensar con claridad, decidir qué hacer y «quitarse las telarañas» de la cabeza. Esta dificultad para hacer la transición de la Etapa IV del sueño no *MOR* a la vigilia alerta es muy significativa en varios de los trastornos del sueño en niños, como veremos al analizar los terrores del sueño, los periodos largos de confusión y el sonambulismo (capítulo IX).

Durante el sueño no *MOR* sus músculos están más relajados que cuando está despierto, aunque aún puede moverse, pues funcionan las conexiones entre los nervios y los músculos controlados por éstos. No obstante, usted no se mueve porque el cerebro no envía a los músculos el mensaje de que se deben poner en movimiento. Los trastornos del sonambulismo y de los golpes rítmicos en la cabeza relacionados con el sueño son una excepción a esta regla y se analizarán en detalle más adelante.

Sueño MOR

Después de uno o dos ciclos de sueño no *MOR*, se pasa al sueño *MOR*, que es un estado totalmente diferente. Tanto la respiración como el ritmo cardiaco se tornan irregulares. Los reflejos, el funcionamiento de los riñones y los patrones de liberación de hormonas se modifican. La regulación de la temperatura se deteriora, por lo que no se suda ni se tirita. En este estado, los varones presentan erección del pene y las mujeres congestión del clítoris y un incremento en el flujo sanguíneo de la vagina, aunque se desconoce el significado de estos cambios genitales. El sueño *MOR* es un estado activo. El cuerpo consume más oxígeno, signo de que se consume más energía. El flujo sanguíneo del cerebro se incrementa, al igual que la temperatura; por otra parte, las ondas cerebrales son más intensas, similares a una mezcla de los patrones de vigilia y somnolencia. Ahora la mente «despierta», pero mientras se sueña, el estado de conciencia es diferente al de la verdadera vigilia. Respondemos sobre todo a las señales originadas en el propio cuerpo y no a las del mundo exterior; se acepta sin problema lo extraño de los sueños.

En este estado el tono muscular es muy pobre, especialmente en la cabeza y el cuello, que se relajan totalmente. Los impulsos nerviosos que de otra manera pasarían hacia los músculos a través de la columna vertebral se bloquean en ésta, de manera que los músculos no sólo se relajan, sino que gran parte del cuerpo realmente se paraliza. El cerebro manda las señales de movimiento, pero éstas no llegan a los músculos. La única excepción son los que controlan los movimientos oculares, la respiración y el oído. Dado que el bloqueo no es total, algunas de las señales más potentes llegan a los músculos y provocan ligeras sacudidas en las manos, las piernas o el rostro. Así pues, si bien durante el sueño *MOR* las funciones metabólicas y cerebrales son muy activas y el cerebro manda las señales de movimiento, la persona permanece más bien inmóvil.

Quizá lo más sorprendente del sueño *MOR* sean los brotes de movimientos oculares rápidos. Durante éstos, el ritmo cardiaco y el respiratorio, la presión arterial y el flujo sanguíneo hacia el cerebro se incrementan y muestran otras irregularidades. Por otra parte, si se despierta a la persona cuando lleva unos minutos en el estado *MOR* y ha presentado movimientos oculares frecuentes, sin duda informará qué soñó. La duración del sueño descrito corresponderá aproximadamente al lapso transcurrido en el estado *MOR*. Los niños de dos años que despiertan en dichas circunstancias logran describir sus sueños.

No podemos asegurar que el patrón de movimientos oculares indique siempre que usted realmente «observa» el transcurrir de su sueño, pero sospechamos que en parte así sucede, y que cuando menos ciertos músculos se crispan de acuerdo con la acción que tiene lugar en el sueño. Afortunadamente son unas cuantas las señales de movimiento que llegan a los músculos y usted sólo se crispa ocasionalmente; ni se levanta, ni representa peligrosamente su sueño. Así pues, se equivocaría al suponer que el sonambulismo o los terrores del sueño son producto de sueños agradables o de pesadillas, pues durante el sueño *MOR* no pueden presentarse movimientos corporales tan complejos.

Algunos investigadores piensan que el sueño MOR tiene ciertas funciones psicológicas. Sugieren que nos permite procesar las experiencias emocionales diurnas y transferir ciertos recuerdos recientes a la memoria de largo plazo, pero estas teorías aún no han sido probadas. No hay duda de que los sueños tienen un significado emocional, pero su importancia para quien los sueña sigue siendo un misterio. Aparentemente el sueño *MOR* es importante, pues soñamos todas las noches (incluso quienes piensan que no sueñan) y si nos privan de él durante un tiempo, lo compensamos la noche siguiente; pero cuando a alguna persona se le priva del sueño *MOR* durante periodos largos (por ejemplo por la ingestión de ciertos medicamentos), no muestra efectos perjudiciales importantes.

En ocasiones es fácil ser despertado del sueño *MOR* y en otras es muy difícil, posiblemente dependiendo de la importancia que tenga para usted el estímulo despertador y de qué tan sumergido esté en su sueño. Así, un radio reloj no lo despertará de inmediato de un sueño verdaderamente interesante; por el contrario, podría incorporar al sueño algo de lo que oye en la radio. Por otra parte, un estímulo significativo lo despertará fácilmente. A diferencia del despertar del sueño de la Etapa IV, estará alerta rápidamente.

Así pues, aparentemente vivimos en tres estados diferentes. Durante la vigilia actuamos racionalmente y nuestros pensamientos se traducen en acciones, de manera que mantenemos la actividad necesaria para sobrevivir. Durante el sueño no *MOR* el cuerpo descansa y se recupera. En este estado los procesos mentales son mínimos, aunque podría haber cierta actividad similar al pensamiento. Durante el sueño *MOR* la mente vuelve a estar activa, si bien no es totalmente racional; se «desconecta» del cuerpo, por lo que no se presentan los principales movimientos de éste a pesar de que el cerebro manda las señales normales.

Una teoría sugiere que durante la evolución el sueño *MOR* era un estado intermedio entre el no *MOR* y la vigilia, en el cual la mente «despertaría» antes de «conectarse» con el cuerpo. Esto permitiría que un animal se durmiera y lograra el valor de recuperación del sueño no *MOR*. En este estado, sin movimiento ni respiración regular, estaría a salvo de depredadores. No obstante, el despertar repentino del no *MOR* dejaría al animal confuso y susceptible a un ataque. Al pasar primero al sueño *MOR*, el cerebro del animal estaría alerta, pero seguiría desconectado del cuerpo para impedir cualquier movimiento que pusiera sobre aviso al depredador. Una vez que el animal estuviera suficientemente alerta, despertaría totalmente, la parálisis muscular desaparecería y podría reaccionar adecuadamente ante el peligro.

Este control ante el peligro también podría ser importante para los humanos. Todos tendemos a despertar brevemente después de un sueño. En ese lapso observamos si algo parece fuera de lugar en nuestro ambiente: olor a humo, pasos en la planta baja o sollozos apagados en la habitación contigua. Si todo está en orden, sencillamente nos dormimos de nuevo y en general a la mañana siguiente no recordamos haber despertado. Sin embargo, muchos niños pequeños no pueden volver a dormirse de inmediato después de estos despertares normales, porque para ellos algo está «mal». Quizá cuando despiertan les parece mal encontrarse en su cuna y no en brazos de alguno de sus padres; este problema es muy común y lo analizaremos en detalle en el capítulo V.

Con esta información básica sobre las etapas del sueño, veamos cómo desarrollan los bebés patrones de sueño normales.

Cómo se desarrollan las etapas del sueño en los niños
Tenemos pruebas de que los patrones de sueño empiezan a desarrollarse en los bebés incluso antes de que nazcan. El

sueño *MOR* aparece en el feto alrededor de los seis o siete meses de gestación, el no *MOR* entre los siete y los ocho. En el feto y en el bebé el sueño MOR se denomina «sueño activo» y el no *MOR* «sueño pasivo». Hacia los ocho meses de gestación, ambos estados están bien establecidos. En el recién nacido el sueño *MOR* es fácil de identificar porque el bebé se crispa y respira de manera irregular; también es posible observar los movimientos oculares bajo los delgados párpados y, en ocasiones, una ligera sonrisa. Durante el sueño pasivo respira profundamente y yace inmóvil. Ocasionalmente hace movimientos rápidos de succión y de repente su cuerpo se crispa o «sobresalta».

Si bien la etapa de sueño pasivo está bien establecida, difiere en cierta forma del sueño no *MOR* de los niños mayores y de los adultos. Las ondas cerebrales son más amplias y se presentan en rachas, más que en un flujo continuo. Por otra parte, el sueño no *MOR* del bebé aún no consta de cuatro etapas. Durante el primer mes de vida, las ondas cerebrales no *MOR* se vuelven continuas y los sobresaltos desaparecen. Hacia el primer mes de edad empiezan a aparecer los picos de sueño y durante el siguiente empiezan a identificarse las etapas de sueño no *MOR*. Las ondas K complejas no se observan hasta que el bebé tiene seis meses.

El sueño *MOR* es la primera etapa en constituirse. Los bebés prematuros pasan el 80 por ciento de su tiempo de sueño en este estado y los nacidos a término el 50 por ciento. No se sabe a ciencia cierta por qué predomina el sueño *MOR* en la primera etapa de desarrollo. Sabemos que el sueño pasivo requiere de cierto grado de madurez cerebral, de manera que en general no se observa en los recién nacidos. Pensamos que la gran cantidad de sueño *MOR* en las primeras etapas es importante para el desarrollo subsiguiente del feto y del recién nacido. En el sueño *MOR* los centros cerebrales altos reciben estímulos de las áreas profundas más primitivas. Los impulsos siguen las mismas rutas sensoriales utilizadas para la vista y el oído, y quizá para el tacto, el olfato y el gusto. Más tarde, probablemente el cerebro incorpora dichos estímulos a las imágenes de los sueños. Si bien no podemos saber nada de los «sueños» de los bebés, este estado quizá permita que el cerebro en desarrollo reciba información de los sentidos (es decir, que «vea», que «oiga») incluso antes del nacimiento. Esta información podría ser importante para el desarrollo de los centros cerebrales altos.

También sabemos que en el interior del útero el bebé no presenta movimientos respiratorios durante el sueño no *MOR*. Si no practicara los movimientos respiratorios, el bebé nacería sin experiencia en el uso de músculos tan importantes para la sobrevivencia, pero los practica durante el sueño *MOR*; también es factible que el bebé practique el envío de las señales que controlan otras actividades motoras. En el feto estos impulsos no se bloquean tanto como en los niños y los adultos, por lo que durante el sueño *MOR* tiene cierta capacidad real para practicar determinados movimientos corporales. Es una suerte para la madre que los impulsos motores estén en cierta forma bloqueados; de lo contrario, ¡el bebé nunca estaría quieto!

Así pues, el sueño *MOR* es básico en los primeros meses de desarrollo tanto del feto como del bebé; conforme se incrementa la edad, va perdiendo importancia progresivamente. De hecho, si bien un bebé nacido a término pasará el 50 por ciento de su sueño en estado *MOR*, a los tres años éste se habrá reducido al 33 por ciento; el nivel adulto del 25 por ciento se alcanzará hacia el final de la infancia o en la adolescencia.

Ciclos de sueño en los niños
Es importante que usted conozca hasta cierto punto los ciclos de sueño para que entienda mejor las particularidades de ciertos trastornos que se presentan en los niños.

Una vez que se han establecido las cuatro etapas del sueño no *MOR* y que la mayor parte del tiempo de sueño del bebé se ha consolidado en un periodo de sueño nocturno, los patrones cíclicos del sueño adoptan la forma que prácticamente conservarán durante toda la vida. No obstante, la duración de los ciclos de sueño y la cantidad de sueño *MOR* y de sueño profundo no *MOR* aparentemente varía en función de la edad del niño y del adulto. En torno a la adolescencia, la duración de los ciclos de sueño, o lapso entre dos apariciones consecutivas del mismo estado de sueño, se incrementa de unos cincuenta minutos que dura en un bebé nacido a término, al nivel adulto de noventa. La cantidad total y el porcentaje de sueño *MOR* decrece durante la infancia y se incremente en la adolescencia. Conforme se reduce la cantidad de sueño total, la Etapa IV de sueño no *MOR* también disminuye durante la infancia y la adolescencia, pero sigue representando cerca del 25 por ciento del sueño total del niño.

Si bien un recién nacido accede de inmediato al sueño *MOR* una vez que concilia el sueño, más o menos a los tres meses accederá primero al no *MOR*, patrón que conservará durante toda su vida. En general, un niño pequeño pasa rápidamente por la somnolencia y las etapas ligeras del sueño no *MOR* para alcanzar la Etapa IV a los diez minutos (véase figura 3). En los más pequeños éste es un sueño profundísimo y despertarlos en esta etapa podría ser casi imposible. Por ejemplo, si por la noche su hijo llega a la Etapa IV en el auto, probablemente tendrá que cargarlo, ponerle la pijama y acostarlo sin que dé muestras de movimiento o se despierte. El niño que es arrullado a la hora de dormirse y que se despierta cuando lo ponen en la cama antes de que su sueño sea lo suficientemente profundo, no despertará una vez que haya llegado a esta etapa. Si usted despierta a su hijo en la Etapa IV para que orine, lo hará en un estado de seminconciencia, volverá a dormirse de inmediato y en la mañana no recordará haberse levantado. En este caso, el despertar es parcial; se asemeja mucho al observado en trastornos de sonambulismo o terrores del sueño.

Un niño permanecerá en la Etapa IV más o menos durante una hora y experimentará un breve despertar. En ese momento quizá se mueva de improviso. Las ondas cerebrales también cambian abruptamente y muestran una mezcla de los patrones de sueño profundo, sueño ligero, somnolencia e incluso vigilia. El niño podría frotarse el rostro, refunfuñar, voltearse, llorar un poco o decir palabras ininteligibles. Incluso puede abrir los ojos un momento y mostrar una mirada vacía o sentarse unos segundos antes de volver a dormirse.

En realidad, durante estos despertares podría presentarse toda una gama de comportamientos. Acabamos de describir los más ligeros, que son bastante comunes; también podrían

FIGURA 3
PROGRESIÓN TÍPICA DE LAS ETAPAS DEL SUEÑO

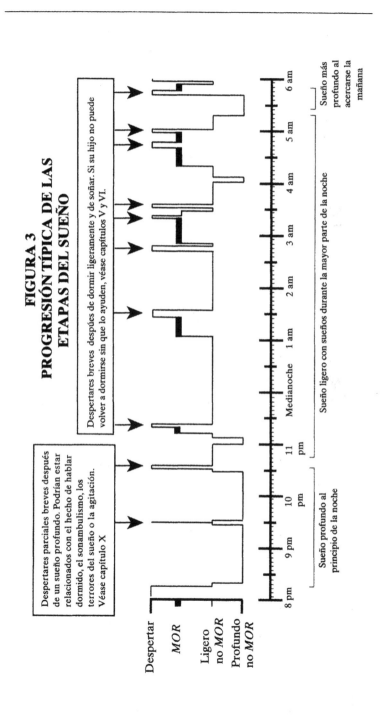

Despertares parciales breves después de un sueño profundo. Podrían estar relacionados con el hecho de hablar dormido, el sonambulismo, los terrores del sueño o la agitación. Véase capítulo X

Despertares breves después de dormir ligeramente y de soñar. Si su hijo no puede volver a dormirse sin que lo ayuden, véase capítulos V y VI.

Despertar

MOR

Ligero no MOR

Profundo no MOR

8 pm 9 pm 10 pm 11 pm Medianoche 1 am 2 am 3 am 4 am 5 am 6 am

Sueño profundo al principio de la noche

Sueño ligero con sueños durante la mayor parte de la noche

Sueño más profundo al acercarse la mañana

presentarse algunos más prominentes que no son tan normales, entre otros, sonambulismo, terrores del sueño, agitación con confusión y quizá enuresis. Todos estos episodios se presentan en las vigilias parciales del sueño no *MOR* profundo durante las cuales el niño muestra, al mismo tiempo, características tanto del sueño como de la vigilia. Estos trastornos se analizarán detalladamente en capítulos posteriores, pero por el momento recordemos que *no* son estimulados por los sueños. Como sabemos, los sueños, incluyendo las pesadillas, se presentan sólo durante el estado *MOR*. La vigilia parcial podría durar de unos segundos a varios minutos. Ocasionalmente el niño despierta por completo brevemente antes de que las etapas del sueño sigan avanzando. Si bien algunas veces la Etapa IV se fusiona casi imperceptiblemente con el sueño *MOR* sin despertar, esto no sucede con frecuencia.

Después de despertar, el niño tendrá algunos minutos parecidos a la somnolencia, o quizá intentará conciliar un sueño *MOR*. En este momento podría incluso presentarse un episodio MOR corto, especialmente en adolescentes y adultos. Sin importar el momento en que se presente, el primer episodio *MOR* tiende a ser relativamente corto, de sólo cinco a diez minutos, y en general no es muy intenso. Los movimientos oculares serán escasos y los patrones respiratorios y cardiacos se mantendrán más bien estables. Después del episodio *MOR* o «casi *MOR*», el niño volverá a otro ciclo de sueño no MOR. En los niños pequeños el retorno a la Etapa IV del sueño probablemente será rápido, si bien no tan rápido como inicial.

Después de cuarenta a cincuenta minutos, se presentará otro despertar, seguido casi seguramente de un episodio *MOR* de cinco a veinte minutos de duración. Este estado *MOR* podría ser interrumpido por varias vigilias breves y un retorno rápido al sueño. El estado *MOR* concluirá con un breve despertar, el niño se moverá, acomodará sus cobertores, verificará que todo esté normal y volverá a dormirse, de tal suerte que este despertar tiene varias funciones. El niño necesita cambiar de posición para conservar la salud de la piel, los músculos y las articulaciones, además de que verificará si las cosas están igual que cuando se durmió. Es importante que usted esté consciente de que estos despertares se presentan tanto en los niños como en los adultos, y que son normales. Con frecuencia los padres piensan que son anormales, sobre todo cuando el niño no puede volver a dormirse, porque las condiciones que relaciona con conciliar el sueño, como los arrullos, no son las mismas. Esto será analizado más ampliamente en el capítulo V.

Después de este periodo de sueño *MOR*, el niño tendrá otro de sueño no *MOR*. Lentamente volverá a la Etapa III, o quizá a la IV, se presentará otro despertar y un episodio de sueño *MOR* más prolongado e intenso. El resto de la noche presenta alternancias entre sueño *MOR* y Etapa II. Los niños pequeños con frecuencia vuelven a la Etapa III o a la IV antes de despertar por la mañana, si bien esto es menos frecuente entre los niños mayores y los adultos.

Este panorama le dará una idea de lo que experimenta realmente su hijo durante las diferentes etapas del sueño nocturno. También le ayudará a decidir en qué etapa se encuentra el niño respecto de la hora en que se durmió y qué comportamiento de sueño presenta en un momento determinado. Estas observaciones le serán de gran ayuda para determinar qué tipo de trastorno del sueño presenta su hijo y cómo tratarlo.

Patrones de sueño y vigilia
Un bebé recién nacido duerme dieciséis o diecisiete horas diarias, pero no puede hacerlo más de unas cuantas horas seguidas y tendrá unos siete periodos de sueño y vigilia distribuidos más o menos regularmente durante el día y la noche. Los episodios, cuya duración variará de veinte minutos a cinco o seis horas, se iniciarán con un periodo de sueño *MOR* y, dependiendo de la duración, presentarán varios ciclos *MOR* y no *MOR*. Incluso si su bebé duerme bien durante varias horas, en general podrá observar despertares breves. Hacia los tres o cuatro meses, dormirá unas quince horas al día y su patrón de sueño se habrá consolidado en cuatro o cinco periodos; las dos terceras partes se darán durante la noche. A esta edad, la mayoría de los bebés se habrá "estabilizado", es decir, dormirá casi toda la noche,

cuando menos a partir de la última vez que es alimentado, hasta el primer alimento de la mañana.

Hacia los seis meses, casi todos los bebés se han estabilizado y el sueño nocturno continuo se incrementa. Un bebé común de esta edad dormirá unas doce horas por la noche con despertares ocasionales breves. Además, tomará dos siestas de una a dos horas al día: una a media mañana y la segunda por la tarde. Obviamente, el patrón de estabilización varía de niño a niño, y su bebé podría dejar de despertar por la noche gradualmente, o de repente, como si hubiera olvidado el alimento de las dos de la madrugada. La estabilización de ciertos bebés es muy irregular. De cualquier manera, en algún momento entre los tres y los seis meses su bebé deberá dormir bien por la noche.

La mayoría de los niños de un año todavía duermen unas catorce horas diarias. Si aún toman una siesta por la mañana, es casi seguro que dejarán de hacerlo durante el segundo año. Hacia los dos años, su hijo deberá dormir de once a doce horas por la noche y una siesta de una a dos horas después del almuerzo.

Probablemente tomará la siesta de la tarde cuando menos hasta los tres años; algunos niños siguen haciéndolo hasta los cinco.

De los tres años a la adolescencia, las necesidades de sueño disminuyen. Cuando ya caminan, es raro que duerman siesta y el sueño nocturno se reduce paulatinamente de unas doce horas en la edad prescolar a cerca de diez en la preadolescencia. Durante los cuatro años de la pubertad los cambios son rápidos. Los jóvenes de catorce a diecisiete años duermen sólo siete u ocho horas, si bien pensamos que dicha cantidad de sueño ha sido impuesta culturalmente y con probabilidad sea inadecuada.

Debo subrayar que estas cifras son sólo aproximadas, y dado que las necesidades varían de un niño a otro, no es posible determinar con precisión la cantidad de sueño que su hijo necesita. No obstante, si duerme varias horas más o menos de lo determinado para su edad en la figura 1, podríamos cuando menos sospechar que padece de algún trastorno del sueño que tendría que ser identificado y corregido.

La importancia de los ciclos biológicos

Para entender ciertos trastornos infantiles del sueño, es necesario que usted sepa algo de los ritmos circadianos subyacentes a los patrones de sueño. Los ritmos circadianos se refieren a los ciclos biológicos que se repiten aproximadamente cada veinticuatro horas. Todos tenemos muchos de dichos ritmos. Entre ellos se incluyen los patrones de sueño y vigilia, de actividad y descanso, de hambre y alimentación y las fluctuaciones de la temperatura del cuerpo y de la secreción de hormonas. Es importante que estos ciclos concuerden para que nos sintamos bien durante el día. Nuestra capacidad para conciliar el sueño y permanecer dormidos está estrechamente relacionada con la armonía de dichos ciclos. Normalmente nos quedamos dormidos conforme la temperatura del cuerpo desciende hasta un mínimo diario, y despertamos cuando empieza a incrementarse hasta un punto máximo. El nivel del cortisol, secretado por la glándula suprarrenal, también desciende al iniciarse la noche; después se incrementa progresivamente a niveles superiores antes de que despertemos espontáneamente por la mañana. Si tenemos que despertar cuando la temperatura y el nivel de cortisol aún son bajos, nos cuesta mucho trabajo. De manera similar, tenemos problemas para conciliar el sueño si la temperatura del cuerpo está en su punto máximo.

Es importante saber que la duración inherente de estos ciclos rebasa las veinticuatro horas; en realidad se acerca a las veinticinco. Diariamente reorganizamos los ciclos mediante claves distintas, como la hora de comer o la hora de acostarse y especialmente la hora de levantarse. De hecho, si no utilizáramos esas señales como guía, nuestros ciclos «funcionarían libremente» según su ritmo inherente sobre la base de un día de veinticinco horas. Los adultos aislados en cuevas o en un laboratorio y sin acceso a relojes o ventanas empiezan a acostarse una hora más tarde cada día y a levantarse una hora más tarde por la mañana. Muchos de nosotros seguimos esa tendencia durante los fines de semana o en vacaciones. Nos acostamos tarde y nos levantamos tarde, y después, cuando tenemos que volver a trabajar, nos cuesta mucho trabajo ajustarnos al horario anterior.

Si bien no nos es difícil mantener un horario de veinticuatro horas, sí se presentan problemas cuando nuestras rutinas son irregulares o intentamos dormir —o pedimos a nuestros hijos que lo hagan— a horas que no concuerdan con los ciclos subyacentes de sueño y vigilia. Quienes trabajan turnos diferentes son particularmente propensos a los trastornos del sueño; las personas que al viajar cruzan husos horarios tienen problemas para dormir y padecen malestares, entre los cuales destaca uno al que comúnmente se le denomina *jet lag*. Lo mismo sucede con los niños cuyos ciclos de sueño se interrumpen o modifican. Quizá duerman mal por la noche y durante el día estén somnolientos o no se comporten adecuadamente. Es importante que usted entienda esto, pues el tratamiento de los problemas relacionados con la modificación de los patrones de sueño-vigilia difiere de los aplicados para otros trastornos. En los capítulos VIII y IX trataré esto con más detalle. Por el momento, nos basta con saber que los ritmos circadianos normales son necesarios para dormir normalmente y para funcionar de manera óptima durante el día, y que muchas de las anormalidades relacionadas con las modificaciones de estos ritmos son muy fáciles de identificar y de corregir.

III. CÓMO AYUDAR A QUE SU HIJO DESARROLLE HÁBITOS DE SUEÑO ADECUADOS

Todos tenemos diferentes formas de interactuar con nuestros hijos a la hora de dormir, así como maneras distintas de conformar sus hábitos de sueño. Estas diferencias pueden presentarse entre familias, entre grupos étnicos y entre culturas. El niño dormido puede estar envuelto, ligeramente vestido o desnudo; puede dormir en su propia habitación o compartirla con uno o más hermanos y hermanas, o bien con toda la familia en una misma habitación, incluso en la misma cama. Quizá duerma boca abajo, de lado o de espaldas en una habitación oscura, semiluminada o muy iluminada. Puede haber silencio o ruido constante, como el zumbido de un humidificador o acondicionador de aire; el sonido intermitente de la radio o la televisión o del tráfico exterior, o ruidos ocasionales de aviones, sirenas o de otros niños. Puede quedarse dormido mientras es amamantado o succiona un biberón o un chupón, meciéndose en una silla, o solo en la cama. Puede dar las buenas noches en la planta baja e irse solo a la cama, o conciliar el sueño después que le hayan leído un cuento, después de decir sus oraciones, jugar a algo tranquilo o comentar los acontecimientos del día. Un niño puede irse a la cama a horas diferentes todas las noches y no tener una rutina establecida, o bien seguir exactamente la misma todas las noches.

La importancia de las rutinas de su hijo a la hora de acostarse
Si bien considero que ciertos rituales de la hora de acostarse son mejores que otros, hay pocas reglas absolutas relacionadas con el sueño. Si su rutina funciona, si usted y su hijo están satisfechos con ella, si él concilia fácilmente el sueño y es raro que despierte durante la noche, si duerme lo suficiente y su

comportamiento durante el día es adecuado, entonces es probable que lo que hacen, sea lo que sea, esté bien.

No obstante, es importante tener en mente que ciertas rutinas y enfoques pueden ayudar a su hijo a desarrollar ahora hábitos de sueño adecuados y evitar problemas cuando crezca. Por ejemplo, si usted tiene la costumbre de arrullarlo todas las noches durante veinte o treinta minutos para que se duerma y se levanta una o dos veces a hacerlo para que vuelva a dormirse a media noche, en realidad podría estar interfiriendo con su sueño y posponiendo un descanso ininterrumpido toda la noche. Incluso si «no le importa» levantarse, sospecho que se sentiría mejor si a la hora de dormir sencillamente lo acostara sin arrullarlo y ambos pudieran descansar. Sea esto cierto o no, debe estar consciente de que a su hijo le beneficia dormir sin interrupciones.

Por otra parte, incluso si el padre y el hijo se sienten contentos compartiendo la cama durante la noche, e incluso si aparentemente él duerme bien ahí, a la larga esta costumbre no beneficiará ni a uno ni a otro y usted debe analizar la posibilidad de modificar algunas de las rutinas nocturnas.

Por rituales o rutinas de la hora de dormir entiendo, por supuesto, todas las actividades que tienen lugar mientras el niño se prepara para acostarse y conciliar el sueño. Si se trata de un bebé, probablemente usted le cambia el pañal y lo abraza mientras lo adormece. Quizá lo arrulla y lo mima hasta que le llega el sueño y luego lo acuesta en su cuna. Tal vez su bebé aún está despierto cuando lo acuesta, de manera que se duerme solo. En general todos estos hábitos son buenos durante los primeros meses, cuando de todas maneras usted no espera que el bebé duerma de corrido toda la noche. Pero hacia los tres meses de edad, la mayoría de los bebés sanos nacidos a término duermen la mayor parte de la noche, o podrían hacerlo.

Si su bebé no se ha estabilizado hacia los 5 o 6 meses, será necesario que examine cuidadosamente sus rutinas nocturnas. Si a su hijo siempre lo miman o arrullan para que se duerma, probablemente le costará trabajo volver a dormirse solo después de un despertar nocturno normal. Para ayudarlo a descansar mejor por la noche, quizá sea necesario modificar sus rutinas de la hora de dormir. Por lo tanto, es muy importante acostar despiertos a ciertos niños para que puedan aprender a tranquilizarse por ellos mismos y conciliar el sueños solos al acostarse o después de un despertar nocturno (véase capítulo V).

Conforme su hijo crece sus rutinas siguen siendo importantes. Si ese momento es agradable, su hijo lo esperará alegremente en lugar de inquietarse a la hora de dormir. Obviamente, los rituales nocturnos son muy variables, y usted tendrá que elegir el que mejor se adapte a su familia para asegurarse poder pasar un rato con su hijo todas las noches. Siga la rutina tanto como pueda. Su hijo debe saber cuándo ponerse la pijama, lavarse los dientes e irse a la cama. Debe saber qué actividades le tiene planeadas para esa hora y cuánto tiempo le dedicará, o cuántas historias le leerá.

La hora de acostarse implica separación, lo cual es difícil para los niños, especialmente los muy pequeños; no es justo mandarlos a la cama solos porque podrían asustarse. Esto significa también que usted se perdería unos de los mejores momentos del día, de manera que dedíquele de 10 a 30 minutos para hacer algo especial antes de acostarlo. Evite las bromas, las historias de miedo o cualquier cosa que pudiera alterar a su hijo a esta hora. Deje para otro momento del día las luchas y los forcejeos. Quizá ambos disfruten conversando, jugando a algo tranquilo o leyendo un cuento, pero que su hijo sepa que es un momento especial para ambos que no rebasará el tiempo convenido, de manera que no sobrepase los límites impuestos. Es conveniente avisar al niño cuando queda poco tiempo o cuando sólo faltan dos o tres páginas por leer; no se deje convencer de empezar otro cuento. Su hijo solamente aprenderá las reglas si usted lo obliga a cumplirlas. Si las dos partes saben lo que va a pasar, entonces no habrá discusiones ni tensiones derivadas de la incertidumbre.

Paul, por ejemplo, es un niño de cuatro años cuyo padre se va a trabajar muy temprano por la mañana y no regresa hasta la hora de la cena, por la noche. Le gusta acompañar a su hijo a la cama, porque si no es en ese momento, no pasarán más tiempo juntos hasta el fin de semana, así es que de las siete a las ocho de la noche es un momento especial para ambos.

A las siete juegan juntos con los trenes de Paul o con el lego durante unos veinticinco minutos y durante la temporada cálida salen al jardín. El padre de Paul le indica que son las 7:25 y entonces empieza la rutina para irse a la cama. Paul se da un baño y su padre le ayuda a ponerse la pijama. Últimamente han estado leyendo una novela para niños que no es de miedo; le dedican un capítulo cada noche y el padre le avisa a Paul cuando faltan unas cuantas páginas. Tanto el niño como su padre esperan con ansia la lectura y esta rutina es una de las que Paul más disfruta. Cuando terminan el capítulo del día, apagan la luz de la habitación, encienden la lamparita de noche y ambos permanecen silenciosos durante unos minutos. Después, se dan un beso de despedida, Paul abraza su mono de peluche, permite a su padre que salga de la habitación y se duerme.

Cuando sea un poco mayor, su hijo aún disfrutará pasar un tiempo con usted antes de dormir. Necesita unos momentos de cercanía y calor para él. Ver la televisión juntos no le basta. Aun cuando los programas no sean emocionantes o de miedo (lo cual es poco probable) e incluso si usted está sentado junto a él, la falta de interacción personal directa hace que esta rutina previa a la hora de acostarse no sea adecuada. Por el contrario, aproveche estos momentos para comentar sobre lo que pasó en la escuela, hacer planes para el fin de semana, las clases de música o el coro o la reunión de los niños exploradores. También sería útil comentar sobre las preocupaciones del niño, de manera que desaparezcan de su cabeza al acostarse. Conforme su hijo crezca, el ritual de la hora de dormirse no tiene que ser el mismo todas las noches. Algunas veces podrán salir a dar un paseo, ir a comprar un helado, jugar un juego de mesa o ping pong, o hacer la tarea juntos.

Un niño de diez o doce años quizá desee cierta privacía cuando se prepara para acostarse, pero no deje de ir a darle las buenas noches y charlar con él unos momentos. La última rutina antes de dormir sigue siendo importante, si bien ahora puede manejarla por sí solo. Quizá tenga ganas de leer, de oír música o de entretenerse con su pasatiempo favorito antes de apagar la luz.

Phyllis tiene once años y disfruta su rutina antes de

acostarse. Después de la cena, termina la tarea, practica el piano y quizá habla por teléfono con alguna de sus amigas. Después, ella y su madre, que es soltera, pasan algún tiempo juntas. Disfrutan construyendo cosas, por ejemplo una casa para pájaros o el marco de un cuadro; actualmente están armando un rompecabezas gigante. Mientras, tienen la oportunidad de conversar. Más o menos a las nueve, Phyllis se cambia para irse a la cama y lee con el radio encendido. Su madre comenta con ella los planes del día siguiente y a las nueve y media Phyllis apaga el radio y la luz y se va a dormir.

Obviamente no todas las noches son tranquilas y agradables en casa de Paul o de Phyllis, pero es raro que haya discusiones importantes a la hora de acostarse. Si en su hogar no es así y en general el momento de irse a la cama es motivo de disgustos y discusiones, la solución podría ser establecer una rutina más agradable a esa hora. Quizá en un principio no le parezca fácil y su hijo se resista, pero si persisten, tanto usted como el niño seguramente empezarán a disfrutarla y se acabarán los malos ratos. No hay duda de que vale la pena hacer el esfuerzo.

¿Su hijo debe dormir con usted?

Muchos padres se dejan convencer por la insistencia o las exigencias de sus hijos y comparten su cama para evitar discusiones a la hora de acostarse y acabar con los problemas por la noche. Algunos padres piensan que esto beneficia a los niños; otros sencillamente prefieren tenerlos con ellos en su cama. Si bien el hecho de que su hijo duerma con usted una o dos noches es razonable si el niño está enfermo o muy alterado por algo, en la mayor parte de los casos no es conveniente. No hay duda de que todos dormimos mejor solos. Hay estudios que demuestran que los movimientos y despertares de una persona durante la noche estimulan a quienes están en la misma cama, de manera que se despiertan con mayor frecuencia, se presentan más cambios de estados de sueño y no descansan bien. Pero hay aún mejores razones para que su hijo permanezca en su propia cama. Dormir solo es importante para que aprenda a separarse de usted sin ansiedad y a considerarse un individuo independiente. Este proceso es básico durante su desarrollo psicológico temprano. Por otra parte, si su hijo duerme en una cama con usted, se sentirá confundido y ansioso, más que relajado y tranquilo. Incluso para los niños muy pequeños es demasiado inquietante. Si usted le permite acostarse entre usted y su cónyuge, separándolos en cierta forma, podría sentir que tiene mucho poder y preocuparse. El niño necesita estar seguro de que es usted quien controla la situación y de que hará lo mejor para él, independientemente de lo que pida. Si usted le demuestra que no es capaz de esto y le permite seguir sus impulsos, incluso podría asustarse.

Estos sentimientos podrían intensificarse si sólo uno de los padres está en la cama, por ejemplo si se trata de un padre soltero o si uno de los dos está fuera de la ciudad, trabajando, o en otra habitación. Si sigue el camino fácil y le permite a su hijo quedarse mientras uno de ustedes se va a la cama de él, no hay duda de que no se sentirá tranquilo. Literalmente remplaza a uno de los dos en la cama de la pareja. Podría empezar a preocuparle ser la causa de una separación, y si ésta llegara a presentarse, él se sentiría responsable. Con frecuencia los hijos de padres divorciados o separados sienten que son la causa del problema y se sienten aún más confundidos e infelices si alguna vez durmieron en la cama de sus padres o lo hacen en ese momento. Cuando un padre soltero inicia una nueva relación, no hay duda de que el niño resentirá ser desplazado de la cama por un «intruso».

La mayoría de los niños no tienen serios problemas para dormir solos. Si su hijo «tiene demasiado miedo» para hacerlo y usted maneja ese temor dejándolo dormir en la cama de usted, en realidad no está resolviendo el problema; debe haber una razón que lo atemorice. Ayudará más a su hijo si juntos encuentran la causa subyacente de sus temores en vez de permitirle dormir con usted para asegurarse una noche tranquila. Esto podría requerir mucha paciencia, comprensión y firmeza de su parte, y quizá necesite ayuda y apoyo externos (véase capítulo IV).

Si usted se da cuenta de que realmente prefiere tener a su hijo en su propia cama, es necesario que analice sus sentimientos cuidadosamente. Algunos padres que de otra forma pasarían la noche solos (padres solteros o personas cuyo cónyuge trabaja por la noche o viaja con frecuencia) se dan cuenta de que disfrutan la compañía, se sienten menos solos, menos temerosos, si su hijo está con ellos. Si hay tensión entre los cónyuges, llevar al niño a la cama ayuda a evitar confrontaciones y la intimidad sexual. Si usted se encuentra en un caso similar, en lugar de ayudar al niño lo está utilizando para evitar un enfrentamiento y resolver sus propios problemas. Si ese patrón sigue presentándose, su hijo y toda la familia sufrirán. Es necesario que usted comprenda y satisfaga sus propias necesidades y sentimientos y resuelva las tensiones con su pareja. Si estos problemas no tienen solución, entonces necesitará ayuda profesional.

Por último, si su hijo siempre duerme con usted, tendrá problemas para dejarlo con una niñera; su propia vida social se vería afectada y se daría cuenta de que empieza a sentirse enojado con su hijo por esa intromisión. Cuando el niño llegue a la edad en que supuestamente debería dormir solo, será difícil trasladarlo a su propia habitación.

En ocasiones, su hijo quizá tenga que compartir una habitación con usted durante un periodo largo si las condiciones de vida no permiten otra cosa, no hay más que una habitación o dos pero varios niños. Los abuelos tienen que vivir con ustedes y necesitan un cuarto para ellos. Tal vez estén viviendo en la casa de alguien más y cuenten con una sola recámara. Todas estas situaciones son difíciles, pero se pueden solucionar. Si su hijo tiene que compartir el cuarto con usted, trate de que tenga su propio lugar para dormir, quizá una colchoneta o un colchón en el suelo, y haga de ese rincón la habitación del niño, donde tenga espacio para algunas de sus cosas, e incluso decore la pared como él quiera. Quizá sea posible aislar dicha área con una cortina, pero tan pronto como sea posible páselo a otra habitación, ya sea solo o con sus hermanos y hermanas.

El juguete especial o la frazada favorita
Mejor que acostarse con su bebé o niño pequeño hasta que concilie el sueño por la noche es darle un «objeto de transición», por ejemplo un animal de peluche, una muñeca, un juguete,

una frazada especial. Con frecuencia el juguete le ayudará a aceptar la separación nocturna y podría proporcionarle seguridad y comodidad cuando está solo. Le dará la sensación de que tiene cierto control sobre su mundo porque puede tener el juguete o la frazada cuando lo desee, lo cual no siempre es posible con usted. Su juguete no se levantará y saldrá de la habitación después que él cierre los ojos, y estará ahí cuando despierte.

Con frecuencia un niño elige un objeto especial en sus primeros años y sigue usándolo (o quizá algún otro) hasta los seis u ocho años. Si su hijo carece de uno, es razonable ofrecerle el que usted crea que podría desempeñar esa función. Sin embargo, debe ser él quien haga la elección final y no es posible obligarlo a que se aficione a alguno pensando que es el apropiado; pero si usted permite ser usado como dicho objeto —se acuesta con él, lo mima o lo arrulla y se deja abrazar o acariciar o le permite que juegue con su cabello mientras trata de conciliar el sueño—, nunca tendrá un objeto de transición, porque no lo necesita.

Si su hijo empieza a preferir una muñeca o un juguete de peluche en especial, inclúyalo en el ritual de la hora de acostarlo; arrópelo con él y permítale «escuchar» el cuento, o asegúrese de que tenga su frazada especial. Será mucho más fácil darse las buenas noches.

La creación de buenos hábitos

Como dijimos en el capítulo II, los bebés recién nacidos no tienen hábitos de sueño regulares y en general les lleva de seis a diez semanas establecer un buen horario de 24 horas, con el periodo de sueño más largo por la noche. En los primeros días después del nacimiento, el horario de sueño de su bebé no debe considerarse como un indicio de lo que vendrá después. Ya sea que en el hospital durmiera bien o de manera irregular, e independientemente de que una enfermera le asegurara que su bebé «es muy bueno» o que nunca había visto un bebé que «durmiera tan poco», las cosas podrían cambiar considerablemente una vez que usted llegue a su hogar. Si se presentan «problemas» al llegar a casa, quizá asuma que se debe a su inexperiencia como padre. De ser así, casi seguro estará equivocado; si usted considera como cierta la advertencia de una enfermera respecto de los problemas futuros, dicha advertencia podría convertirse en una profecía que se cumple.

La mayoría de los bebés muestran sus hábitos de sueño más o menos a las dos semanas, con muchas siestas, algunas breves, otras más prolongadas, distribuidas durante el día y la noche; pero otros parecen dormir inesperadamente bien desde el principio, e incluso es necesario despertarlos para darles de comer, aunque esto es la excepción, más que la regla. Intente no sentirse frustrado si a su hijo le lleva un poco más de tiempo establecer un horario razonable y sencillo.

Ocasionalmente un bebé tendrá su periodo de sueño más largo durante el día y el de vigilia más prolongado por la noche. Aparentemente tiene «los días y las noches invertidos», pero también esto cambiará. En realidad es extraordinario que un niño tan pequeño muestre hábitos coherentes (si bien invertidos), dado que aún no ha tenido la oportunidad de establecer ritmos regulares de veinticuatro horas, y menos de aprender a distinguir el día de la noche. Esta inversión noche-día es menos un problema que un indicio de que el niño duerme bien y de que será fácil reajustar su programa si no lo hace él mismo (veáse capítulos VIII y IX).

Si bien la mayoría de los bebés establecerán un horario de 24 horas a pesar de nosotros, no hay duda de que los padres pueden ayudarles mucho a crear buenos hábitos de sueño mediante enfoques que realmente tomen en consideración los horarios del bebé, sus hábitos, sus asociaciones aprendidas y sus necesidades nutricionales y emotivas, al mismo tiempo que evitan todo aquello que podría interferir con el desarrollo de los ritmos normales.

Los hábitos de alimentación son una parte importante del programa diario de un bebé. Por fortuna, la mayoría de los pediatras ya no exigen a los padres que desde el principio alimenten a sus bebés cada cuatro horas; por el contrario, ahora recomiendan que usted trate de seguir las claves que le da el bebé. Pronto aprenderá a reconocer cuándo su llanto significa que tiene hambre. Solamente en el caso de que su bebé fuera prematuro o tuviera problemas físicos o nutricionales, será necesario que siga un horario rígido.

En general, un bebé recién nacido debe ser alimentado cada dos a seis horas, pero debemos estar conscientes de dos problemas que se presentan cuando se atiende a la libre demanda. Primero, no todos los llantos son por hambre y le llevará un poco de tiempo diferenciar los sonidos que indican que su hijo está hambriento. Segundo, siga las claves de su bebé, pero dentro de ciertos límites. Naturalmente, si un recién nacido parece llorar porque tiene hambre sólo cada doce horas, algo no funciona; tiene que ser alimentado con más frecuencia. Algo que no es tan obvio es que un bebé sano nacido a término no necesita ser alimentado cada hora, aunque parezca tener hambre en esos momentos y succione si usted le ofrece el pecho o la botella. La alimentación cada hora es agotadora para la madre, dolorosa si está amamantando e innecesaria para el bebé, además de que interfiere con el desarrollo de los hábitos saludables de sueño-vigilia y alimentación.

Obviamente, usted desea demostrar a su bebé que nació en un mundo bueno y comprensivo y por eso responde a su llanto y trata de hacer todo para calmarlo. Ayudarlo a desarrollar buenos hábitos de sueño es también una parte importante de esta atención, pero para ello será necesario que usted tolere algunos llantos o encuentre la manera de calmarlo sin amamantarlo. Con frecuencia los bebés dejan de llorar si los pasean, los mecen o los acarician un poco; algunas veces se duermen sin que les den de comer.

Si su bebé ha estado alimentándose cada hora, empiece a espaciar el tiempo entre un alimento y otro de manera que sea cómodo para él —quizá quince minutos diarios— hasta que coma cada dos horas y después cada dos y media o tres. Se adaptará al horario, dejará de llorar cada hora y empezará a desarrollar los ciclos de sueño y alimentación que deberán quedar debidamente establecidos en los tres primeros meses de vida.

Si su bebé duerme seis horas seguidas durante el día, pero despierta mucho por la noche y el patrón persiste más allá de las primeras semanas, despiértelo cada vez más temprano de ese sueño prolongado, para que empiece a considerarlo como una siesta y traslade el periodo de sueño ininterrumpido a la noche. Ahora bien, aunque usted siga hasta cierto punto las claves que le da el niño, aún así puede ayudarle a estructurar su programa de sueño y vigilia.

Durante los tres primeros meses, la mayoría de los bebés empiezan a ajustarse por sí solos a las claves externas de oscuridad, silencio y falta de actividad nocturnos, y a la luz, el ruido y la actividad diurnos, desarrollando un ritmo bastante bien establecido de veinticuatro horas. Así, a los tres o cuatro meses su hijo dormirá más por las noches, generalmente en un episodio continuo de cinco a nueve horas. Los bebés aún duermen de tres a cuatro siestas a horas predecibles durante el día y presentan un periodo de vigilia más prolongado. Es el momento de empezar a trabajar con él para estabilizar y desarrollar aún más dicho programa; le estará haciendo un favor a su bebé, y a usted mismo, porque cuando el pequeño se estabilice, usted podrá aprovechar y disfrutar mejor el tiempo cuando él esté despierto.

Conforme empiece a observar los periodos de vigilia, actividad, alimentación y sueño, conocerá mejor sus necesidades y sabrá cuándo jugar con él, cuándo alimentarlo o cuándo acostarlo. Incluso si su bebé no llora antes de ser alimentado, quizá ya esté listo para comer a la hora supuesta y lo hará ansioso. De igual forma, podría estar listo para la siesta antes de empezar a bostezar y sentirse inquieto. Si bien no es posible guiarse por el reloj para determinar estrictamente la hora de la comida, del juego o de dormir, si usted está consciente del horario que se está formando podrá animarlo a comer y a dormir a una hora fija y razonable. Esto le ayudará aún más a estabilizar sus ciclos de veinticuatro horas. Durante las primeras semanas, lo que se hace es seguir sobre todo las claves del bebé, pero hacia los tres meses adquiere importancia el hecho de que usted le proporcione una estructura cada vez más coherente. Si se somete lo mejor posible a horarios razonables, probablemente su hijo seguirá desarrollando ciclos adecuados y los conservará. Mientras más regular sea el horario de su bebé, más fácil será para usted seguir su propio programa.

Una vez que su bebé haya desarrollado un horario de veinticuatro horas más o menos predecible, haga lo necesario para que su rutina cotidiana sea coherente y conserve esos ciclos. Si la hora de comer, de jugar, de bañarse y de otras actividades cambia constantemente, es probable que sus ciclos de sueño también sean irregulares. Una vez que su hijo logre establecer un patrón de veinticuatro horas, es muy importante que usted no se limite a seguir sus claves sin proporcionarle una estructura. Recuerde que en el capítulo II decíamos que las personas tienden a «entregarse» a un ritmo circadiano de veinticinco horas, y si no supervisa el sueño de su hijo pronto observará el surgimiento de un patrón que no sorprendería a un estudioso del sueño, pero que lo sorprenderá a usted.

Conozco familias que han pasado por esto. Se asombraron al darse cuenta de que su hijo funcionaba con regularidad, pero en ciclos de veinticinco a veintiséis horas y no de veinticuatro. Resultado: seguían el reloj de su hijo y le permitían acostarse cada vez más tarde y se levantaban con él una o dos horas más tarde cada mañana. A veces tenían que reponer su propio sueño durante el día. Sencillamente, el niño funcionaba con el ritmo circadiano normal, el cual debe ser restablecido en veinticuatro horas todos los días mediante un programa externo.

Es igualmente importante ayudar a nuestros hijos a conservar horarios coherentes durante la infancia y la adolescencia. De hecho todos, independientemente de la edad, funcionamos mejor con horarios regulares. Estudios con adultos demuestran que los patrones de sueño y vigilia irregulares conducen a alteraciones importantes del humor y de la sensación de bienestar, y minan nuestra capacidad de dormir en el momento deseado. Lo mismo se aplica a los niños pequeños, si bien muchos padres no parecen darse cuenta de ello. Así que no permita que su hijo de dos o tres años decida a qué hora debe acostarse, que sería, en general, cuando tuviera tanto sueño como para no poder permanecer despierto un momento más. No pasaría mucho tiempo antes de que su horario fuera un desastre. Se acostaría temprano una noche y tarde la siguiente; dormiría siesta unos días y otros no, por la mañana, por la tarde o ya cercana la noche. Si su horario fuera aún más irregular, también fluctuarían las horas de comer. Quizá desayunara entre las 7 y las 10 a.m.; después querría almorzar y cenar a horas extrañas o hasta saltarse algunos alimentos. Ese tipo de niños pueden desarrollar trastornos del sueño importantes. Más tarde podrían presentarse problemas de comportamiento, si bien en un principio serían sutiles.

Así pues, haga todo lo posible para ayudar a su bebé a establecer un horario diurno razonable durante sus tres primeros meses y a mantenerlo tanto como sea posible durante la infancia. Pero no es posible pedir a un niño que haga esto por sí solo; usted tendrá que establecer un horario razonable y después estar dispuesto a aplicarlo. Obviamente debe haber cierta flexibilidad; algunos niños necesitan dormir más que otros o muestran mayor tolerancia a la variación de las rutinas cotidianas. Por experiencia se dará cuenta de cuál es el mejor para su hijo y qué tan rígidamente debe aplicarse.

Los horarios coherentes también desempeñan un papel importante en el tratamiento de los trastornos del sueño. Si su hijo padece alguno de ellos, independientemente de su edad o de las causas del trastorno, el horario ayudará al enfoque del tratamiento y en ocasiones podría ser la clave de la curación. Así pues, si usted está a punto de empezar a corregir el trastorno del sueño que su hijo padece, es importante que establezca y mantenga un programa regular y que lo siga rigurosamente durante varias semanas después de que su hijo empiece a dormir bien nuevamente. En ese momento será posible alterar la rutina cotidiana un poco. Por ejemplo, ocasionalmente podrá eliminar la siesta por una salida especial o para llevar al niño con usted una tarde, aun cuando se duerma en el auto a una hora diferente.

Incluso si un bebé ya tiene establecido un buen patrón de sueño y vigilia, éste podría verse alterado. La dentición, una enfermedad, un viaje o algún problema familiar podría interferir con dicho patrón; la alteración podría estar presente durante meses, a menos que sus padres intervengan. Será necesario restablecer el horario del niño, ayudarlo a olvidarse de algunos malos hábitos o ansiedades, o mostrarse más firme en la imposición de límites. Analizaremos todos estos enfoques en detalle más adelante.

IV. TEMORES NOCTURNOS

Si su hijo es como la mayoría de los niños, ocasionalmente sentirá temor por la noche. Dicho temor dependerá de la edad y de la etapa de desarrollo emocional y físico. Conforme crezca, su hijo se enfrentará a retos diferentes. Tendrá que aprender a tolerar la separación cuando usted sale de la habitación o cuando él se queda con una niñera, en la guardería o en el kinder, y también todas las noches, cuando se duerme. Tendrá que aprender a controlar su comportamiento, sus intestinos y su vejiga, así como sus sentimientos de enojo, celos y agresión, que no deben ser desproporcionados. Tendrá que saber interactuar con la familia y los amigos. Se enterará de la existencia de la muerte, de Dios, del cielo y del infierno, se maravillará y preocupará por ello. Sentirá placer con la estimulación genital, pero quizá le preocupe la masturbación. Sabrá que sus padres tienen ciertas expectativas respecto de él y se preguntará si será capaz de satisfacerlas. También se hará preguntas sobre su capacidad para desempeñarse tan bien como sus coetáneos.

El niño ansioso
En cualquier etapa del desarrollo de su hijo, ciertos acontecimientos intensificarán sus ansiedades. Por ejemplo, cuando empiece a ir a la guardería, su preocupación respecto de la separación se incrementará durante cierto tiempo. Se mostrará reacio a separarse de usted durante el día y probablemente tampoco quiera hacerlo a la hora de acostarse. Si usted se enferma, su hijo podría sentirse culpable y pensar que sus palabras o sus pensamientos de enojo realmente fueron la causa de su enfermedad.

Durante la etapa de aprendizaje del control de esfínteres surgen otras preocupaciones. El niño se preocupa por su capacidad para controlarse o se siente inseguro respecto de si desea o no aprender; incluso se siente tentado a ensuciarse. No obstante, al mismo tiempo desea darle gusto a usted y teme provocar su enojo. En el caso de muchos niños pequeños, estas preocupaciones se incrementan durante la noche. Dormirse significa relajar el control. ¿Cómo evitar ensuciarse o mojarse cuando están dormidos?

Las películas de miedo suelen ser particularmente aterradoras para los niños un poco mayores. Su hijo de cinco o seis años podría verse muy afectado por escenas de secuestros de niños que muestren agresión hacia el padre, porque le parecen demasiado reales. Todos los niños tienen fantasías agresivas y la mayoría se siente un poco culpable al respecto, y ver sus sentimientos actuados en la pantalla puede convertirse en fuente de gran ansiedad. A cualquier edad, el estrés social de cualquier tipo sobre el cual el niño tiene poco control —enfermedades, peleas entre los padres, separación, divorcio, alcoholismo, muerte— podría ser fuente de gran preocupación, culpa o ansiedad y temor. Por la noche, cuando un niño pierde el poco control que tiene sobre su mundo y no puede estar verificando su ambiente, es muy probable que se produzcan fantasías estimuladas por ese tipo de sensaciones fuertes, las cuales pueden ser verdaderamente atemorizantes; no hay duda de que podrían presentarse problemas y temores a la hora de acostarse.

También los adolescentes se preocupan mucho mientras sufren los rápidos cambios físicos y emocionales de la pubertad y dejan de ser niños para convertirse en adultos. Empieza a preocuparles el futuro —la universidad, el empleo, el dinero. Su sexualidad es muy intensa. Las cuestiones morales empiezan a cobrar importancia y se enfrentan a constantes dilemas respecto de las muchas decisiones nuevas e importantes que tendrán que tomar. Deben saber conciliar las presiones de sus coetáneos, sus deseos personales y las normas familiares respecto de cuestiones como el desempeño académico, los hábitos sexuales y el consumo de drogas y alcohol. Quizá pongan a prueba nuevos sistemas de valores y abandonen los antiguos. Quizá piensen que sus padres ya no confían en ellos o no los apoyan, o podrían rechazar totalmente la ayuda de éstos.

Durante el día es mucho más fácil mantener bajo control las preocupaciones; la mayoría de los niños se mantienen ocupados y no tienen tiempo para pensar en sus problemas. Pero por la noche, cuando se van a acostar, apagan la luz y se preparan para dormir, empiezan a preocuparse. Tranquilo en la cama, no tiene mucho más que hacer que pensar, y las fantasías se liberan. Cuando su hijo empieza a tener sueño, su capacidad para evitar ciertos pensamientos disminuye; va perdiendo control sobre lo que siente, así como sobre sus ansiedades y temores. En ese momento comienza a sentirse más infantil, e incluso podría actuar así. Por la noche, durante ese estado «regresivo|», un niño de cuatro o cinco años necesita que le hagan sentir la misma seguridad que a uno de dos o tres durante el día. A un niño de cinco años que no tiene problemas para ir a la escuela durante el día, quizá le cueste trabajo ir a dormir por la noche. De nada sirve reprenderlo y decirle que se comporta como un bebé. Sería mejor tratar de comprender por qué se siente inseguro. Incluso si su hijo tiene confianza en que puede cuidarse a sí mismo durante el día, probablemente se sienta menos seguro de ello durante la noche, cuando pierde el control de sus pensamientos. En esos momentos quizá usted necesite prestarle mayor atención.

Así pues, el periodo de transición entre las actividades del final de la tarde y la hora de acostarse es difícil para muchos niños y no es de sorprender que se muestren renuentes a irse a dormir. La mayoría de las familias experimentan problemas en uno u otro momento; los niños dan largas pidiendo más agua, más cuentos o más televisión, y también pedirán dejar la luz prendida, revisar la habitación por si hay «monstruos», o dormir en la cama de los padres; con frecuencia eligen este momento para pelear con los hermanos. Una vez acostado, podría mostrarse inquieto, dar vueltas en la cama o levantarse y acostarse como si pretendiera evitar los pensamientos preocupantes mediante la actividad física.

Si su hijo empieza a tener problemas para dormirse porque al acostarse está preocupado o temeroso, es importante que hable de ello con él durante el día. Trate de ser enfático, de darle seguridad y apoyo; no obstante, no recomiendo que modifique sustancialmente la rutina de la hora de acostarse. Acaricie su espalda por unos minutos o quédese en la habitación un poco más de lo normal, pero apéguese lo más posible a la rutina cotidiana.

El niño que teme a los «monstruos»
Quizá su hijo tenga problemas ocasionales para dormir porque está ansioso por algo que a usted no le parece real. Podría pensar que hay un monstruo en el ropero, un duende bajo su cama o un ladrón fuera de la ventana. Si bien estará verdaderamente asustado en esos momentos, en general no demostrara pánico. Sencillamente asegúrele con firmeza que está a salvo y que usted lo cuidará; después acompáñelo y léale un cuento o converse con él tranquilamente como acostumbra. A la larga su hijo se sentirá más seguro si usted le demuestra que puede cuidarlo y no se deja vencer por dichos «temores».

Si bien podría ser útil demostrarle que las sombras que se ven en el ropero son realmente sombras y no monstruos, por la noche no es adecuado llevar a cabo búsquedas intensas en la habitación o mover los muebles. Recuerde, los «monstruos» no son reales, pero lo que su hijo siente, sus ansiedades, preocupaciones y temores sí lo son. Él no entiende que son sentimientos los que provocan la ansiedad; se ve obligado a usar la imaginación para explicárselos; debe encontrar una causa plausible para sus temores y de ahí los monstruos. Así pues, su hijo no necesita protección en contra de los monstruos; lo que necesita es comprender mejor los propios sentimientos e impulsos. Necesita saber que nada malo pasará si se ensucia, si hace un berrinche o se enoja con su hermano. En esos momentos la mejor manera de hacerlo sentir seguro es que sepa que usted tiene un completo control de sí mismo y de él, que puede protegerlo y que lo hará, para conservarlo sano y salvo. Si lo convence, entonces podrá relajarse. Su tranquilidad, firmeza y garantías cariñosas serán mucho más útiles para alejar a los duendes que buscarlos debajo de la cama.

El niño que teme a la oscuridad

A la mayor parte de los niños les disgusta dormir en total oscuridad o con la puerta cerrada, y no veo una razón para obligarlos. No se gana nada con tratar de entrenar a su hijo para que duerma en la oscuridad total; ayudará que la habitación esté ligeramente iluminada con una lámpara de noche, por una luz en el vestíbulo o incluso la luz de la calle, de manera que cuando el niño despierte por la noche, especialmente después de haber soñado, pueda orientarse en su habitación, establecer un sentido de la realidad y situar al sueño en su perspectiva adecuada. Con la puerta abierta se sentirá menos aislado y solo, de manera que si la hora de acostarse o un despertar nocturno le producen ansiedad, quizá se sienta más seguro si puede observar su habitación. Con la puerta abierta no se sentirá totalmente separado del resto de la familia.

Para ciertos niños, el temor a las «sombras» es igual que el temor a los monstruos. También en este caso, trate de modificar la iluminación de su habitación, pero una vez que encuentre el patrón adecuado, no se aparte de él. Prender y apagar las luces o cambiarlas de lugar todas las noches poco servirá para aliviar los temores de su hijo. Si se duerme con una luz encendida pero se asusta al despertar durante la noche y encontrarla apagada, deje el cuarto iluminado.

Pesadillas

Todos los niños tienen pesadillas de vez en cuando, pero éstas no son una causa común de trastornos nocturnos *frecuentes*. Lo que muchas familias consideran pesadillas frecuentes en realidad son terrores nocturnos o despertares parciales de otro tipo (véase capítulos X y XI). Si su hijo despierta asustado por un sueño, no tiene por qué quedarse solo, pero estoy seguro de que usted hará lo posible por no tener que sentarse con él todas las noches. Sería útil analizar abiertamente el sueño, en ese momento o por la mañana, para que el niño se oriente y se dé cuenta de que no corre ningún peligro real. Hay varios libros buenos para niños que hablan de sueños y pesadillas; quizá valga la pena que juntos lean uno o dos. No obstante, si su hijo tiene pesadillas frecuentes, maneje la situación de manera distinta. (Éste y otros aspectos de los sueños y las pesadillas se analizan en el capítulo XI.)

Cómo afrontar los temores nocturnos
Cuando su hijo se queje de que tiene miedo, trate de determinar qué tan asustado está realmente; la mayoría de los niños exageran lo que sienten. Muchas veces no tienen temores, pero lo dicen porque han aprendido que de esta manera llaman la atención. Si su hijo dice que tiene miedo pero no demuestra verdadero pánico (y me he dado cuenta de que la mayor parte de los padres aprecian la diferencia), muestre firmeza. Sujétese a la rutina de la hora de acostarse, déle las buenas noches y salga de la habitación. No vuelva varias veces. Si necesita más pautas para mostrarse firme, establecer límites o lograr que su hijo coopere, consulte el capítulo V.

No obstante, hay ocasiones en que los niños realmente se asustan mucho por la noche, se muestran atemorizados e irracionales y pierden el control de sus conflictos emocionales. En esos casos, la firmeza no ayudará, sino que empeorará el problema.

Recientemente conocí a Tammy, una niña de siete años que en general era muy cooperativa y se portaba bien, además de que era buena alumna. Tenía muchos amigos, y durante el día estaba ocupada y se mostraba contenta. Parecía llevarse bien con sus padres y su hermano mayor y, en apariencia, la familia no tenía problemas graves. Hasta la hora de irse a la cama, no demostraba ningún temor, pero cambiaba radicalmente al llegar este momento.

Suplicaba de manera irracional que la autorizaran a quedarse levantada; imploraba que le permitieran dormir en la habitación de sus padres y estaba dispuesta a todo, incluso a aceptar un castigo, si la dejaban poner su bolsa de dormir en el suelo. Cuando trataban de llevarla a su habitación, se colgaba de las piernas de sus padres, llorando.

La lucha se volvió tan intensa que finalmente éstos se dieron por vencidos y le permitieron dormir en el suelo la mayoría de las noches. Si bien esto ayudó, Tammy aún se negaba a subir a la habitación antes que sus padres; al final se mostraba renuente incluso a subir a la planta alta sola durante el día.

Tammy realmente experimentaba una gran ansiedad

que se hacía abrumadora a la hora de acostarse. En la tranquilidad de la noche, cuando yacía en su cama, su mente se llenaba de fantasías espantosas que parecía incapaz de controlar. Ya a esas alturas, la firmeza no le hubiera ayudado, sino que hubiera intensificado el problema. Si sus padres hubieran intentado llevarla a su habitación y cerrar la puerta, Tammy no se hubiera tranquilizado ni sentido segura, se hubiera puesto histérica; necesitaba atención y compasión mientras sus padres trataban de aliviar la intensa ansiedad.

En situaciones como la de Tammy, los temores nocturnos no son un problema en sí; son sólo un síntoma de una alteración emocional que debe ser tratada antes. Tammy y sus padres acudieron a un psicólogo infantil. Yo sugerí que durante las primeras semanas de terapia Tammy siguiera durmiendo en el suelo de la habitación de sus padres y que uno de ellos estuviera en la planta alta cuando ella se acostara para facilitarle conciliar el sueño.

Después de varios meses de terapia, Tammy y sus padres comprendieron la causa de los temores de la niña. Se hicieron algunos cambios y gradualmente los temores desaparecieron; todos estaban felices y en no mucho tiempo el problema de la noche se resolvió. Tammy redecoró su habitación, empezó a pasar más tiempo en ella durante el día y por fin decidió volver a dormir en su cama por la noche.

Pero la psicoterapia no siempre es necesaria. Si los temores de su hijo son recientes, incluso si parecen graves, quizá desaparezcan en unas semanas si usted lo apoya. Durante el día será necesario investigar la causa de la ansiedad y ayudarle a superarla. Si parece sentir temor de estar solo en su habitación por la noche, quizá le ayudará que usted pase cierto tiempo con él ahí durante el día, leyendo, conversando o jugando. Anímelo para que poco a poco pase más tiempo ahí sin usted, primero durante el día y después por la tarde, de manera que empiece a sentirse cómodo en su habitación estando solo. En un principio usted deberá ser más tolerante a la hora de acostarse; siéntese con él si es necesario. Pero conforme disminuya la intensidad de su temor, demuestre más firmeza para establecer rutinas normales e impedir ajustes temporales que podrían llegar a ser permanentes.

No obstante, si su niño todavía tiene demasiado temor y no muestra signos de mejoría al cabo de un mes; si sus temores nocturnos van acompañados de una verdadera sensación de pánico y el hecho de que usted se muestre firme le provoca histeria, no sólo un llanto de enojo, entonces, como la familia de Tammy, quizá necesite ayuda exterior. Ésta puede ser una decisión difícil de tomar, pero no tiene que hacerlo solo. Discuta el problema con su pediatra o consulte con un terapeuta que lleve a cabo una evaluación inicial para ayudarlo a decidir qué hacer. Muchos factores, en general relacionados con la edad de su hijo, su etapa de desarrollo y las circunstancias específicas de su vida, pueden contribuir a intensificar dichos temores. Si usted consulta a un terapeuta especializado en niños, éste trabajará con usted y su hijo para ayudarlos a identificar y después tratar satisfactoriamente dichos factores. Una vez logrado esto, los temores nocturnos desaparecerán, como en el caso de Tammy.

PARTE 2

EL NIÑO INSOMNE

V. LO QUE SU HIJO ASOCIA CON CONCILIAR EL SUEÑO —EL PROBLEMA CLAVE

Su bebé o hijo pequeño podría ser uno de los muchos niños que sufren trastornos severos del sueño. Como aparentemente no puede estabilizarse solo por las noches, necesita su ayuda; quizá tenga que cargarlo y arrullarlo, frotar su espalda o hablar con él hasta que concilie el sueño. Pero los problemas no acaban ahí. Durante la noche el niño despierta varias veces llorando o llamándolo, y todas las veces usted tiene que acudir a verlo para ayudarlo a dormirse de nuevo. Es muy probable que esté cansado y frustrado, e incluso enojado con su hijo porque trastorna su propio sueño. Pero al mismo tiempo podría sentirse culpable de su enojo porque se da cuenta de que el niño no despierta a propósito para molestarlo y piensa que si él lo necesita, debe estar presente. Todos deseamos lo mejor para nuestros hijos, y si esto significa dormir menos, estamos dispuestos a aceptarlo. Además, quizá le hayan dicho que este tipo de comportamiento es parte de una fase «normal» de algunos niños y que lo único que se puede hacer es esperar a que la superen. De todos modos usted sigue preguntándose si realmente es normal. «¿De veras tengo que esperar y cuánto tiempo?»

Si usted se ha hecho estas preguntas, le interesará saber que ese tipo de comportamiento no es normal y que no tiene que esperar a que cambie. Si bien los trastornos del sueño continuos son muy comunes en los niños pequeños, no son una parte inherente y necesaria del crecimiento (a diferencia de los problemas *ocasionales* que podrían presentarse). Casi siempre es posible identificar las causas corregibles de dichos trastornos del sueño y tratarlas con éxito. Si su hijo tiene cuando menos cinco o seis meses de edad, es el momento de empezar a tomar medidas para resolver sus trastornos. Si usted espera sin hacer nada, a la larga mejorará, pero puede llevar meses e incluso años. No obstante, si descubre por qué su niño no duerme y hace los cambios necesarios, cuando mucho en dos semanas el niño debería dormir bien.

Betsy era una bebé de diez meses que causaba gran aflicción a sus padres. Si bien empezó a dormir de corrido toda la noche a los tres meses, a los cuatro comenzó a despertar repetidas veces durante el transcurso de ésta. Cuando la vi aún era difícil acostarla y seguía despertando. A la hora de acostarla, su madre o su padre tenían que arrullarla y acariciarle la espalda hasta que se dormía, que en general le tomaba unos veinte minutos. Sus padres decían que Betsy parecía tratar de mantenerse despierta en lugar de dejarse invadir por el sueño. Empezaba a adormecerse y de repente abría los ojos, miraba a su alrededor y volvía a cabecear. No era posible acostarla en su cuna hasta que no había dormido profundamente unos quince minutos, porque de lo contrario despertaba y empezaba a llorar de nuevo. Era difícil decidir cuándo su sueño era lo suficientemente profundo como para poder moverla. Si su madre o su padre se levantaban demasiado pronto de la mecedora, ella se despertaba y había que empezar de nuevo todo el proceso.

Ocasionalmente, cuando Betsy empezaba a despertarse al momento de ser colocada en la cuna, era posible acariciarle la espalda y lograr que se durmiera de nuevo; pero también en estos casos, si sus padres dejaban de acariciarla y trataban de salir de la habitación demasiado pronto, volvía a despertarse y empezaba a llorar de nuevo. Una vez que el sueño de Betsy se volvía suficientemente profundo y era posible acostarla en su cuna sin que despertara, permanecía dormida durante varias horas.

Pero entre medianoche y más o menos las cuatro de la mañana, despertaba varias veces. Su llanto era cada vez más intenso y no podía dormirse por sí sola. En esas ocasiones no parecía sentir dolor, y de hecho cuando su madre o su padre acudían, la cargaban y empezaban a arrullarla, rápidamente se tranquilizaba, aunque tenía que estar profundamente dormida antes de acostarla; esto en general era más fácil durante la noche y rara vez tomaba más de cinco minutos. Entre las cuatro y las siete de la mañana, la niña dormía bien, pero con frecuencia por la mañana despertaba llorando. Betsy tomaba dos siestas, una en la mañana y otra en la tarde, y en ambas ocasiones tenían que arrullarla para que conciliara el sueño, al igual que cuando despertaba por la noche.

Sus padres la habían dejado llorar varias veces durante quince o veinte minutos antes de arrullarla, pero esto no ayudó. En una ocasión, a sugerencia del médico, decidieron que se quejaría hasta que conciliara el sueño por sí sola. Betsy lloró cada vez más fuerte, y después de hora y media, sus padres sintieron que estaban actuando con crueldad y no pudieron soportarlo más, de manera que fueron a tranquilizarla y arrullarla. En última instancia, pidieron al médico que le recetara algún medicamento, y éste prescribió un antihistamínico, el cual le fue administrado durante una semana. En ese tiempo se durmió un poco más rápidamente que al acostarla, pero los despertares nocturnos y los problemas a la hora de la siesta siguieron siendo los mismos.

Si bien el problema de Betsy es muy común, puede ser muy frustrante para los padres; pero una vez que entienden la naturaleza del mismo, generalmente es fácil corregirlo.

Lo que la mayoría de los padres no saben es que lo que consideran como despertares anormales durante la noche en realidad son bastante normales, y lo que hacen para tratar de impedirlos, en concreto ayudar al niño a dormirse de nuevo, realmente es la *causa* del trastorno.

Todos los niños aprenden a relacionar ciertas condiciones con el hecho de conciliar el sueño. Para la mayoría de ellos esto significa estar en una habitación específica, acostarse en determinada cuna o cama y abrazar a su animal de peluche o su frazada favoritos. Muchas de estas condiciones todavía están presentes cuando los niños despiertan normalmente durante la noche, y como no han cambiado, vuelven a dormirse de inmediato. No obstante, las condiciones que Betsy y otros niños como ella han aprendido a relacionar con el sueño, son de las que ya no están presentes cuando despiertan a medianoche. Éstas cambiaron después que se durmieron. Esto significa que esos niños simplemente no podrán volver a conciliar el sueño con facilidad después de un despertar normal por la noche. Para Betsy, dichas condiciones eran estar en brazos, ser arrullada y que le acariciaran la espalda. Cuando despertaba normalmente por la noche, se encontraba sola en su cuna, de manera que no podía volver a dormirse. No sabía cómo hacerlo por sí sola; necesitaba que alguien le ayudara. Los niños como Betsy no pueden volver a dormirse a menos que estén presente las condiciones «adecuadas». Durante la noche, estos niños presentan los despertares normales, pero en lugar de que éstos sean breves, son prolongados porque no han aprendido a seguir descansando por sí solos. Lo que ellos han aprendido a relacionar con conciliar el sueño —arrullos, caricias en la espalda, un chupón— no está presente. La situación no es la misma; algo está «mal». En lugar de volver a dormirse, el niño despierta totalmente y empieza a llorar. Así pues, el problema *no es que el despertar sea anormal*, sino que tiene *problemas para volver a dormirse*. Éstos se derivan de asociaciones específicas que el niño realiza. Será más fácil comprender estos problemas si estamos más conscientes del tipo de asociaciones que tenemos respecto del sueño.

Asociaciones del sueño en adultos

Como adultos, quizá damos por sentadas nuestras asociaciones con el hecho de conciliar el sueño, pero son muy importantes. Todos aprendemos a dormir en determinadas condiciones. Por ejemplo, generalmente del mismo lado de la cama, con una almohada dura o suave, con un cobertor ligero o pesado, o después de ver las noticias, oír el radio o leer. Si la rutina cambia, podríamos tener problemas para conciliar el sueño. Algunos toleramos esos cambios con más facilidad que otros, pero hasta cierto punto todos los resentimos.

Como recordará del capítulo II, pasamos la mayor parte de las primeras horas de la noche en un sueño profundo sin sueños (Etapa IV no *MOR*) y el resto de la noche alternamos entre un sueño ligero no *MOR* (Etapa II) y los sueños (*MOR*). En general los niños vuelven a un sueño profundo cerca de la mañana. Todos despertamos brevemente, sobre todo al hacer la transición entre el sueño no *MOR* y el *MOR*.

Durante estos despertares, cambiamos la posición del cuerpo, lo cual es importante para nuestro bienestar físico, y verificamos rápidamente nuestro entorno para asegurarnos de que todo está como debe. Es típico que nos volteemos para el otro lado y acomodemos el cobertor y la almohada. Si todo está bien, nos dormimos de nuevo rápidamente, y en general no recordamos el despertar. No obstante, si en esas ocasiones oímos ruidos extraños o sentimos olores preocupantes, nos mantenemos despiertos para investigar. No sólo los riesgos potenciales nos impiden volver a dormirnos. Si aparentemente algo no está «bien», o si percibimos algo diferente de cuando nos dormimos, nos ponemos totalmente alertas.

Piense por un momento qué pasaría si usted se despertara normalmente durante la noche, se volteara y se diera cuenta de que su almohada ya no está. Sentiría que algo está «mal», despertaría por completo y buscaría su almohada. Si ésta se hubiera caído, la recogería y quizá volvería a dormirse de inmediato. ¿Pero qué pasaría si no la encontrara? ¿Si alguien hubiera querido hacerle una broma? Es poco probable que usted vuelva a dormirse con facilidad; por el contrario, hubiera prendido la luz, se hubiera levantado y buscado la almohada. Quizá se enojara, maldijera y mostrara el mismo tipo de frustración que un niño demuestra cuando llora. Incluso si su almohada se cayera todas las noches, podría recogerla y volver a dormirse rápidamente; pero si usted estuviera inválido y necesitara que alguien le pusiera de nuevo la almohada cada vez, entonces su sueño mostraría un patrón de lo que podría considerarse como despertares «anormales». Aun así, su familia aprendería que al devolverle la almohada, usted rápidamente conciliaría el sueño de nuevo. Pienso que ahora apreciará el paralelismo.

Avancemos un poco más. ¿Y si alguien le robara su almohada todas las noches? En una situación así, incluso conciliar el sueño a la hora de acostarse le sería difícil, porque no sabría en qué momento correría el riesgo de que se la llevaran. Cada vez que empezara a dormirse, se recuperaría y pondría alerta en un esfuerzo por impedir dicha pérdida.

Asociaciones de sueño erróneas

Para Betsy, el acto de conciliar el sueño significaba estar en brazos y que la arrullaran en una mecedora; era lo «correcto» y cualquier otra situación era «incorrecta». En dicho ambiente podía volver a dormirse con relativa facilidad, y probablemente si permaneciera así toda la noche su sueño sería más continuo. Durante el transcurso de éste la persona que la tuviera en brazos podría darse cuenta de que ocasionalmente se estremecía, se movía y volvía a dormirse, pero sin llorar. La niña había aprendido que tan pronto como se dormía la acostaban, y estaba en guardia al respecto. Aparentemente esto interfería con que conciliara el sueño inicialmente. Ella misma se ponía alerta, verificaba para asegurarse de que aún la arrullaban, o despertaba ligeramente por un cambio en el ritmo de los arrullos o por los movimientos al ser transferida a su cuna. Una vez que su sueño era profundo y no sentía dichos movimientos, dormía bien hasta el primer despertar espontáneo. Después, en lugar de moverse nada más un poco y continuar descansando, sentía que algo estaba «mal». Así, como un adulto que de repente se da cuenta de que su almohada no está y no puede volver a dormirse, Betsy se sentía frustrada y demostraba su frustración llorando. Uno de sus padres entraría y restablecería las condiciones que relacionaba con conciliar el sueño, de manera que volvía a dormirse. El hecho de que lo hiciera rápidamente en brazos de sus padres era un indicio de que no padecía un verdadero trastorno del sueño. No presentaba ninguna anormalidad inherente a su capacidad de dormir que le permitiera hacerlo rápidamente en brazos de sus padres, pero no sola en su cuna; el problema era su experiencia, sus *asociaciones del sueño*.

Este trastorno se presenta con más frecuencia en bebés y niños pequeños, porque los de mayor edad tienen más control sobre las condiciones en las que duermen y es menos probable que necesiten que usted participe; deja de ser común más o menos a los cuatro años de edad.

Recientemente trabajé con Bill, un niño de tres años y medio que siempre había tenido problemas para dormir a la hora de acostarse y que despertaba varias veces durante la noche. Seis meses antes había sido trasladado de la cuna a una cama y el patrón sufrió ciertos cambios. En lugar de arrullarlo para que se durmiera, sus padres empezaron a acostarse en la cama con él. De esta forma, en general se dormía con bastante rapidez, aunque ocasionalmente despertaba cuando ellos trataban de levantarse demasiado pronto. Descansaba unas cuatro o cinco horas y después despertaba; llamaba a sus padres y se quejaba de que tenía «miedo» o de que veía «monstruos», pero nunca parecía estar verdaderamente asustado. Si su madre o su padre no acudían, se volvía más exigente y en ocasiones iba a la habitación de ellos y se negaba a volver a su cama. A los padres les preocupaba la «ansiedad» de Bill por la noche, así que uno de ellos lo llevaba de vuelta a su cama y se acostaba con él. Ya sabían que entonces se dormiría en unos cinco o diez minutos. El padre volvía a su cama, aunque ocasionalmente se quedaba dormido con el niño. Era típico que éste despertara una o dos veces más durante la noche y si su padre o su madre aún estaban con él, aparentemente dormía toda la noche.

Tampoco el problema de Bill eran despertares «anormales», sino sus propias asociaciones para conciliar el sueño. Bill no podía hacerlo a menos que uno de sus padres estuviera con él. Sin embargo, no todos los problemas relacionados con las asociaciones del sueño tienen que ver con la necesidad de que uno de los padres esté cerca del niño cuando lo concilia.

Sammy, de dos años, es otro niño que siempre tuvo problemas para conciliar el sueño y mantenerse dormido. A sus padres les parecía fácil dejar que éste se durmiera en el sofá, cerca de uno de ellos mientras miraban televisión. Con esta rutina, aparentemente acabaron con los problemas a la hora de acostarlo, pues entonces Sammy podía ser trasladado a su cama y en general no se despertaba en ese momento, pero sí varias horas después; cuando llamaba, parecía estar totalmente consciente y no quería volver a su cama. De hecho, si algo parecía querer hacer era jugar. Podía ser difícil hacerlo dormirse de nuevo, incluso si sus padres se acostaban con él o lo llevaban a su propia cama. No parecía tener miedo, y apenas sus padres encendían la luz de su habitación y le permitían jugar, lo hacía durante una hora más o menos antes de volver a dormirse en el piso. No obstante, la mayor parte de las veces, a sus padres les parecía más fácil acompañarlo a la sala, prender la televisión y acostarse en el sofá mientras Sammy seguía jugando. A la larga, el niño se acostaba en el otro extremo del sofá y en general se dormía hasta la mañana siguiente.

No hay duda de que Sammy había desarrollado asociaciones incorrectas con la conciliación del sueño, aunque en su caso estaban más relacionadas con la sala, el sofá y la televisión que con estar cerca de uno de sus padres. Por otra parte, si bien podía dormirse sólo con luces y la televisión encendidas, nunca lo hacia rápidamente, porque estos factores también tendían a mantenerlo despierto.

Todos sabemos que dormirse oyendo la televisión o la radio no es muy conveniente, porque si hay algo interesante, atrae nuestra atención, e incluso si no es así, los cambios constantes de la conversación y de la música interfieren con el descanso. Una vez que conciliamos el sueño, podemos despertar abruptamente cuando se apaga la televisión o el radio. Es mucho mejor aprender a relacionar el sueño con un ambiente oscuro y tranquilo.

Algunos niños también desarrollan asociaciones que interfieren con la conciliación del sueño incluso si se duermen en su propia cama, solos, en una habitación oscura y tranquila. Martin, por ejemplo, era un bebé de ocho meses que siempre se dormía con un chupón en la boca. En general se dormía rápidamente cuando lo acostaban, aunque no siempre. Se ponía somnoliento, dejaba de succionar y despertaba, al igual que Betsy si dejaban de arrullarla demasiado pronto, y tenía que empezar a succionar de nuevo; pero a diferencia de ésta, que permitía que alguien hiciera los movimientos rítmicos necesarios, Martin tenía que hacerlos él mismo. Necesitaba succionar para dormirse, y cuando dejaba de hacerlo y estaba por vencerlo el sueño, despertaba. En ocasiones el chupón se le caía demasiado pronto y lloraba hasta que se lo daban de nuevo. Por la noche despertaba llorando tres o cuatro veces, hasta que uno de sus padres entraba y le ponía el chupón de nuevo en la boca para que se tranquilizara y durmiera.

Heather se parecía mucho a Martin. A los dieciocho meses todavía necesitaba succionar un biberón para poder dormir; también ella despertaba varias veces durante la noche, pero siempre volvía a tranquilizarse cuando le daban otro. No era necesario que la arrullaran. Dado que sólo tomaba una o dos onzas cada vez y no la cargaban, su asociación con el biberón era la causa de su problema, más que el ingerir demasiado líquido durante la noche (véase capítulo VI) o sus asociaciones con el hecho de que la cargaran.

Aun cuando Martin y Heather se dormían solos y en su propia cama, al despertar por la noche no podían restablecer por ellos mismos las condiciones que relacionaban con el hecho de conciliar el sueño, alguien más tenía que levantarse, entrar y volver a darles el chupón o el biberón. Si su almohada se cae de la cama, usted mismo la recoge y continúa descansando normalmente. De manera similar, un niño que duerme chupándose el dedo, puede volver a ponérselo en su boca cuando despierta por la noche. Pero si su hijo necesita ayuda para restablecer las condiciones que le permiten conciliar el sueño, usted tendrá que levantarse a hacerlo, a veces más de una vez.

Así pues, para que su hijo duerma bien por la noche *debe* aprender a dormirse solo en su cuna o cama y dormirse en condiciones que pueda restablecer cuando despierta por la noche. Dichas condiciones no deben ser estimulantes, como la televisión de Sammy, ni exigir actividad constante, como succionar un biberón o un chupón. Por lo tanto, para la mayoría de los niños, lo mejor es que después de sus primeros meses de vida aprendan a conciliar el sueño en su cuna o cama, solos, en una habitación más o menos oscura y tranquila. No deben ser tomados en brazos, mecidos o arrullados y, todavía mejor, sin biberón ni chupón, ni radio ni televisión.

Cómo solucionar el problema
Si su hijo, como Betsy, todavía duerme en cuna, es relativamente sencillo el tratamiento de las asociaciones inadecuadas del sueño, y el cambio será relativamente rápido.

En general, el sueño de un bebé mejorará notablemente al cabo de pocos días, cuando mucho en una semana o dos. Usted tendrá que ayudarle a que aprenda un nuevo conjunto de asociaciones del sueño. Para eso se necesita comprensión, paciencia y coherencia hasta que su hijo se adapte a los nuevos patrones. No hay manera de solucionar el problema sin dejarlo llorar, pero el llanto puede reducirse al mínimo. Piense nuevamente en tener que dormir sin almohada. Si fuera necesario por razones ortopédicas, probablemente le costaría un poco de trabajo al principio; se sentiría incómodo a la hora de acostarse y daría vueltas y vueltas hasta dar con una posición cómoda. No hay duda de que se quejaría con vehemencia de su espalda y de su médico, aunque entendiera perfectamente la importancia de dormir sin almohada. Incluso, cuando finalmente conciliara el sueño, *le costaría trabajo volver a dormirse después de los despertares nocturnos;* la única manera de aprender a dormir sin almohada es practicando. Cada vez le sería más fácil, hasta que empezara a sentirlo «bien». Una vez que lo lograra, los «despertares» nocturnos también dejarían de ser un problema, y así sucede con los niños que trato.

En general, el programa que utilicé con la familia de Betsy funciona bastante bien. Les expliqué que la niña era totalmente normal y que su problema era su incapacidad para conciliar el sueño si no la cargaban, la arrullaban y le acariciaban la espalda. Así lo había hecho toda su vida y no había aprendido a hacerlo sola. Les dije que tenía que aprender a dormir en las mismas circunstancias en que se encontraría cuando despertara espontáneamente durante la noche, es decir, *sola y en su propia cuna.*

Apliqué un enfoque progresivo, muy eficaz, que explicaré en detalle a continuación. La tabla de la figura 5 le ayudará a entender el método.

Una vez que los padres de Betsy comprendieron la índole del problema de la niña, empezamos el tratamiento. Les pregunté cuánto tiempo creían poder soportar el llanto de la niña antes de tomar alguna medida al respecto. Si bien pensaban que probablemente podrían tolerarlo durante quince minutos, decidimos empezar con cinco. Me he dado cuenta de que cinco minutos es en general un buen punto de arranque, pero si parece demasiado, incluso es posible empezar con un minuto.

Todas las noches, a la hora de acostarla y después de los despertares nocturnos, los padres de Betsy tenían que asegurarse de que se durmiera sola, sin que ellos estuvieran en la habitación. Debían dejarla llorar por periodos gradualmente más largos antes de acudir *brevemente*, y siempre saldrían de la habitación estando ella despierta; así tenía que ser hasta que por fin conciliara el sueño. El plazo de espera antes de responder a sus llamados se incrementaría progresivamente en noches sucesivas.

En el caso de Betsy, sus padres la preparaban, jugaban y conversaban con ella tranquilamente antes de acostarla *despierta*. No debían mecerla ni acariciarle la espalda. Después saldrían de la habitación durante *cinco minutos* y volverían si aún lloraba vigorosamente. Permanecerían con ella de dos a tres minutos, pero no la cargarían ni mecerían. Si volvían, era para asegurarle a la niña que no estaba abandonada y que sus padres estaban ahí para atenderla. De esta forma, también ellos se aseguraban de que aún estaba bien y no le hacían nada terrible. *No* debían volver a la habitación para ayudarla a conciliar el sueño; de hecho, Betsy debía dormirse cuando sus padres estuvieran fuera de la habitación. Éstos estuvieron de acuerdo en hablar con ella unos momentos y quizá darle una o dos palmaditas en la espalda para tranquilizarla, pero al cabo de pocos minutos debían volver a salir, estuviera o no llorando, incluso si su llanto se intensificaba al salir ellos.

Si Betsy continuaba llorando vigorosamente durante *diez minutos*, sus padres volverían por un breve lapso; si seguía llorando *quince minutos después*, debían volver; éste sería el límite máximo para la primera noche. Seguirían esperando intervalos de quince minutos con visitas breves hasta que finalmente conciliara el sueño durante uno de esos periodos que ellos pasaban fuera de la habitación. Si dejaba de llorar o sólo oían un leve gimoteo, no debían regresar. Si Betsy despertaba más tarde y lloraba con intensidad, debían iniciar el mismo programa utilizado a la hora de acostarla, es decir esperar cinco minutos y avanzar gradualmente hasta quince. Dado que su hora normal de despertar eran las siete de las mañana, los padres debían seguir esa rutina en cada despertar, cuando menos hasta las seis y media; si despertaba después de esa hora, debían levantarla para las actividades de la mañana.

La misma rutina se aplicaba a las siestas. No obstante, si

había pasado una hora y Betsy seguía llorando o había despertado de un corto sueño, debían dar por terminada la siesta. Si aún estaba cansada y más tarde se quedaba dormida en el suelo o en el corral, no había problema. Cuando menos lo había hecho sola. Mientras se le exigiera todos los días dormir en su cuna, a la larga empezaría a dormir la siesta ahí, una vez que empezara a relacionar el hecho de acostarse sola en ella con conciliar el sueño.

En el segundo día del programa, los padres debían esperar diez minutos, y hasta un máximo de veinte, antes de ir a la habitación de la niña por primera vez. El incremento de cinco minutos seguiría siendo el mismo en cada noche sucesiva.

La respuesta de la familia de Betsy fue casi típica; sus expectativas no eran buenas y se dieron cuenta de que las cosas iban mucho mejor de lo que esperaban.

La primera noche fue difícil, si bien Betsy se quedó dormida en el tercer episodio de quince minutos de llanto. Despertó tres veces durante la noche, pero aparentemente concilió el sueño con mayor rapidez. La segunda noche lo logró después del primer intervalo, en su segundo periodo de llanto, y volvió a hacerlo por sí sola después de despertar por la noche. La tercera noche se durmió sola antes de que fuera necesario intervenir y volvió a hacerlo después de los despertares espontáneos. Hacia la segunda semana, apenas se notaban los despertares nocturnos. Sus siestas mejoraron aún con mayor rapidez. Durante los dos primeros días hubo problemas —la primera siesta ni siquiera la tomó—, pero hacia el tercer día estaba haciéndolo adecuadamente (véase figura 4). Sus padres informaron de ciertos hechos típicos. Conforme las cosas fueron mejorando, se dieron cuenta de que aunque los despertares nocturnos persistían en un principio, los episodios de gimoteo eran cada vez más cortos, porque Betsy volvía a dormirse por sí sola; a la larga dejó de llorar en esos momentos. Obviamente, sus despertares naturales continuaron, pero volvía a dormirse tan rápida y normalmente que sus padres sólo se hubieran dado cuenta de ello si hubieran estado observándola de cerca o vigilándola toda la noche. Muchos padres me han dicho que mientras los niños aprenden las nuevas asociaciones, oyen gimoteos antes de que éstos vuelvan a conciliar el sueño espontáneamente.

FIGURA 4
TABLA DEL SUEÑO DE BETSY

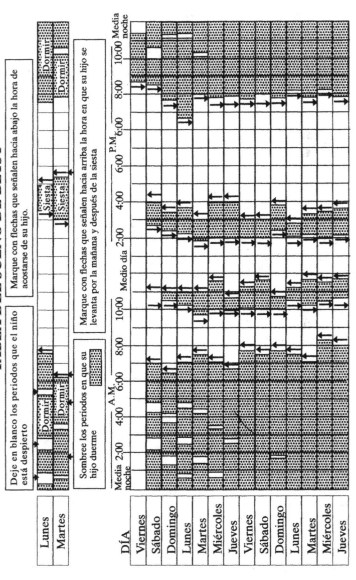

Dado que los padres podían entrar a la habitación de Betsy cuando la niña lloraba, a diferencia de tener que dejarla toda la noche, podían darse cuenta de que no sufría, y esto les facilitaba seguir el programa. Hacia el final de la primera semana Betsy ya dormía bastante bien. Durante la segunda, sus patrones de sueño ya eran básicamente normales. Han pasado muchos meses desde que los padres de Betsy se decidieron a pedir ayuda y el sueño de la niña sigue siendo excelente.

Este enfoque gradual es mejor para el niño y más fácil para los padres que un cambio súbito de rutina. Si bien acostar al niño en su cuna a la hora precisa, cerrar la puerta, dejarlo llorar y no volver hasta la mañana siguiente quizá resulte si usted nunca se da por vencido, hay buenas razones para no hacerlo. Dicho enfoque podría ser doloroso para usted y difícil para su hijo, y por eso los padres se ven tentados a abandonarlo a medio camino. Si como Betsy, su hijo siempre ha conciliado el sueño en sus brazos y usted siempre ha acudido a él rápidamente cuando despierta, entonces acostarlo despierto de repente una noche y no responder a su llanto hasta la mañana siguiente sería irse de un extremo a otro. Un cambio tan abrupto podría confundir al niño, pues ha aprendido que usted aparece de inmediato cuando llora. ¿Qué pensará si usted no acude? ¿Dónde estará? ¿Qué pasa? ¿Realmente va a regresar?

Estoy convencido de que el enfoque gradual es mejor. Su hijo tiene que aprender nuevas reglas, pero de entrada no las entenderá; debe saber que usted sigue estando cerca y ocupándose de él, pero esto sólo lo aprenderá por experiencia. Incluso si usted lo deja llorar todas las noches y no acude hasta la mañana siguiente, el niño aprenderá que a la larga siempre regresa y que no lo ha abandonado, pero el aprendizaje puede ser innecesariamente difícil. Si pasa poco tiempo antes de que usted acuda e incrementa el tiempo de espera progresivamente, el aprendizaje es mucho más fácil. A los pocos minutos su hijo se habrá dado cuenta de lo planeado; pronto descubre que usted está cerca y responderá a su llamado; la incertidumbre es mucho menor. Y como el tiempo de espera se incrementa gradualmente, también aprende a esperar esto. Acabará por entender que no vale la pena llorar durante quince o veinte minutos sólo para que usted efectivamente acuda; pero también sabe que no gana mucho más, que no lo mece, lo carga ni lo arrulla. Al mismo tiempo está aprendiendo a conciliar el sueño solo y en su cama, que es el objetivo principal. Como usted ayuda a su hijo a aprender progresivamente, el llanto se mantiene en un mínimo; el enfoque repentino probablemente mantendría el llanto cerca del máximo.

Si bien yo no lo recomiendo, sencillamente digo que «dejarlo llorar» funcionaría, pero con frecuencia los padres me dicen «Si me va a sugerir que deje llorar a mi bebé, olvídelo; ya lo intentamos y no funcionó». Lo que intentaron fue el enfoque repentino. Si usted ha intentado lo mismo sin éxito, quizá le interese saber por qué fracasó. Se habrá dado cuenta de que no podía o no quería dos o tres horas de llanto noche tras noche, lo cual es comprensible. Si bien un niño de menos de un año podría sorprenderlo y conciliar el sueño incluso la primera noche, después de un periodo corto de llanto, un niño mayor probablemente seguiría llorando constante o intermitentemente cuando menos una hora, si no es que más. Y mientras más llore, es más probable que usted cambie de idea y decida ir a su habitación. Tal vez tampoco entienda claramente el supuesto funcionamiento de este enfoque. Como le habrán dicho que estaba «malcriando» a su hijo y que lo dejara llorar, el mensaje era que *el llanto* mejoraría sus hábitos de sueño, pero el llanto no ayuda; descansará mejor cuando haya aprendido a conciliar el sueño y a volver a dormirse por sí solo, y sólo lo aprenderá con la práctica. Así que cuando una familia me dice que ya «intentaron dejarlo llorar durante varias noches», en general resulta que es lo único que hicieron, *dejarlo llorar,* pero no *dejarlo conciliar el sueño.* Quizá dejaron llorar a su hijo cuando se despertaba por la noche, pero después de veinte o treinta minutos iban y lo mecían; y tal vez a la hora de acostarlo seguían meciéndolo para que se durmiera y no lo dejaban llorar. O lo dejaban quejarse hasta tres horas a la hora de acostarlo varias noches seguidas, pero acababan por ayudarlo a dormirse. Así pues, realmente todo ese llanto no servía para nada, pues no es el llanto lo que ayuda, sino la práctica de conciliar el sueño en condiciones diferentes.

Si la transición final hacia el sueño sigue teniendo lugar

en las mismas condiciones, las cosas no mejorarán, independientemente de la cantidad de llanto. No es posible aprender a conciliar el sueño en una almohada si todas las noches usted se acuesta con ella y alguien se la quita cuando está profundamente dormido. Para hacerlo sin almohada, es mejor no tenerla cada vez que se acuesta. De manera similar, para que un niño aprenda a conciliar el sueño sin que lo carguen o lo mezan, con la televisión apagada y sin chupón, todas estas «ayudas para el sueño» deben desaparecer en cualquier momento que vaya a dormir, ya sea a la hora de acostarse, a la hora de la siesta o después de los despertares nocturnos.

Creo que ahora sí entenderá por qué el llanto no ayuda para desarrollar asociaciones de sueño adecuadas y por qué tratamos de mantenerlo al mínimo. En un principio, conforme su hijo aprende a conciliar el sueño de manera diferente, se sentirá infeliz, pero no tiene por qué sentirse abandonado. Si usted lo consuela con cierta regularidad, se sentirá menos abandonado y los largos periodos de llanto que se observan en los enfoques repentinos en general dejan de presentarse.

En los casos de Martin y Heather aplicamos la misma rutina que con Betsy, pero los acostaban sin el biberón o el chupón. Les dije a los padres que era mejor que inicialmente no estuvieran con su hijo mientras aprendía a conciliar el sueño de esa manera, dado que esto sólo provocaría nuevas asociaciones que tendrían que ser modificadas en una segunda etapa. La mayoría de las familias, como las de los niños mencionados, deciden corregir las asociaciones en una sola etapa. Martin y Heather son ejemplos clásicos de los niños que ya saben conciliar el sueño en su cama solos, pero necesitan el biberón o el chupón. Una vez que se les presentó la oportunidad de practicar sin dichos objetos, rápidamente aprendieron a dormir muy bien.

No es necesario destetar al niño para que rompa con la asociación alimento-dormir; basta con disociar ambas cosas. Así pues, en lugar de darle pecho a la hora de acostarlo, podría hacerlo por la tarde, y la alimentación diurna no tiene que ser a la hora de la siesta. Si su hijo empieza a dormirse cuando le da el pecho o con un biberón, deténgase y acuéstelo, y déjelo seguir descansando en ese ambiente.

Si su hijo ingiere demasiado líquido por la noche, ya sea en biberón o porque lo amamanta, su sueño podría verse interrumpido de diferentes maneras, y no sólo por las asociaciones del sueño. Pero, por otra parte, dejar de amamantarlo por la noche sería difícil para él y para usted; por eso es mejor reducir gradualmente el número y la frecuencia de los alimentos. En el capítulo siguiente se analizan los problemas derivados del exceso de alimentos y su solución.

Si su hijo utiliza el chupón sólo para dormirse, cuando haya aprendido a conciliar el sueño sin él dejará de usarlo pero si lo tiene en la boca la mayor parte del día, entonces será más difícil eliminarlo por la noche, en cuyo caso sugiero que primero reduzca el tiempo de utilización durante el día. Pruebe a prestarle mayor atención y distraerlo en esos momentos, de manera que se acostumbre a usarlo con menor frecuencia. Aun así, quizá todavía tenga que oírlo llorar durante el día mientras aprende a sentirse cómodo sin el chupón, igual que cuando tenga que aprender nuevas asociaciones por la noche.

Decida a qué hora de la mañana y de la tarde su hijo deberá prescindir del chupón y todos los días incremente gradualmente el tiempo. Una vez que el niño utilice el chupón sobre todo para dormirse o durante los ratos de descanso, podrá eliminarlo y empezar entonces el programa progresivo que aplicamos con Betsy. Ya para entonces estará más o menos acostumbrado a no usarlo y sólo tendrá que aprender a conciliar el sueño sin él.

El tratamiento de Bill y el de Sammy se basaron en el mismo enfoque progresivo que el de Betsy, si bien los procedimientos fueron un poco diferentes porque se trataba de niños mayores y ya se levantaban solos. En niños de más edad, la intervención a veces tiene que ser un poco más lenta, pero se logra el mismo éxito. También en esos casos el niño debe aprender a conciliar el sueño en las mismas condiciones en que se encontrará cuando despierte normalmente por la noche, es decir, solo y en su cama.

Si su hijo está acostumbrado a que usted esté con él cuando se acuesta y ya no duerme en cuna, hay varias maneras para romper esta asociación.

Si tiene edad suficiente, explíquele que ya no puede

acostarse con él mientras se duerme. Sin embargo, asegúrese de que su ritual de la hora de irse a la cama sea adecuado y agradable (veáse capítulo III). Una vez que se termine el cuento, la conversación o el juego tranquilo, arrope a su hijo y salga de la habitación, pero deje abierta la puerta. Ciertos niños siguen llamando o lloran, otros se levantan. Si su hijo nada más lo llama, podrá ser tratado de la misma manera que Betsy: incremente progresivamente el tiempo transcurrido entre sus breves respuestas. Vuelva a la habitación del niño pero *no* se acueste con él y asegúrese de que siempre se duerma estando usted *fuera* de la habitación.

Si su hijo se levanta, el enfoque tendrá que ser diferente. Una vez que esté seguro de que el niño se levantó de la cama, diríjase a la habitación, acuéstelo de nuevo y dígale que si vuelve a hacerlo, tendrá que cerrar la puerta. Si el niño insiste, acuéstelo de nuevo y mantenga la puerta cerrada durante un periodo corto, más o menos un minuto. No cierre la puerta con llave, pero manténgala cerrada si él trata de abrirla. Encerrar con llave en su habitación a un niño es aterrador para él, lo alarmará y no le ayudará en este nuevo proceso de aprendizaje. Cerrar sin llave es un patrón mucho más controlable que, por ejemplo, tratar de mantener al niño en la cama, darle de nalgadas o encerrarlo con llave y salir. Lo que usted desea mostrarle es que él *controla* que la puerta se mantenga cerrada. Si se queda acostado, la puerta se abre; si se levanta, la puerta se cierra, tan sencillo como eso. Si así lo prefiere, utilice una reja que el niño no pueda abrir, pero asegúrese de no estar visible durante los periodos en que ésta deba permanecer cerrada.

No dé nalgadas o amenace a su hijo, porque sólo lograría empeorar las cosas. Es importante que él sepa que usted está consciente de que pasa por un periodo difícil y que desea ayudarlo. Por favor, apóyelo, no lo castigue.

Siga hablando con el niño a través de la puerta cerrada para tranquilizarlo, o desde otra habitación si usa una reja, para que él sepa que usted está cerca. Dígale que si vuelve a acostarse, dejará la puerta abierta una vez que concluya ese minuto. Si no vuelve a la cama, entre a la habitación, acuéstelo, cierre la puerta y espere dos minutos. Si sigue levantándose, incremente el tiempo de puerta cerrada a tres minutos y después a cinco (veáse la tabla de la figura 6). Cinco minutos debe ser el tiempo máximo para la primera noche. Cuando por fin el niño deje de levantarse o vuelva a la cama porque así lo decide, abra la puerta cuando haya terminado el plazo, anímelo y aléjese sin entrar a la habitación. Si vuelve a levantarse más tarde, quizá después de los despertares nocturnos, siga la misma rutina y empiece nuevamente por un minuto. La segunda noche empiece con dos minutos e incremente el plazo cada noche subsiguiente, como se observa en la gráfica. Si despierta y llora pero no se levanta, modifique la rutina y espere más tiempo antes de responderle con unas cuantas palabras (figura 5). También las siestas tendrán que ser controladas con la técnica de la puerta cerrada, pero si su hijo no se ha dormido después de una hora, o despierta después de un periodo de sueño, dé por terminada la siesta del día.

Las primeras noches no serán fáciles y la forma de luchar de los niños varía. Algunos aprenderán rápidamente que es mejor estar acostado con la puerta abierta que levantarse y que la cierren, aunque sea por unos momentos. Otros niños siguen levantándose y aceptan voluntariamente periodos más largos de puerta cerrada antes de darse por vencidos. Probablemente este método sea más tardado cuando el niño está confinado a una cuna, pero funciona. Si usted persevera, las cosas mejorarán al cabo de una o dos semanas, cuando mucho, pero muéstrese firme; su hijo debe saber exactamente a qué atenerse. Si en ocasiones usted es tolerante y en otras no, el niño siempre supondrá que en esa ocasión se dará por vencido.

Si su hijo tiene edad suficiente, normalmente tres o tres años y medio, valdría la pena probar un sistema de recompensas para ayudarle a que la fase inicial de aprendizaje sea más rápida, ya sea antes de la técnica de puerta cerrada o durante ésta. Hágalo mediante una gráfica de estrellas como la que describimos en el capítulo XII; el niño ganará estrellas o estampas y ocasionalmente pequeños premios por irse a dormir sin levantarse de la cama. La gráfica lo motivará para irse a dormir sin que usted esté presente y le hará sentir que trabajan juntos para resolver el problema. Cuando la gráfica deje de ser una novedad, su hijo probablemente se mostrará más exigente a la hora de acostarse; de ser así, usted tendrá que ser especialmente cuidadoso para no darse por vencido, o el viejo problema reaparecerá. No obstante, ahora que el niño ha aprendido a conciliar el sueño por sí solo, se trata de que cumpla las reglas. Si, de ser necesario, usted demuestra firmeza y vuelve a la rutina de la puerta cerrada, los patrones de sueño adecuados volverán rápidamente.

Si considera que es demasiado exigir a su hijo que de repente concilie el sueño solo, sin su presencia, proceda en etapas, aunque le llevará más tiempo y el niño tendrá que pasar por un periodo de reaprendizaje en cada etapa. Si usted desea aplicar el enfoque gradual, debe idear un ritual agradable para la hora de acostarse. Dígale a su hijo que no puede acostarse con él mientras trata de dormirse, pero no salga de la habitación, siéntese cerca de la cama hasta que se duerma. Si el niño lo acepta, perfecto, pero si trata de levantarse o de que usted se acueste, empiece con la rutina de la puerta cerrada, pero al abrir la puerta vuelva a la silla. De esta manera su hijo aprenderá que mediante su propio comportamiento controla que usted esté en la habitación, cerca de él, o que salga y cierre la puerta. Acostarse con él no es una alternativa, y pronto aprenderá que prefiere tenerlo cerca. Una vez logrado esto, usted lo habrá ayudado con la mayor parte del reaprendizaje. Ahora concilia el sueño solo en su cama, si bien usted está aún en la habitación.

Los siguientes pasos podrían llevarse a cabo en intervalos de una a dos semanas. El primer paso es alejar la silla de la cama del niño y después ponerla justamente fuera de la habitación. Por último, simplemente salir del área donde duerme después de darle las buenas noches. Si es necesario, cada uno de estos pasos debe imponerse mediante la misma rutina de la puerta cerrada. Cada etapa ocasionará luchas, pero la primera —que usted salga de la cama del niño— probablemente será la más difícil; en general, la siguiente en grado de dificultad es salir de la habitación.

Si su niño parece estar demasiado ansioso, quizá sea necesario este enfoque gradual, aunque en general prefiero hacerlo en un solo paso porque lleva menos tiempo, y con un solo periodo difícil de reaprendizaje se inculcan buenos hábitos de sueño. Por otra parte, con el enfoque gradual, puede alargarse el tiempo que le lleva a su hijo conciliar el sueño, porque sabe que usted saldrá de la habitación una vez que se haya dormido; tal vez empiece a luchar contra el sueño y recupere la conciencia cada vez que se inicie el estado de somnolencia, como solía hacer Betsy.

Bill siempre se había dormido en contacto físico con uno de sus padres, en un principio en la mecedora y después en su cama. Le parecía «incorrecto» que lo dejaran solo en la cama. Sus padres optaron por el primer enfoque. De hecho, enfrentaron luchas importantes durante los primeros días, y como dormían poco, empezaron a preguntarse si el plan funcionaría; sin embargo, perseveraron, y hacia fines de la primera semana Bill empezó a dormir mucho mejor. Al finalizar la segunda semana, las protestas del niño cuando sus padres salían de la habitación eran muy ligeras, y ahora duerme sin interrupciones toda la noche.

Para Sammy, conciliar el sueño no sólo significaba estar cerca de uno de sus padres, sino estar en una habitación que no fuera la suya, con la televisión encendida. No todos enfrentamos ese problema. Imagínese cómo reaccionaría usted si despertara por la noche y se encontrara de repente en una habitación que no es la misma en la que se acostó; no hay duda de que esto lo despertaría, más que ayudarle a dormir de nuevo, y eso le pasaba a Sammy. Desafortunadamente para él, las asociaciones presentes cuando conciliaba el sueño ni siquiera incluían su propia habitación.

Sammy no tenía ritual para la hora de acostarse y cuando despertaba por la noche, la única manera de recrear las condiciones que relacionaba con conciliar el sueño eran irse a la sala y jugar con la televisión encendida. Sus padres eligieron un programa similar al de Bill. Establecieron una rutina agradable para la hora de acostarlo, la cual Sammy disfrutaba, si bien en un principio le entusiasmaba menos que lo acostaran y le dijeran que se quedara en la cama. Como en el caso de Bill, Sammy luchó enconadamente durante la primera semana para conservar las antiguas costumbres, pero hacia la segunda también dormía ya con cierta normalidad.

Como hemos visto, puede ser difícil iniciar nuevas rutinas de aprendizaje coherente y progresivo, pero funciona notablemente bien en diversas situaciones. Si el problema de su hijo es similar a los que hemos descrito en este capítulo, el enfoque que usted adopte también debe ser muy similar. Mientras más pequeño sea el niño, en general será más fácil hacerlo, pero a cualquier edad responden adecuadamente al programa *si* los padres están dispuestos a apegarse a él.

Observaciones generales
Hay varios aspectos generales que es conveniente tener en mente cuando se trata de determinar la causa de los trastornos del sueño de un niño y corregirlos.

1. Si después que despierta llorando por la noche su hijo se tranquiliza rápidamente y vuelve a dormirse de inmediato una vez que usted restableció las condiciones imperantes a la hora de acostarlo —como tomarlo en brazos y arrullarlo—, tenga la seguridad de que el problema es únicamente que aprendió a relacionar condiciones erróneas con el hecho de conciliar el sueño. Su capacidad para dormir no presenta ninguna anormalidad inherente. Los sistemas corporales que controlan el sueño del niño no funcionan de manera tal que impidan físicamente que el niño se duerma, si no es en brazos o arrullándolo. Si dichos sistemas no funcionaran adecuadamente, su hijo no dormiría bien de *ninguna* manera. Así pues, puede estar seguro de que la causa del trastorno del sueño del niño no se deriva de una anormalidad neurológica, una dieta mal balanceada o sensibilidad hacia ciertos alimentos, o de una incomodidad importante. Un niño que despierta a causa de algún dolor, se tranquiliza cuando lo toman en brazos, pero no se duerme de inmediato.

¿Esto significa que su hijo debe tener algún problema físico si no logra dormirlo de nuevo rápidamente? No. Quizá se mantenga despierto porque está asustado, o se agita mucho si usted no acude de inmediato y le lleva tiempo calmarse, independientemente de las condiciones. O, como sucedió con Sammy, si está acostumbrado a conciliar el sueño en un ambiente estimulante (con la televisión encendida y personas a su alrededor), entonces tendrá problemas para hacerlo cuando despierte por la noche, ya sea en un ambiente diferente, sin estímulos (condiciones erróneas, demasiada tranquilidad u oscuridad), o en el estimulante (dado que la televisión lo mantiene despierto y también le permite dormir).

No obstante, hay situaciones en que causas físicas pueden ser el origen de los problemas que nos ocupan; los analizaremos en el capítulo VII.

2. Quizá se haya dado cuenta de que las asociaciones del sueño de su hijo a la hora de acostarlo no siempre influyen en lo que sucede más tarde. Por ejemplo, quizá duerma toda la noche sin interrupción, incluso si usted lo arrulla; tal vez concilie el sueño solo a la hora de acostarse o cuando duerme la siesta, pero necesita que lo arrullen después de los despertares nocturnos. Esto significa que el niño ha aprendido a asociar condiciones diferentes, a horas diferentes, con el hecho de conciliar el sueño. No es más o menos normal que otros niños que aparentemente requieren que las mismas condiciones estén presentes cada vez que se duermen, por lo que no es necesariamente erróneo, ni tampoco seguro, que el problema sea el mismo si usted arrulla a su hijo para que se duerma. Si lo hace rápidamente, es fácil trasladarlo a su cuna y que duerma de continuo durante la noche, y si a usted le satisface esta rutina, en realidad no hay problema. Su única motivación para modificarla sería que si usted le enseña cómo conciliar el sueño por sí mismo ahora que es pequeño, podrá evitarse el proceso de reaprendizaje más tarde, cuando sería más difícil, y probablemente su hijo seguiría durmiendo toda la noche cuando crezca. Pero si la rutina de la hora de acostarse es larga, como en el caso de Betsy, sin duda tendrá que pensar en modificarla. Si su hijo despierta casi todas las noches y exige su presencia, definitivamente tendrá que hacerlo. Es benéfico para su hijo (y para usted) dormir de corrido toda la noche.

3. Ocasionalmente, cuando incremente el tiempo antes de acudir al llamado de su hijo, éste llorará tanto que podría vomitar. Si oye que esto sucede, acuda, incluso si aún no ha llegado el momento. Límpielo, de ser necesario cambie las sábanas y la pijama, pero hágalo rápida y prácticamente y déjelo solo de nuevo. Si lo recompensa quedándose con él por haber vomitado, aprenderá una buena manera de lograr lo que

desea. El hecho de que vomite no perjudica a su hijo, y usted no tiene por qué sentirse culpable si eso sucede. Como en el caso del llanto, pronto no volverá a suceder.

4. Incluso los niños que despiertan frecuentemente por la noche podrían dormir bien durante varias horas antes de su primer despertar nocturno y también después del último. Por ejemplo, podría dormir de las siete a las diez de la noche y de las cuatro a las siete de la mañana, pero estar inquieto y despertar frecuentemente entre las diez de la noche y las cuatro de la mañana, lo cual no es más que un reflejo del patrón normal subyacente del estado de sueño. Como aprendió en el capítulo II, el niño pasa las primeras horas de la noche en un sueño profundo y con frecuencia vuelve a ese mismo estado cerca de la mañana. El periodo de sueño ligero intermedio está más sujeto a despertares.

5. Una vez que su hijo haya aprendido a conciliar el sueño por sí mismo con las asociaciones adecuadas, probablemente seguirá durmiendo bien, pero podrían presentarse alteraciones ocasionales. Si usted está de visita con amigos o parientes, quizá el niño tenga que compartir su habitación y usted desee responder rápidamente a sus sollozos para asegurarse de que no llore y moleste a sus anfitriones; o quizá su hijo está enfermo, con fiebre alta y una infección de oído dolorosa y usted se sienta con él o lo acuesta en su propia cama. Cuando vuelve a su hogar o cede la enfermedad, el niño desea seguir durmiendo en esas mismas «condiciones». Si usted se da por vencido, su hijo podría llegar a desarrollar un trastorno del sueño, lo cual es muy común, especialmente durante el segundo año y medio de vida. Los cambios temporales por viajes o durante una enfermedad son necesarios y razonables; pero si el sueño de su hijo sigue trastornado después que todo vuelve a la normalidad, durante varias semanas tendrá que volver al programa progresivo descrito en este capítulo para restablecer los patrones anteriores.

6. Con frecuencia, cuando los padres se dan cuenta de que tendrán que dejar llorar a su hijo, me preguntan: «¿No le provocará daños psicológicos permanentes?» Desean que su hijo se sienta seguro y atendido y temen que unos minutos de llanto, estando el niño solo en una habitación, sean traumáticos.

Si bien ésta es una preocupación común, he aprendido que resulta ser sólo temporal. Dejarlo llorar mientras le ayuda a mejorar sus hábitos de sueño nunca provocará daños psicológicos a su hijo. Será más difícil para usted que para su bebé. Incluso los padres más preocupados me han dicho después del tratamiento que se dieron cuenta de que el proceso de reaprendizaje había sido muy útil y nada dañino para el niño.

Usted desea hacer lo mejor para su hijo, y ayudarlo a desarrollar hábitos de sueño adecuados forma parte de esa preocupación. El pequeño aún no sabe lo que es bueno para él y llorará si no consigue lo que desea; usted debe tomar las decisiones respecto de lo que puede o no puede hacer y puede o no puede tener. Si fuera algo malo o peligroso, no se lo daría independientemente de cuánto llorara, y no se sentiría culpable ni preocupado respecto de posibles consecuencias psicológicas. Los hábitos de sueño inadecuados también son perjudiciales para su hijo y es su deber corregirlos. Por lo tanto, no hay necesidad de preocuparse demasiado si llora un poco durante las etapas iniciales.

Obviamente, si el niño no recibe suficiente amor y atención durante el día, podría desarrollar problemas psicológicos; pero si usted le demuestra amor y le da calor y atención durante sus primeros meses y sigue demostrándole su afecto durante el día conforme crece, entonces un poco de llanto extra durante una semana más o menos —independientemente de lo dolido o enojado que parezca— no lo dañará en lo absoluto. Incluso cuando un niño se apega más a sus padres durante un día o dos, como a veces sucede, la rapidez con que el proceso avanza los convence de que han hecho lo adecuado. En realidad, en cuanto a posibles efectos psicológicos, las cosas mejoran. Durmiendo bien por la noche, su hijo se siente mejor y se muestra menos irritable durante el día. Puesto que será más divertido y usted estará más descansado y menos enojado, podrá disfrutar más a su hijo e interactuar con él de manera más positiva y vitalizadora.

7. Una vez que haya decidido qué programa va a aplicar, sígalo al pie de la letra. Determine de antemano cuánto tiempo está dispuesto a esperar y guíese por su reloj; a media noche la

perspectiva del tiempo cambia y diez minutos podrían parecerle una hora. Ahora bien, algunas veces es mejor no acudir cuando el niño llora aun cuando se haya «agotado el tiempo». Si usted se da cuenta de que su bebé está empezando a calmarse, acudir y dejarlo de nuevo quizá sólo interrumpa el proceso y agrave las cosas. Si siente que esperando un poco más facilitará las cosas, hágalo. Observe si sigue calmándose solo o si empieza a llorar de nuevo; siempre es posible cambiar de idea y acudir si el niño se altera más.

8. Si su hijo concilia el sueño por sí solo a la hora de la siesta pero lo necesita a usted por la noche, es de esperar que el reaprendizaje sea muy rápido. Ya sabe cómo hacerlo, nada más tiene que aprender a relacionar dicho comportamiento también con la hora de acostarse.

9. Quizá le hayan dicho que está malcriando a su hijo si acude a su llamado durante la noche para ayudarlo a dormirse de nuevo, pero no es así. Usted «malcría» a un niño si le da todo lo que pide, nunca dice no y abdica de su responsabilidad de decidir qué es mejor para él. Si acude a él por la noche quizá sea porque siente que es lo adecuado, no porque no puede decir no o sea incapaz de imponer una disciplina. Durante el día podría ser más fácil distinguir entre lo que su hijo *desea* y lo que *necesita*, y obviamente usted no aceptará fácilmente si lo que le pide es inadecuado, aunque llore; pero si despierta y llora por la noche y sólo se tranquiliza si lo alimenta o lo arrulla, quizá decida que tiene hambre, que algo le duele o que debe satisfacer alguna necesidad básica. Podría también pensar que tiene algún problema inherente que le impide volver a dormirse sin los arrullos que usted le proporciona. Igual que sabe que lo adecuado es pasear a un bebé de dos meses que tiene cólicos, quizá sienta que lo adecuado es pasear a un bebé de seis, doce, veinticuatro o treinta y seis meses que llora porque no puede dormirse. El problema no es que lo esté malcriando, sino que usted no sabe lo suficiente sobre el sueño y sus asociaciones como para poder distinguir entre lo que su hijo «desea» y lo que «necesita».

Una vez que usted entienda que lo que el niño necesita es sencillamente aprender una nueva manera de conciliar el sueño (lo desee o no), es más fácil decidir cómo satisfacerlo.

10. Cuando analice la posibilidad de aplicar un programa que implicará llantos o gritos durante la noche, quizá sienta que sería lo adecuado si viviera en medio del desierto del Sahara o tuviera un solo hijo, pero si vive en un edificio de departamentos, le preocupará la reacción de los vecinos y del casero. Si tiene otros hijos, especialmente si son pequeños, se preocupará porque no dormirán bien, y si va a utilizar la técnica de la puerta cerrada, no hay duda que será más difícil con otro niño en la habitación. Algunos de estos problemas son más fáciles de resolver que otros. Explique a sus vecinos lo que está haciendo y dígales que el problema durará sólo unas cuantas noches. Inícielo durante el fin de semana si ellos lo prefieren. Si aún se muestran intolerantes, espere hasta que salgan de la ciudad por unos días o utilice un enfoque gradual que al principio le permita permanecer en la habitación para que su hijo llore lo mínimo.

En cuanto a los otros hijos, probablemente no necesite preocuparse demasiado; incluso si su sueño es interrumpido durante algunas noches, rápidamente volverá a la normalidad. Si el que está en el proceso de reaprendizaje comparte su habitación con un hermano, éste tendrá que dormir en otra habitación durante algunas noches, especialmente si va a utilizar la técnica de la puerta cerrada. En general, el niño con problemas de sueño desea que su hermano o hermana vuelva, y esto es una motivación más para cooperar.

11. Dado que es importante que usted siga el programa al pie de la letra, espere el momento adecuado para empezar; no lo haga cuando no puede darse el lujo de no dormir, por ejemplo antes de una reunión importante o de una entrevista de trabajo, o si tiene visitas. Incluso si el momento es oportuno, quizá prefiera esperar hasta la noche del viernes y tener el fin de semana para recuperar el sueño perdido.

12. Muchos padres preguntan que si en el periodo de reaprendizaje el mismo adulto debe estar presente a la hora de acostar al niño y durante los despertares. En realidad, es mejor que ambos padres se alternen. Su hijo debe sentirse cómodo con ambos en esos momentos. No es necesario alternar estrictamente; prográmense como mejor les convenga. Para

uno de los padres puede ser más fácil levantarse la primera parte de la noche y quizá el otro prefiera la segunda. Quizá las exigencias de trabajo impongan que uno de ellos lo haga más durante el fin de semana y el otro durante la semana. Si hasta ahora uno de los padres ha estado siempre presente a la hora de acostarse y al despertar, el otro podría tener mejor suerte para romper con las anteriores asociaciones, dado que no forma parte de ellas. Probablemente sea mejor que cualquiera que esté presente en un despertar específico, siga acudiendo hasta que el niño concilie el sueño, de manera que no sienta que llorando lo suficiente puede controlar quién acudirá.

Por razones similares, es bueno no dejar que su hijo insista en que «quiero a mami» o «quiero a papi». Usted debe decidir quién está presente a la hora de acostarse y en los despertares y mantenerse firme; para convencer a su hijo de que lo ama, es mejor mantenerse firme que darse por vencido. Una vez que el niño aprende que realmente usted desea atenderlo en esos momentos, estará esperando que forme parte del ritual normal de la hora de acostarse, y de todas maneras se sentirá más seguro.

Durante el reaprendizaje en sí, probablemente sea mejor no acudir a una niñera; pero si es necesario durante una o dos noches, deje que ella acueste al niño de la manera más sencilla. No es justo pedirle que siga el mismo programa, y el hecho de que lo haga de manera diferente en realidad no afectará lo que su hijo espera de usted. Así pues, si usted tiene que salir una noche, el programa puede interrumpirse; no se perderá nada a largo plazo; nada más asegúrese de reiniciarlo al día siguiente. No obstante, una vez que las nuevas rutinas están bien establecidas, pídale a su niñera que las lleve a cabo si ella está con él casi todos los días, conoce bien al niño y puede participar en el programa de reaprendizaje durante las siestas. Si no es posible, o si usted cree que no es aconsejable, tendrá que aplicar el programa sólo por la noche; de todos modos funcionará. Cuando una niñera (o guardería) maneja la siestas con métodos distintos a los suyos, en general hay menos problemas que cuando usted mismo está presente en ambos momentos, pero los maneja de manera diferente.

FIGURA 5
Ayude a su hijo a conciliar el sueño con las asociaciones adecuadas. Enfoque progresivo
MINUTOS QUE DEBE ESPERAR ANTES DE ACUDIR BREVEMENTE A LA HABITACIÓN DE SU HIJO

Día	Primera espera	Segunda espera	Tercera espera	Subsiguientes
		Si su hijo sigue llorando		
1	5	10	15	15
2	10	15	20	20
3	15	20	25	25
4	20	25	30	30
5	25	30	35	35
6	30	35	40	40
7	35	40	45	45

1. Esta tabla muestra los minutos que debe esperar antes de acudir si su hijo se queda llorando cuando lo acuesta o llora después de los despertares nocturnos.
2. Cuando acuda con su hijo, no se quede más de 2 ó 3 minutos. Recuerde: acude para confirmar, tanto a él como a usted, que está bien, no necesariamente para hacer que deje de llorar y, por supuesto, no para ayudarlo a conciliar el sueño. El objetivo es que él aprenda a dormirse solo, sin que lo tomen en brazos, lo arrullen, amamanten o le den el biberón o el chupón.
3. Cuando llegue al tiempo máximo de espera para una noche en particular, continúe hasta que el niño por fin se duerma durante uno de los periodos en que usted esté fuera de la habitación.
4. Si despierta durante la noche, empiece el programa en el tiempo mínimo de espera que corresponda a ese día y avance hacia el máximo.
5. Siga con esta rutina después de todos los despertares hasta llegar a la hora (en general entre las 5:30 y las 7:30 a.m.) que haya determinado como razonable para empezar el día. Si su hijo despierta después de esa hora o si aún está despierto después de un despertar previo, levántelo y empiece con su rutina de la mañana.
6. Aplique el mismo programa para las siestas, pero si su hijo o se duerme al cabo de una hora, o si ya ha despertado y llora con insistencia después de haber dormido un poco, dela por terminada.
7. Los minutos de espera indicados son los que la mayoría de las familias consideran factibles. Si le parecen excesivos, utilice los que apare-

cen en la tabla de la figura 6 (pero no cierre la puerta). De hecho, cualquier programa funcionará si la espera se prolonga gradualmente.

8. Asegúrese de seguir estrictamente el programa y haga una tabla de los patrones de sueño cotidiano de su hijo (figura 8) para observar sus progresos.

9. Es muy probable que hacia el séptimo día su hijo duerma muy bien, pero si necesita seguir trabajando, incremente la espera 5 minutos diarios.

FIGURA 6
Cómo ayudar a su hijo a que no se levante de la cama
NÚMERO DE MINUTOS PARA MANTENER LA PUERTA
CERRADA SI SU HIJO SE LEVANTA DE LA CAMA

Día	*Si su hijo sigue levantándose de la cama*				
	1er cierre	*2o cierre*	*3er cierre*	*4o cierre*	*Subsiguientes*
1	1	2	5	3	5
2	2	4	8	6	8
3	3	5	10	7	10
4	5	7	15	10	15
5	7	10	20	15	20
6	10	15	25	20	25
7	15	20	30	25	30

1. Esta tabla muestra el tiempo que debe cerrar la puerta de la habitación de su hijo si no se queda en la cama a la hora de acostarse o después de los despertares nocturnos.

2. Cuando llegue al tiempo máximo para una noche, siga cerrando la puerta durante ese lapso hasta que finalmente se quede acostado.

3. Mantenga la puerta cerrada durante el tiempo indicado incluso si su hijo vuelve a la cama antes, pero hable con él y dígale cuánto tiempo falta para que la abra.

4. Cuando abra la puerta, hable con él brevemente si está acostado, anímelo y salga. Si sigue levantado, explíquele nuevamente las reglas, acuéstelo (si no se opone) y vuelva a cerrar durante el tiempo indicado. Si se deja acostar fácilmente y usted está seguro de que no volverá a levantarse, intente dejar la puerta abierta, pero si se equivoca, no vuelva a cometer ese error.

5. Si el niño despierta durante la noche y no quiere quedarse acostado, empiece a cerrar la puerta durante el tiempo mínimo indicado para ese día y avance hacia el máximo.

6. Siga con la rutina conforme sea necesario después de todos los despertares hasta llegar a la hora que haya determinado de antemano como razonable para empezar con las actividades del día (en general entre las 5:30 y las 7:30 a.m.).

7. Aplique la misma rutina a la hora de la siesta; pero si su hijo no se duerme en una hora o si vuelve a despertar y se levanta después de dormir un poco, dé por terminada la siesta.

8. Si despierta y llama o llora, pero no se levanta, cambie a la rutina descrita en la tabla de la figura 5.

9. Los minutos de espera indicados son los que la mayoría de las familias considera factibles, pero usted puede modificar el programa como considere conveniente siempre que la espera se prolongue gradualmente.

10. Asegúrese de seguir estrictamente el programa y de registrar el patrón de sueño cotidiano de su hijo (figura 8) para seguir con exactitud su progreso.

11. Recuerde: el objetivo es que su hijo aprenda a conciliar el sueño solo. Cerrar la puerta es una forma controlada de obligarlo a ello, no de asustarlo o castigarlo; por eso puede hablar con él con la puerta cerrada; no lo amenace ni grite. Al incrementar progresivamente el tiempo que la puerta permanece cerrada, a partir de periodos cortos, su hijo no tiene que estar encerrado sin saber cuándo le abrirán. Aprenderá que puede controlar el tiempo que la puerta permanece abierta.

12. Hacia el séptimo día, es muy probable que su hijo ya no se levante; pero si necesita trabajar más, siga incrementando la espera 5 minutos cada día.

13. Si lo prefiere, utilice una reja en lugar de la puerta cerrada siempre que el niño no pueda abrirla o saltarla, pero usted deberá estar fuera del alcance de su vista durante los periodos en que permanece cerrada; tranquilícelo hablando con él desde otra habitación.

VI. ALIMENTOS DURANTE LA NOCHE, OTRA CAUSA IMPORTANTE DE PROBLEMAS

Quizá sea difícil aceptar la idea de que los alimentos que su hijo ingiere por la noche podrían provocar trastornos importantes del sueño, pero en realidad es frecuente. Una vez que el bebé cumple más o menos tres meses, ya no es necesario alimentarlo a la hora de acostarlo y varias veces durante la noche, aunque a usted le satisfaga que el niño concilie el sueño mientras usted lo alimenta y piense que también es bueno para él. No hay nada de malo en que usted siga amamantando a su hijo para que se duerma durante el primer año, si eso le satisface y el bebé duerme toda la noche; pero si éste despierta varias veces y para que concilie de nuevo el sueño tiene que alimentarlo, se está iniciando un problema del sueño, y darle de comer es la causa.

Sin duda un bebé con ese tipo de problemas ha aprendido a asociar el pecho con conciliar el sueño, tal como lo expusimos en el capítulo anterior; pero cuando su hijo ingiere grandes cantidades de leche o de jugo por la noche, su sueño podría interrumpirse por otras razones. Si bebe demasiado antes de acostarse, sus pañales estarán empapados y la incomodidad indudablemente lo despertará. Por otra parte, algunos de sus ritmos corporales pueden hacerse irregulares e interferir con un sueño nocturno adecuado. Por ejemplo, las calorías y el líquido extra que el niño ingiere por la noche estimulan su sistema digestivo, el cual a esa hora debe estar «cerrado». También, los nutrientes adicionales podrían alterar la secreción de diversas hormonas.

Incluso podría afectarse el horario en que siente hambre. Todos sentimos hambre a la hora del día o de la noche en que estamos acostumbrados a comer, así que si su hijo se acostumbra a ser alimentado con frecuencia durante la noche, despertará hambriento, se amamantará o tomará el biberón ansiosamente sólo porque *aprendió a* comer a esa hora, aunque *no* lo necesite. El hambre aprendida llega a ser la causa de despertares anormales.

Por último, aparentemente los patrones subyacentes de sueño y vigilia y de alimentación de un niño podrían alterarse si despierta repentinamente o tiene que comer. Si su hijo se acostumbra a ser alimentado durante la noche, su sistema empezará a considerar los periodos de sueño nocturno como siestas entre alimentos. Usted no espera que su bebé duerma doce horas seguidas cuando lo acuesta durante la siesta de la tarde, y por eso mismo, porque está acostumbrado a despertar y ser alimentado cada pocas horas, tampoco dormirá doce horas seguidas por la noche.

En general, la alteración del sueño provocada por la ingestión de demasiado líquido en la noche se presenta durante el primer año de vida o el segundo en niños que todavía son amamantados o toman biberón. Cory, por ejemplo, sólo tenía ocho meses cuando acudió a mi consultorio por primera vez. Sus padres decían que conciliaba fácilmente el sueño a la hora de acostarse, mientras era amamantada. Una vez dormida, no había problema para acostarla en su cuna. Descansaba dos horas y media y despertaba llorando. Su padre no podía tranquilizarla y aparentemente sólo deseaba estar con su madre. Cuando ésta levantaba a Cory y la alimentaba de nuevo, la niña dejaba de llorar y se dormía a los diez minutos, pero volvía a despertar cada hora o cada dos horas durante gran parte de la noche y era necesario repetir el mismo proceso. La niña despertaba cinco o seis veces casi todas las noches y con frecuencia era necesario cambiarle el pañal antes de darle de comer. Dado que su madre era siempre quien la atendía, la señora estaba exhausta y frustrada. En ocasiones estaba tan cansada que lo que deseaba era dejarla llorar, pero su esposo insistía en que acudiera a verla. No es extraño que estuviera enojada, tanto con su esposo como con Cory, y que hubiera gran tensión en la familia.

Probablemente ya se habrá dado cuenta de que Cory relacionaba el hecho de conciliar el sueño con que la cargaran y la alimentaran; pero cuando ese tipo de asociaciones es el único problema, en general el niño despierta por completo pocas veces en la noche. Sólo algunos de los despertares normales parciales van seguidos de uno más completo al cabo del cual es difícil conciliar nuevamente el sueño, pero Cory despertaba con demasiada frecuencia, a veces cada hora. Yo sabía que algo hacía que despertara totalmente después de casi todos los despertares parciales durante la noche.

Sandy, que también presentaba este problema, tenía dos años y ¡nunca había dormido una noche completa! Ya no la cargaban o arrullaban para que se durmiera, pero le daban un biberón cuando la ponían en la cuna. Siempre se tomaba las ocho onzas (a veces hasta doce), se volteaba y se quedaba dormida. Después de unas tres horas, despertaba llorando y no se calmaba a menos que le dieran otras cinco a ocho onzas. Se dormía casi de inmediato, pero despertaba de cuatro a seis veces durante la noche y cada vez necesitaba un biberón para volver a dormirse, de manera que ingería alrededor de un litro de leche por noche.

Con frecuencia, al despertar estaba empapada, a pesar de que le ponían dos o tres pañales. Cada vez, su madre o su padre la cambiaba si era necesario, le daba otro biberón y salía de la habitación. Cuando sus padres se acostaban, dejaban preparados cuatro o cinco biberones en el refrigerador o en la orilla de la ventana de la habitación de Sandy. Dado que cualquiera de los dos podía entrar, la carga no era sólo para su madre, como en el caso de Cory, y como no tenían que cargar a su hija, podían volver a dormirse de inmediato. No obstante, después de dos años, también ellos estaban demasiado cansados y frustrados y en general se acostaban muy temprano para dormir lo suficiente.

Sandy, como Cory, tenía asociaciones que interferían con conciliar el sueño, en su caso succionar un biberón, pero no lo necesitaba para dormirse porque en general no lo hacía con él en la boca; se lo terminaba, lo dejaba de lado, se volteaba y se dormía. Sin duda su trastorno estaba más relacionado con la gran cantidad de leche que ingería durante la noche.

Es probable que originalmente los despertares de Cory y de Sandy fueran los normales de un bebé que apenas empieza a desarrollar buenos hábitos de sueño, pero como sus padres trataron de «negociar» los despertares con un alimento extra, en realidad éstos se volvieron bastante anormales. En ambos casos, la «cura» fue la causa del trastorno.

Cómo saber si su hijo presenta este problema

Si su hijo, como Sandy, tiene cuando menos tres meses de edad y aún necesita un biberón a la hora de dormir y varios más durante la noche, incremente el número de onzas que ingiere desde el momento en que se acuesta hasta que despierta por la mañana. Si el bebé toma sólo de seis a ocho, entonces su problema quizá sea más una asociación con la succión que con el alimento; pero si ya ingiere más de ocho, entonces el líquido extra podría ser otra de las causas del problema. Si usted le da el pecho y lo alimenta más de una o dos veces durante la noche, también es posible que el niño tome demasiada leche, sobre todo si cada succión dura más de dos o tres minutos.

Si en general los pañales de su bebé están empapados cuando despierta durante la noche, probablemente se deba al exceso de líquidos; si se moja tanto, no hay duda de que no tiene sed y de que ingiere suficiente líquido. En caso de que un problema médico, como la diabetes, fuera la causa, tendría el mismo problema durante el día. Si realmente le preocupa, consulte a su médico, pero es muy probable que a su hijo se le haya hecho un hábito ingerir una cantidad considerable de líquido por la noche; cuatro biberones completos de ocho onzas equivalen a un litro: demasiado, incluso para un adulto. ¿Le sorprende que su hijo, como Sandy o Cory, no duerma bien?

Cómo resolver el problema

Una vez que se llega a la conclusión de que el exceso de líquidos ingeridos por la noche es lo que altera los patrones de sueño de su hijo, ya puede dar los pasos necesarios para corregir el problema. De hecho, si bien éste es uno de los trastornos más severos en cuanto a alteraciones del sueño nocturno, también es uno de los más fáciles de corregir; simplemente reduzca gradualmente, hasta llegar a eliminarlos, los biberones a la hora de dormir, de la siesta y de los despertares nocturnos.

Si su hijo presenta este problema, tendrá que empezar por reducir progresivamente la cantidad de leche o jugo que el niño bebe cuando concilia el sueño; no es razonable eliminarlo de repente. Su hijo no sufrirá por la falta de alimento por la noche, aunque en un principio se sienta hambriento porque ha aprendido a esperarlo a esa hora. No obstante, dado que se ha acostumbrado a dormirse mientras come y podría sentir hambre, sería más fácil, tanto para usted como para él, un programa diseñado para el desarrollo gradual de nuevos hábitos.

En realidad, usted tendrá que hacer dos tareas. Una es eliminar los alimentos durante la noche para evitar los efectos que dichas interrupciones provocan en el sueño y ayudar a su hijo a que aprenda a sentir hambre a horas razonables durante el día. La otra es enseñarle nuevas asociaciones de sueño, de manera que pueda dormirse solo en su cuna o cama, sin usted o el biberón. Si piensa que reducir los alimentos y ampliar el lapso en que responde a su llanto es demasiado de una sola vez, entonces acuda en cuanto llore a las horas en que antes lo alimentaba. Una vez que su hijo se acostumbre a prescindir de ese alimento, en una segunda etapa podrá corregir las asociaciones de su hijo con su presencia.

Utilice la tabla que aparece en la figura 7 como guía para resolver este problema del sueño. Si su hijo todavía toma en biberón, usted sabe cuánto consume, así que empiece por poner una onza menos en cada uno a la hora de la siesta y a la de dormir. Si lo amamanta, sabe cuánto tiempo succiona. Empiece por reducir en unos cuantos minutos el tiempo que le da el pecho por la noche. Si lo amamanta o lo carga mientras toma el biberón, póngalo en la cuna o la cama cuando termine de comer, esté dormido o no. Si llora o si despierta antes de dos horas después del último alimento, no vuelva a darle de comer. Apéguese al programa; el bebé seguirá sintiendo hambre, pero no necesita alimento. Recuerde que está ayudándolo a modificar su patrón de alimentación para que coma sólo durante el día. Si han pasado más de dos horas desde la última vez que comió, puede amamantarlo de nuevo o darle un biberón. El periodo de espera se incrementará con el paso de los días. Cuando el bebé está despierto y llora antes de la hora de su próximo alimento, elija entre acariciarle la espalda o tranquilizarlo de otra manera, pero solamente si piensa que es útil, porque podría sentirse aún más perturbado si usted está con él pero no lo alimenta; podría calmarse más rápidamente si usted no está con él. Si se queda en la habitación, trate de no cargarlo, tranquilícelo o hable con él mientras está en su cuna o cama. Lo que tratamos de hacer es serenarlo y ayudarlo a conciliar el sueño mientras aprende a no esperar que le den de comer. Obviamente, una vez que se eliminan totalmente los alimentos nocturnos, tendrá que romper con esas otras asociaciones pero será más fácil y rápido.

FIGURA 7
CÓMO ELIMINAR LAS COMIDAS EXTRA
A LA HORA DE DORMIR

Día	Onzas por botella o minutos de pecho	Tiempo mínimo entre alimentos
1	7	2.0
2	6	2.5
3	5	3.0
4	4	3.5
5	3	4.0
6	2	4.5
7	1	5.0
8	No más botellas o pecho a la hora de dormir	

•Las cantidades y horarios son sólo una guía; si lo desea, modifíquelos para que se adapten a sus propias rutinas.

•Si su hijo ingiere menos de 8 onzas por botella, empiece con una onza menos de lo normal y reduzca a partir de esa cantidad.

•Si amamanta, utilice el tiempo como aproximación del volumen. Empiece reduciendo un minuto o dos y siga haciéndolo a partir de entonces.

•Si lo prefiere, apéguese a la tabla pero reduzca cada tercer día en lugar de todos los días. Le llevará un poco más de tiempo.

Todos los días, o un día sí y uno no si lo prefiere, reduzca la cantidad de los biberones de la noche una onza o acorte el tiempo del pecho un minuto e incremente treinta minutos el tiempo mínimo entre alimentos. Las siestas se tratan de la misma manera que la hora de acostarse; sólo si su hijo no concilia el sueño al cabo de una hora, dé por terminada la siesta del día.

Hacia el final de la primera o segunda semana, ya no debe comer a la hora de dormir. No obstante, muchas familias me dicen que en realidad dejaron de dar de comer a la hora de irse a la cama mucho antes. Una vez que reducen el volumen de líquido en dos o tres onzas o acortan lo suficiente el tiempo que se da el pecho, sienten que es mejor eliminar el alimento a la hora de dormir que hacer cambios graduales, pues se percataron de que reducir la cantidad intranquiliza, más que calmar. También se dieron cuenta de que se había reducido notablemente el número de despertares y se habían convencido de que eliminar los líquidos nocturnos era en realidad el enfoque adecuado. En general la respuesta es tan notable que con frecuencia los niños duermen normalmente hacia el final de la primera semana.

Una vez que su hijo concilia el sueño sin el pecho o el biberón, habrá solucionado el problema del exceso de líquidos y ya no asociará el conciliar el sueño con la ingestión de estos. Si su bebé aún necesita que le acaricie la espalda o lo arrulle para dormirse, entonces tendrá que empezar a corregir estas asociaciones como se describe en el capítulo V. Una vez que el exceso de líquidos deja de ser un problema, el reaprendizaje en general es muy rápido.

Si usted amamanta y sigue el programa para eliminar los alimentos nocturnos frecuentes, podría ser útil que su esposo acudiera cuando el niño llora si no es hora de alimentarlo. Si usted acude, el niño podría descorazonarse al oler la leche y que no lo amamante. Con la presencia de su padre, el pequeño también se sentirá un poco frustrado, pero cuando menos no tiene la tentación. Esto ayuda a que aprenda a no esperar que usted y el pecho acudirán durante la noche.

Si el niño toma en taza durante el día y usted le da biberón o el pecho sólo a la hora de la siesta y a la de dormir, quizá ya desee destetarlo. De ser así, lo logrará cuando deje de alimentarlo de esa manera al acostarlo. Si aún no desea hacerlo, de todos modos tendrá que eliminar los alimentos por la noche, pero puede seguir amamantándolo o dándole el biberón a otra hora, temprano por la tarde o durante el día (excepto a la hora de la siesta, por supuesto). Si el niño empieza a conciliar el sueño cuando lo alimenta a esas horas, deténgase y póngalo en su cuna o cama para que se acostumbre a hacerlo sin succionar el pecho o el biberón. Si llora, será porque aún asocia ambas actividades. Esta asociación puede modificarse de la misma manera que otras, dejándolo llorar un poco más cada día, hasta que concilie el sueño sin alimentarse y sin mucho problema (véase capítulo V).

Si su hijo es amamantado o toma un biberón durante el día y también a la hora de dormir, entonces la reducción de la cantidad por la noche en general no afectará sus comidas durante el día. No obstante, si ingiere la mayor parte de sus alimentos por la noche, a la larga usted notará que come más durante el día (aunque este proceso podría llevar varias semanas).

El pecho o el biberón a horas adecuadas durante el día no interfiere con el sueño nocturno de su hijo por la noche o con la siesta. No obstante, si el niño deambula durante el día con un biberón o si le da el pecho siempre que lo desea o cuando parece un poco alterado, entonces su sueño nocturno se verá afectado. En estos casos el biberón o el pecho llega a ser tan importante como el chupón para un niño que lo tiene en la boca todo el tiempo (veáse capítulo V). Como su hijo asocia el pecho o el biberón no sólo con la somnolencia y con conciliar el sueño, sino también con una sensación de bienestar cuando está despierto, aún no aprende a sentirse cómodo sin ellos, que siempre están disponibles; por lo tanto, habrá problemas para eliminar los alimentos extra sólo por la noche. Aun así, si persiste, lo logrará.

Si usted se da cuenta de que es incapaz de seguir el programa o que las dificultades por la noche son mayores de lo que puede soportar, entonces tendrá que analizar la posibilidad de reducir primero la alimentación durante el día. Su objetivo es ayudar a que su hijo aprenda a calmarse solo y no succionando el pecho o el biberón, y a limitar los alimentos a los que realmente necesita el niño; así empezará a relacionar el pecho o el biberón con el hambre y la alimentación. Una vez que usted haga esto y se percate de que puede ayudar a su hijo a aceptar estos cambios sin que experimente efectos negativos —de hecho, quizá parecerá más feliz durante el día—, podrá empezar con los cambios nocturnos con mayor confianza.

Hay otro enfoque que ha resultado útil para algunas familias que tratan de eliminar los biberones innecesarios. Empiece por rebajar la leche o el jugo a la mitad con agua y después a la cuarta parte, hasta que el bebé sólo ingiera agua. Incluso los niños que aparentemente se dan cuenta de inmediato de que su bebida está diluida y protestan enérgicamente, en general prefieren no tomar nada. Si su hijo lo acepta, los despertares y los alimentos se reducirán progresivamente por sí solos y en última instancia será más fácil eliminar el biberón de la hora de dormir. Si usted desea probar este enfoque, tiene que estar consciente de que es sólo el primer paso; aún tendrá que reducir progresivamente la cantidad de cada biberón e incrementar el tiempo entre los alimentos; pero una vez que su bebé sólo tome agua, los efectos de la ingestión nutritiva ya no serán tan importantes. Aún se mojará por la noche, pero probablemente no sentirá hambre.

Utilizamos los métodos graduales descritos en esta sección tanto con Cory como con Sandy, y ambas ya duermen profundamente durante la noche. La madre de Cory aún le da pecho dos veces al día, pero nunca por la noche. Ocasionalmente lo hace para que duerma la siesta porque se da cuenta de que no parece afectarle para que duerma bien por la noche y porque sigue siendo satisfactorio y placentero para ella. El padre de Cory ya se dio cuenta de que estaba equivocado en insistir en que su esposa se levantara a dar de comer a la niña durante la noche, y las tensiones entre los padres se han solucionado.

Sandy dejó el biberón a la semana de haberse iniciado el tratamiento. Su madre continuó con el plan de reducir la cantidad de leche del biberón una onza cada noche y se sorprendió de la rapidez con que mejoraron las cosas. La niña lloró un poco cuando lo eliminaron, pero sólo dos noches, y durante cinco minutos. Ahora sus padres disfrutan la mutua compañía nocturna y saben lo que es dormir sin interrupciones.

En resumen, es importante que usted se dé cuenta de los trastornos provocados en los hábitos de sueño de su hijo por la ingestión de grandes cantidades de leche o jugo. Si el niño deja de llorar cuando le dan un biberón o lo amamantan, es razonable pensar que tiene hambre, y usted está en lo correcto, pero al mismo tiempo está equivocado. Probablemente su hijo sienta hambre en ese momento, pero no necesita comer. Como la hora de sentir hambre se aprende, en realidad la siente porque usted lo ha alimentado a esa hora. Un niño normal de cuatro a seis meses de edad o más sin duda obtiene suficientes calorías durante el día, de manera que no necesita más cantidad de alimentos. Si usted permite que siga comiendo por la noche, el problema persistirá durante largo tiempo, incluso años. Por otra parte, cuando empieza a modificarse la rutina, la solución es en general muy rápida. Muy probablemente su hijo —y usted— dormirán bien antes de que concluya la primera semana.

VII. LOS CÓLICOS Y OTRAS CAUSAS MÉDICAS DEL MAL DORMIR

El sueño nocturno de su hijo podría sufrir alteraciones a causa de problemas físicos. No hay duda de que una enfermedad aguda, especialmente con fiebre o incomodidades, puede alterar temporalmente los hábitos de sueño. Si su hijo está enfermo, su sueño podría ser irregular durante la noche y dormir varias siestas durante gran parte del día. Los dolores de la dentición también pueden ser la causa de que un niño pequeño duerma mal durante varias noches, pero no provocan problemas del sueño semana tras semana, como los padres suponen a veces. Esos trastornos continuos del sueño en niños pequeños en general no son provocados por factores médicos. Aun así, quizá tenga usted que tomar en cuenta un problema médico si ha investigado y descartado las causas más comunes y obvias de dichos trastornos o si sabe que su hijo sufre de un problema importante.

Cólicos
Probablemente, la causa más común de los trastornos importantes del sueño en los primeros meses de vida sean los cólicos. Durante las primeras semanas después del nacimiento, algunos bebés empiezan a tener arranques de llanto diario. En general, los episodios se presentan al final de la tarde o principios de la noche y pueden durar varias horas. Si su bebé sufre de cólicos, llorará muy fuerte y será difícil calmarlo. Quizá le ayude pasearlo un buen rato o colocarlo sobre sus rodillas mientras le acaricia la espalda, aunque a veces nada parece dar resultado.

Si un bebé que sufre de cólicos tiene el estómago distendido, probablemente levantará las piernas y se sentirá aliviado si expulsa gases o sus intestinos se mueven. Por esto, con frecuencia se considera que el cólico es provocado por dolores intestinales. Si es muy severo, el pediatra podría considerar adecuado prescribir algún medicamento que ayude a relajar los intestinos y aliviar la incomodidad, pero la distensión, el incremento de gases y cuando menos parte de las incomodidades aparentes, en realidad podrían ser provocadas por la ingestión de aire durante largos periodos de llanto vigoroso. La causa inicial del llanto, y gran parte de las razones por las que continúa, podría ser algo muy diferente.

Aparentemente, ciertos bebés que padecen cólicos, o son excesivamente sensibles a lo que sucede en torno a ellos o están expuestos a manipulaciones excesivas y a otros estímulos.

Lo que experimentan, lo que ven, oyen y sienten, podría parecerles una andanada de sensaciones desagradables y desorganizadas. No están capacitados para manejar una estimulación «caótica» que les provoca tal incomodidad y tensión crecientes durante el día que sobrepasa su capacidad de afrontarla. Por eso, necesitan descargar las tensiones al final del día; es lo que conocemos como «necesidad de llanto». De manera que si su bebé parece tener cólicos y no es fácil tranquilizarlo, déjelo llorar solo en la cuna de quince a treinta minutos; si en ese lapso no se tranquiliza, trate de consolarlo o alimentarlo una vez más de manera tranquila y calmada. Evite los estímulos vigorosos. Si no logra el resultado deseado, déjelo llorar por otros quince o treinta minutos. De esta manera usted responde a las necesidades de su hijo, no las ignora. Si necesitara que lo abrazaran, arrullaran o alimentaran, o sencillamente un chupón, su intervención lo calmaría. Con frecuencia basta con dejar llorar al bebé de esta manera durante dos o tres periodos de cólico consecutivos. Sus arranques de llanto probablemente disminuirán en intensidad y duración en uno o dos días, y también dormirá mejor. Al dejarlo llorar así, le da la oportunidad de liberar las tensiones y le permite aprender a «organizarse» y a sentirse cómodo con su rutina cotidiana. Quizá los bebés hospitalizados por cólicos severos con frecuencia parecen «curarse» sólo con estar en el hospital; aparentemente las enfermeras se muestran más dispuestas a dejarlos llorar solos si no aceptan que los tranquilicen. En sí, los cólicos no constituyen un trastorno del sueño. Se hace referencia a ellos en todos los libros relacionados con la atención de los bebés y usted debe hablar del asunto con su pediatra. Afortunadamente, en casi todos los casos los síntomas desaparecen totalmente hacia los tres meses de edad. No obstante, con frecuencia los bebés que los padecen desarrollan problemas del sueño de larga duración similares a los que presentaban durante los cólicos, pero no lo son.

Lo que sucede es que los hábitos que su hijo creó cuando los sufría, podrían persistir una vez desaparecidos los cólicos. Si su bebé los padece, quizá usted dedique mucho tiempo a pasearlo, arrullarlo, tomarlo en brazos y tratar de tranquilizarlo para que vuelva a dormirse; pero una vez que el cólico desaparece, ya no debe utilizar dichos métodos. No obstante, quizá su hijo aún lo desee, no porque se sienta molesto (a pesar de su llanto), sino porque ha aprendido a que lo paseen, lo arrullen o lo tengan en brazos hasta que concilia el sueño a la hora de dormir y después de los despertares nocturnos. De ser así, como se explica en el capítulo V, tendrá que ayudarlo a aprender asociaciones más adecuadas con la conciliación del sueño.

Lo difícil es decidir cuándo desaparecen los cólicos. Como el proceso es gradual y no repentino, quizá no sea obvio para usted cuándo ha llegado el momento de modificar su patrón de respuesta. Tenga en mente que en general esto sucede hacia los tres meses, y es evidente durante el día, no sólo en las horas de sueño esperadas. Un bebé con cólicos parece molesto, no sólo frustrado, enojado o hambriento y es difícil calmar su malestar. De manera que si su bebé llora sobre todo cuando lo acuesta en la cuna a la hora de dormir y a la hora de la siesta o cuando despierta durante la noche; si no parece tener dolor y deja de llorar en cuanto le da golpecitos en la espalda o lo toma en brazos y empieza a arrullarlo, le da un chupón o lo alimenta, y se duerme de nuevo rápidamente, entonces es poco probable que los cólicos sean la causa del problema. Una vez que esté seguro de esto, podrá identificar el problema del sueño que padece su hijo y tomar las medidas necesarias para corregirlo. Si no lo hace, persistirá durante meses o incluso años.

Enfermedades crónicas

Muchas de las enfermedades crónicas podrían tener relación con los trastornos del sueño. Un niño puede tener dolor o sentirse incómodo, tener la piel irritada y comezón desesperante, migrañas con dolores y náuseas nocturnas; escoliosis que lo obligue a usar un collar ortopédico incómodo; asma, que provoca problemas de respiración, o una quemadura severa que requiera operaciones dolorosas. Su sueño podría verse interrumpido por las consecuencias directas de la enfermedad o del trastorno: quizá despierte sintiéndose nervioso o con necesidad de orinar por una diabetes mal controlada; tal vez su sueño se vea interrumpido por crisis epilépticas. A su hijo podrían molestarle las consecuencias indirectas de un trastorno físico; por ejemplo, su mal dormir podría ser uno de los efectos colaterales de ciertos medicamentos, o también podría derivarse de la ansiedad que provoca en el niño su propia enfermedad.

Si su hijo sufre de una enfermedad crónica, muy probablemente usted ya lo sabe. El problema es determinar qué factores relacionados con la enfermedad provocan la interrupción del sueño. ¿Se debe a los efectos de la enfermedad misma en los sistemas del sueño o al dolor, a los efectos colaterales de los medicamentos o sencillamente a la preocupación o ansiedad del niño? Si diversos factores se hubieran combinado y el problema es complejo y difícil de resolver, pida ayuda al pediatra o especialista que atiende a su hijo.

Ciertas condiciones merecen atención especial en este momento, como las enfermedades crónicas del oído medio, el uso de ciertos medicamentos y los daños cerebrales.

Trastornos del oído medio

A diferencia de la mayoría de las enfermedades crónicas relacionadas con los trastornos del sueño, las enfermedades crónicas del oído medio con frecuencia pasan desapercibidas, si bien son muy fáciles de tratar. En esta condición, se acumula líquido en la cavidad del oído medio, detrás del tímpano. Como no se drena de manera adecuada, podría llegar a infectarse, aunque incluso sin infección la acumulación de líquido puede provocar una reducción temporal de la capacidad auditiva; de persistir, a la larga llegaría a dañar dicha cavidad. Por eso es indispensable tratarla.

Durante una infección aguda, se incrementa la presión en la cavidad del oído medio, el tímpano se inflama y el niño experimenta verdadero dolor, pero si el líquido no se infecta, en general el niño no se queja de incomodidad, aunque su sueño podría verse alterado.

Recientemente traté a Tanya, una niña de dieciocho meses con un largo historial de despertares frecuentes durante la noche, a pesar de que se iba a la cama fácilmente. En general, al despertar lloraba y se calmaba un poco si la tomaban en brazos, pero era difícil que volviera a dormirse, aunque sus padres le ayudaran. Incluso si la paseaban o la mecían, sollozaba de diez a quince minutos antes de poder volver a dormirse; aparentemente nada ayudaba.

El historial de Tanya no sugiere alguna causa de su trastorno del sueño, excepto que sus padres me informaron que en el último año había tenido tres o cuatro infecciones del oído. Cuando la examiné, me di cuenta de que en sus tímpanos todavía había gran cantidad de líquido.

No sabemos exactamente cómo trastorna los hábitos de sueño la acumulación de líquido en el oído medio de niños como Tanya. Posiblemente, durante la noche, cuando el niño está acostado, el drenaje inadecuado del mismo y la acumulación excesiva de líquido incrementan la presión y éste se siente incomodo. Sea como fuere, he tratado a muchos niños con este problema que sufren trastornos del sueño importantes que no era posible clasificar en otras categorías.

Cuando trato a niños tan pequeños como Tanya, siempre ausculto cuidadosamente sus tímpanos antes de decidir respecto del diagnóstico y la terapia, y es sorprendente cómo, cuando se les trata con medicamentos o, de ser necesario, se les inserta tubos de drenaje a través del tímpano, no sólo desparece el problema del oído medio, sino que también desaparecen los trastornos del sueño.

Los oídos de Tanya no drenaron con medicamentos, así

que un otorrinolaringólogo insertó tubos de drenaje en ellos y su problema del sueño se resolvió sin mayor intervención. Al reconocer la verdadera causa del problema, evitamos una serie de intervenciones en su comportamiento que carecían por completo de posibilidades de éxito.

Tratamiento médico
En años recientes, la comunidad médica ha empezado a reconocer que las pastillas para dormir son más una *causa* de trastornos del sueño en los adultos que un *remedio*; esto también se aplica a los jóvenes, y le sorprenderá saber que con *mucha* frecuencia son mal recetadas a niños. Cuando un niño no duerme bien y supuestamente ya se ha intentado todo, la familia se siente frustrada y sin esperanza y le ruega a algún médico que le ayude. A veces, éste prescribe ciertos medicamentos para dormir. Los más conocidos son los antihistamínicos, como la difenidramina (Benadryl, uno de cuyos efectos colaterales es el insomnio); un sedante importante como el hidroclorato o fenobarbital, o incluso un medicamento importante como el Diazepam (Valium). Si bien dichos medicamentos rara vez resolverán los problemas de sueño de un niño que por lo demás es normal y está saludable, con frecuencia se observa una «respuesta paradójica» al medicamento y el niño se vuelve «hiper», incapaz de mantenerse tranquilo y de dormir. Incluso si su hijo durmiera bien debido al medicamento, sería mucho mejor que usted entendiera la causa de su trastorno y le ayudara a aprender a dormir bien sin drogas. Algunas veces éstas mejoran el sueño de un niño durante varias noches o hasta durante varias semanas, pero en general el antiguo patrón vuelve a presentarse. Además, los medicamentos más fuertes con frecuencia influyen en el humor y desempeño diurno de su hijo, que podría volverse hiperactivo, querer estar pegado a usted o mostrarse caprichoso e infantil. En muy poco tiempo usted se sentiría más molesto que nunca con él. Sólo en muy pocos casos los tratamientos con drogas de corta duración (una a dos semanas) sirven para romper el ciclo de malos hábitos de sueño y permiten el surgimiento de un patrón adecuado, de tal manera que el sueño normal persista una

vez que deje de ingerirse el medicamento. Si este tratamiento tiene éxito, probablemente el medicamento no cause daños, pero también hubieran tenido éxito los enfoques de comportamientos adecuados. Si usted puede corregir el sueño de su hijo sin medicinas, no le quedará la duda de que quizá sufra de algún problema del sueño inherente (es decir, que tenga algún problema grave) y sentirá más confianza de tratar cualquier otro que surja en el futuro sin tener que dirigirse de inmediato al botiquín.

No hace mucho vino a mi consultorio Terrence, un niño de tres años de quien se pensaba que siempre estaba tenso e irritable. Sus padres me dijeron que le costaba mucho trabajo dormir por la noche y que no se veía muy feliz durante el día. A causa de sus despertares frecuentes, los padres de Terrence habían buscado ayuda médica y le habían administrado un miligramo de Valium al momento de irse a la cama por lo menos tres o cuatro veces por semana durante nueve meses.

Cuando vi a Terrence por primera vez, era un niño verdaderamente infeliz y tan irritable que me preocupé bastante. Su interacción era pobre y pensé que quizá se necesitaría una evaluación psicológica como parte del tratamiento; pero para darme perfectamente cuenta de la situación y establecer las bases de futuras decisiones, pedí a la familia que como primer paso dejaran de darle el medicamento. Cuando volví a verlo varias semanas después, los padres estaban más tranquilos. Después de varias noches difíciles, Terrence ya se acostaba fácilmente y había dormido toda la noche por primera vez en un año. Además, se veía mucho más contento durante el día y sus padres habían empezado a disfrutarlo de nuevo. Cuando lo llevaron a mi consultorio, el niño sonreía, obviamente estaba contento y tuvimos una conversación agradable. En pocas palabras, era un delicioso niño de tres años. Seguía con sus hábitos de sueño adecuados y comportándose normalmente durante el día: no hubo necesidad de hacer nada más.

Me entristece darme cuenta de que a demasiados niños pequeños se les administran medicamentos bastante fuertes, como el diazepam, para intentar corregir trastornos del sueño que podrían ser tratados de otra manera. En ocasiones, los medicamentos sólo empeoran la situación; casi siempre, sea cual sea el problema del niño, los medicamentos sólo complican las cosas por la noche. En algunos casos, como la apnea del sueño (veáse capítulo XIV), pueden ser muy peligrosos. Por otra parte, el comportamiento del niño durante el día y su capacidad para concentrarse y aprender sufren menoscabo. Un niño que regularmente ingiere medicamentos para dormir, podría reaccionar de la misma manera que un adulto, es decir, no duerme si no los toma, pero al mismo tiempo, el medicamento interrumpe su sueño. Por eso sólo en muy raras ocasiones los recomiendo a niños que padecen trastornos del sueño; cuando trato a los que han estado tomando píldoras nada más para mejorar su sueño, empiezo mi tratamiento interrumpiendo el medicamento. Quizá valdría la pena que usted hablara con su médico al respecto.

Obviamente, se presentan muchas situaciones en las cuales su hijo tendrá que tomar ciertos medicamentos para tratar condiciones médicas específicas. El fenobarbital u otras drogas con propiedades sedantes podrían ser necesarias para tratamientos de epilepsia. Su hijo podría necesitar ciertos antibióticos frecuentemente para protegerlo de infecciones recurrentes. Estos y otros medicamentos tendrían relación con los trastornos del sueño. También en este caso, sería necesario determinar los efectos diferentes del problema médico subyacente, de los medicamentos y de otras causas del trastorno del sueño, lo cual no siempre sería fácil. El dilema puede complicarse aún más si su hijo ha sido hospitalizado varias veces y por las noches siente temor, o si usted, comprensiblemente, encuentra difícil establecer límites firmes respecto al niño porque sufre de una enfermedad crónica, o ha padecido mucho. Si parece probable que sea el medicamento el que esté causando el problema del sueño debe discutir esto con su médico pues hay diferentes enfoques que podrían ser útiles. La dosificación o el momento en que se da el medicamento al niño podrían modificarse. Su médico podría tratar drogas alternativas. Incluso si esto es sólo temporal, sería útil saber si la medicina original era la causa del trastorno del sueño. Los medicamentos contra el asma que se ingieren oralmente también se encuentran de forma inhalable y sus efectos colaterales son menores. Si bien es poco probable que los antibióticos por sí mismos sean la causa de un trastorno del sueño, los aditivos de las preparaciones líquidas podrían serlo. Podría ser útil cambiar a pastillas, o incluso a una marca de líquido diferente. De todas formas, los cambios llevarán tiempo e implican ciertos ensayos y errores; pero no haga ningún cambio antes de consultar con su pediatra. Con la ayuda de éste es muy probable que el trastorno de sueño de su hijo cambie significativamente.

Daño cerebral e incapacidad verdadera para dormir bien
Algunas veces trato a niños que aparentemente duermen mal por ciertos daños en los mecanismos cerebrales que controlan el acto de conciliar el sueño con la capacidad de quedarse dormido. La mayoría de estos niños presentan daños tan importantes que son obvios. En general son retardados y con frecuencia también presentan convulsiones o son ciegos o sordos.

Cuando un trastorno neurológico de este tipo va acompañado con trastornos de sueño, tenemos que analizar cuidadosamente todos los factores. Por ejemplo, el niño podría no presentar los problemas del sueño que describimos en esta obra independientemente de su *enfermedad* y el problema podría resolverse casi de la misma manera que con cualquier otro niño. Obviamente, sería mucho más difícil para usted ser firme durante la noche si su hijo presenta un trastorno neurológico o sensorial. Quizá se pregunte: «¿*Cómo dejar a mi hijo, que es ciego, llorando solo en una habitación?*» pero con mucha frecuencia la única manera de solucionar su trastorno del sueño es estar dispuesta escuchar algunos llantos para ayudarle a que aprenda nuevas asociaciones con el hecho de conciliar el sueño (véase capítulo V). Si lo hace, estará beneficiando a su hijo aunque quizá tenga que proceder mucho más lentamente que en otros casos; en lugar de plantearse una meta inicial de permanecer fuera de la habitación mientras concilia el sueño, quizá valga la pena ayudarle a que aprenda a conciliar el sueño con usted lejos de su cama, incluso si en un principio permanece en una misma habitación. Otras medidas, como corregir un horario de sueño inadecuado, resultan más fáciles de instrumentar y son más importantes, especialmente en niños con trastornos de los sentidos que podrían tener una percepción pobre de los horarios durante el día (véase capítulos VIII y IX). Obviamente, los medicamentos que su hijo ingiere para tratar su problema también podrían ser la causa de su trastorno de sueño. Por último, podría ser que el daño cerebral de su hijo sea directamente responsable de su capacidad para dormir, es decir, que los sistemas cerebrales que controlan el sueño no funcionaran adecuadamente; por desgracia, esto es muy difícil de verificar.

Cuando trato a un niño con trastornos neurológicos, en primer lugar intento verificar y resolver los factores externos de su daño cerebral, como los medicamentos o un problema del sueño independiente. En varias ocasiones he tenido éxito y el trastorno del sueño del niño se resolvió a pesar de su enfermedad neurológica. Sólo después de haber eliminado otros factores, decido que el niño duerme mal como resultado directo de su daño cerebral y, por lo tanto, se trata de un diagnóstico por exclusión.

En varios niños el daño cerebral es en sí mismo la causa del trastorno del sueño. Traté a Reggie, niño de cuatro años moderadamente retardado debido a un daño de nacimiento. Siempre había dormido mal y aunque ahora concilie el sueño con relativa facilidad no lo hace antes de las diez de la noche y despierta más o menos a las cuatro de la mañana. O se mantiene despierto durante el resto de la noche o no vuelve a dormirse durante varias horas. Cuando despierta, llama, avienta juguetes por el cuarto y se sienta y golpea la cabeza contra la pared. Sus padres sienten muchos deseos de tener a Reggie en casa, pero tener que levantarse con él todas las noches es verdaderamente estresante y parte del comportamiento de Reggie es peligroso para él. Durante el día algunas veces duerme siestas de treinta minutos, pero rara vez de mayor duración.

Cuando traté el trastorno de sueño de Reggie modificando estas rutinas de sus padres a la hora de irse a su cama y durante los despertares nocturnos, mostró mejoras mínimas durante varios meses. A la larga, tuve que asumir que la intervención en el comportamiento no funcionaría y que se trataba de una incapacidad verdadera de dormir lo suficiente. La otra explicación, que parecía poco probable, era que sencillamente no necesitaba dormir mucho, en cuyo caso poco podía yo hacer. En niños como Reggie, los sedantes podrían ser útiles. En general yo recomiendo dichas drogas sólo cuando sé que el funcionamiento cerebral está dañado y estoy convencido de que es la causa del trastorno del sueño. He tenido éxito moderado con esos niños mediante una dosis importante de sedantes como el clorhidrato y, si bien no me convence totalmente utilizar dicha droga, los niños han podido dormirse con mayor facilidad, y es aún más importante que se mantengan dormidos lo suficiente para descansar adecuadamente. Reggie empezó a dormir de las nueve de la noche a las seis de la mañana. Si bien aún esta cantidad de sueño no era la «normal» para su edad, significaba una mejoría importante y facilitaba mucho la vida de sus padres. Además, como es común en niños con trastornos de origen neurológico, Reggie no parecía mostrar efectos de la droga por la mañana y los maestros de su escuela especial decían que parecía estar más atento.

Por lo tanto, parece que los niños como Reggie no duermen mal a causa de una reducción en sus necesidades de sueño. También ha sido interesante observar que estos niños, incluso cuando ingieren medicamentos durante periodos largos, siguen durmiendo bien, mientras que un niño normal en general mostrará menos efectos progresivamente y a la larga empeorará su sueño. Incluso cuando utilizo medicamentos, sigo controlando frecuente y cuidadosamente a los niños y se intentan periodos sin droga a intervalos adecuados para ver si todavía necesitan el medicamento. Estas drogas se venden por prescripción médica y sólo pueden administrarse bajo la responsabilidad de un médico. Mi experiencia demuestra que cuando niños con daños neurológicos requieren de medicamentos para dormir bien, aparentemente necesitan drogas poderosas en dosis importantes. Si los niños muestran mejorías con medicamentos más suaves, como antihistamínico, entonces esto me convence que en dichos niños podríamos mostrar la misma mejoría sin drogas.

Si su hijo padece algún trastorno neurólogico y no

duerme bien, consulte con su médico el medicamento a probar. Pero de decidir la aplicación de un tratamiento fuerte, haga lo posible por identificar otras causas del problema de sueño y por regular los patrones de sueño de su hijo con los métodos recomendados en esta obra. El programa ha tenido éxito con numerosos niños con trastornos neurológicos y podría ser justo lo que su hijo necesita.

PARTE 3

TRASTORNOS DEL RITMO DEL SUEÑO

VIII. HORARIOS COTIDIANOS Y SUS EFECTOS EN EL SUEÑO

Análisis de los ritmos biológicos

Cuando los investigadores empezaron a considerar el sueño y la vigilia como un ritmo que debe armonizar con otros ritmos físicos como la temperatura del cuerpo, la alimentación, la secreción de hormonas y la actividad (véase capítulo II), se hicieron avances importantes en el conocimiento y el tratamiento de los trastornos del sueño. Para que durmamos bien y funcionemos de la mejor manera durante el día, estos ritmos biológicos deben estar en perfecta sincronía.

Hay muchas razones para que los ritmos corporales se tornen irregulares e influyan de manera adversa en los ciclos de sueño. La mayoría de nosotros está familiarizada con el *jet lag* característico de quienes viajan a través del océano a un huso horario diferente y se percatan de que cuando es de día en ese lugar no están muy alerta, y sólo pueden dormir cuando es de noche en su lugar de origen. Los trabajadores que cubren turnos diferentes experimentan los mismos problemas; deben tratar de dormir cuando se sienten despiertos y levantarse cuando se sienten cansados. Si cambian de turno con demasiada frecuencia, sus ritmos de sueño no se estabilizan y podrían tener problemas continuos para dormir. Quizá les cueste mucho trabajo descansar cuando lo desean y sientan que no están a la altura cuando están despiertos.

Los niños también presentan trastornos del sueño derivados de problemas con sus hábitos y en sus rutinas diarias. Tal vez sus horarios son demasiado irregulares, o regulares pero en cierta forma inadecuados, o el momento del día en que su hijo puede *dormir* quizá no sea el momento en que usted desea que él *se duerma*. Si los horarios cotidianos de su hijo no son coherentes, entonces su sueño podría verse interrumpido durante la noche. Si duerme siesta o come a horarios poco comunes, podría despertar demasiado temprano por la mañana o conciliar el sueño demasiado tarde por la noche. Si está acostumbrado a dormir a las horas «equivocadas», entonces quizá realmente no pueda conciliar el sueño tan temprano o dormir tanto como usted desearía.

Si bien las alteraciones en los horarios cotidianos y los ritmos biológicos podrían ser el único factor que afecta al sueño de su hijo, con frecuencia dichos trastornos se ven complicados por otros problemas. Si el niño no está cansado cuando desea que se duerma, quizá sin advertirlo usted le enseñe a relacionar la conciliación del sueño con el hecho de que lo mezan o le den un biberón cuando intentan hacerlo dormir. También, si usted tiene problemas para mostrarse firme a la hora de acostarlo, su hijo siempre querrá quedarse un rato más y la hora de dormir variará. Como ve, en el tratamiento podrían intervenir diversos factores. Cuando un niño presenta un problema de sueño que implica un trastorno en el ritmo del mismo, probablemente no baste con corregir sus asociaciones de sueño o ser más firme a la hora de acostarlo. Tendrá que corregir también los problemas de su horario, pero para ello usted tendrá que aprender a reconocer y comprender los trastornos específicos del mismo y decidir qué es lo mejor.

Programas irregulares de sueño y vigilia
Muchos de los niños que trato tienen problemas para dormir porque sus patrones de sueño y vigilia son irregulares. Concilian el sueño temprano una noche y tarde la siguiente, se despiertan a horas diferentes y no duermen la siesta a la misma hora dos días seguidos. También su hora de comer es variable.

El horario cotidiano de su hijo podría ser similar al que presentamos a continuación. Si no está seguro, haga una tabla (figura 8) durante una o dos semanas. Quizá le sorprenda lo que descubrirá. Si el horario es demasiado irregular, es muy probable que los ritmos circadianos (véase capítulo II) se vean muy alterados. La temperatura corporal del niño podría ele-

FIGURA 8

TABLA DE SUEÑO PARA USO DE LOS PADRES

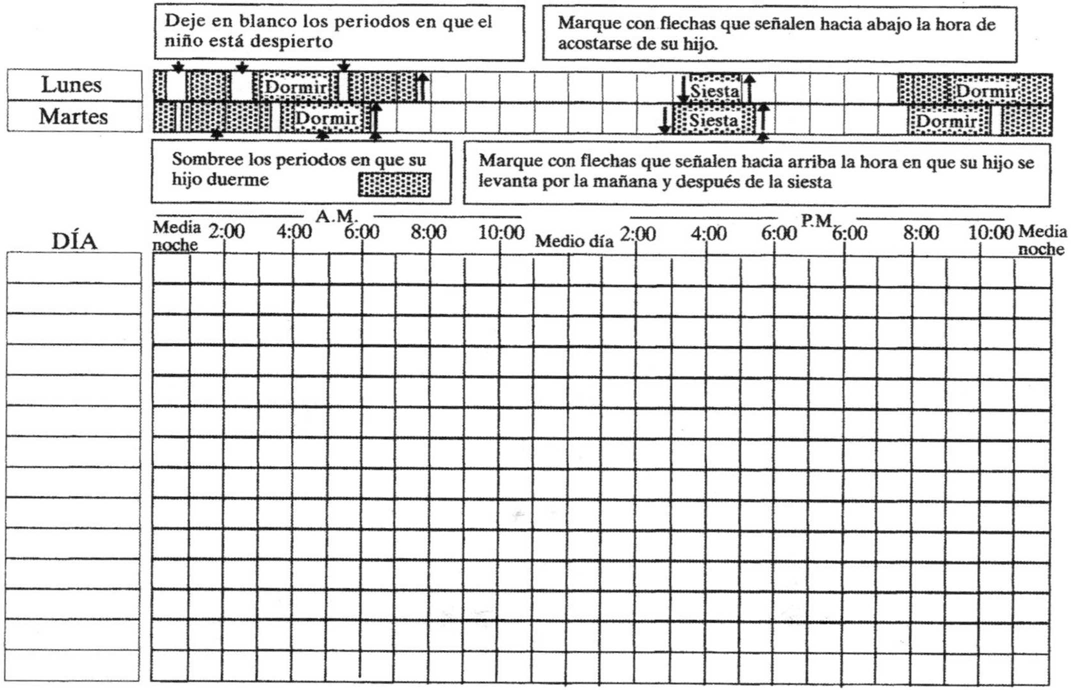

Deje en blanco los periodos en que el niño está despierto

Marque con flechas que señalen hacia abajo la hora de acostarse de su hijo.

Sombree los periodos en que su hijo duerme

Marque con flechas que señalen hacia arriba la hora en que su hijo se levanta por la mañana y después de la siesta

Lunes

Martes

Dormir

Dormir

Siesta

Siesta

Dormir

Dormir

DÍA

Media noche   2:00   4:00   A.M. 6:00   8:00   10:00   Medio día   2:00   4:00   6:00   P.M. 6:00   8:00   10:00   Media noche varse cuando se va a la cama y descender cuando se levanta, lo contrario de lo que debería suceder. Quizá tiene hambre entre comidas o cuando debería estar durmiendo y no a la hora de comer. Tal vez esté en actividad cuando debería dormir la siesta y somnoliento cuando debería estar jugando. Probablemente tiene problemas para conciliar el sueño a la hora de acostarse, si es que hay una, y quizá esté despertando durante la noche.

No obstante, es importante que usted esté consciente de que el problema de su hijo difiere del de otros niños que presentan problemas a la hora de acostarse y despertares nocturnos como los descritos en los capítulos V y VI. Durante un tiempo —incluso horas— su hijo *no puede* dormirse, o volver a conciliar el sueño, independientemente de lo que usted haga. Esto pasa incluso si se acuesta con él, enciende una lámpara de noche, se muestra firme, le da el biberón, lo amamanta o lo arrulla; *no puede* dormirse porque su ritmo de sueño y vigilia está en la fase de vigilia.

Los ritmos cotidianos de los niños sólo pueden establecerse y mantenerse en un patrón regular de veinticuatro horas si se afirman todos los días mediante hechos que se presentan a la misma hora. Los más importantes son despertar por la mañana, acostarse por la noche, tomar la siesta, comer y exponerse a la luz y a la oscuridad. Si las rutinas diarias de su hijo no son razonablemente coherentes, su sistema no sabe cuándo dormir y cuándo mantenerse despierto.

Si los ritmos circadianos de su hijo se interrumpen, sus patrones de sueño y vigilia se deterioran. Su patrón de sueño normal, que le permite dormir durante periodos largos por la noche y una siesta durante el día, empieza a desaparecer. Cuando se acuesta a las seis o siete de la noche, por ejemplo, su cuerpo no reconoce si se trata de una siesta tardía o si se va a dormir temprano. ¿Debe despertarse después de una hora o después de diez? Sus patrones de sueño se desorganizan en fragmentos irregulares, ninguno de los cuales se aproxima siquiera a las diez o más horas de sueño continuo que un niño pequeño debe tener por la noche; en lugar que el sueño nocturno de su hijo se interrumpa sólo brevemente y vuelva a dormirse de inmediato, presenta despertares completos, por periodos largos; quizá algunas de sus siestas diurnas sean inusualmente largas.

Jimmy, por ejemplo, tenía cuatro años cuando despertaba a medianoche y no quería volver a dormirse. No tenía una hora precisa para acostarse ni rutinas regulares para esa hora. Se acostaba entre las siete y la once de la noche, cuando sentía sueño, lo cual dependía en cierta forma de las siestas que hubiera tomado durante el día. Algunas veces conciliaba el sueño en su propia cama, pero con mayor frecuencia donde se encontrara en ese momento.

Cuando despertaba por la noche parecía estar completamente alerta. No mostraba temor o exigencias, sencillamente no era posible hacer que volviera a dormirse rápidamente. Dado que permanecía despierto incluso si tenía que quedarse en la cama, sus padres le permitían jugar hasta que se cansaba y volvía a dormirse, en general después de una o dos horas. Con frecuencia volvía a despertar unas horas después. Por la mañana lo hacía entre las seis y media y las diez de la mañana, dependiendo de cuánto tiempo había estado despierto durante la noche. También sus siestas eran bastante irregulares. Algunas mañanas, especialmente después de haber dormido poco la noche anterior, podía tomar la siesta desde las nueve. Otras, lo hacía antes de la comida o no dormía. Por la tarde quizá se acostara a la una, las cuatro, y a veces a las seis de la tarde. Sus siestas podían durar de treinta minutos a cuatro horas.

La estructura tan relajada del hogar de Jimmy no se debía a problemas familiares o a falta de atención; más bien, era el estilo típico de la comunidad en que vivían. Entre sus familiares y amigos era muy común y bien aceptado comer y acostarse a horarios irregulares. A los padres de Jimmy no les molestaban estas irregularidades durante el día, pero les preocupaban sus despertares durante la noche. No se daban cuenta de que ambos estaban relacionados.

Cuando la familia solicitó mi ayuda, Jimmy no tenía asociaciones adecuadas respecto de prepararse para dormir y conciliar el sueño. Por supuesto, era importante que la familia estableciera un ritual agradable para esos momentos; pero sólo esto, incluso si tenía lugar a la misma hora todas las noches, no resolvería los problemas de sueño de Jimmy.

También necesitábamos poner orden en sus incoherentes horarios cotidianos.

En este caso, el problema fundamental era que su patrón de veinticuatro horas de sueño y vigilia estaba muy alterado. Cuando despertaba durante la noche era como si hubiera despertado de una siesta por la tarde. Se sentía contento, con energía y listo para jugar. Si bien su problema parecía grave, la solución fue muy directa.

Cómo resolver el problema de horarios irregulares de sueño y vigilia

Los padres de Jimmy estuvieron de acuerdo en establecer un horario para que él se acostara a la misma hora, despertara por la mañana a la misma hora y tomara su siesta a la misma hora. Además, le darían de comer a la misma hora todos los días. También decidieron establecer una rutina adecuada para el momento de acostarlo.

Si bien estas decisiones no iban de acuerdo con su estilo de vida normal, poco estructurado, se mostraron dispuestos a hacer los cambios una vez que comprendieron que Jimmy dormiría bien por la noche y probablemente se sentiría mucho mejor durante el día.

El niño se acostaría a las ocho de la noche, después que le leyeran un cuento o después de un juego tranquilo, y lo despertarían a las siete de la mañana; siempre dormiría en su propia habitación. Cuando despertara por la noche, sus padres irían a su habitación, pero se mostrarían firmes y no le permitirían juegos a medianoche; de lo contrario, sólo se reforzarían sus despertares. Tenían que insistir en que se quedara en la cama a la hora que lo acostaran o si despertaba, incluso si en un principio presentaba problemas para conciliar el sueño en esas ocasiones. Se sentarían con él, si fuera necesario, pero no habría discusión. Una vez que su ritmo de sueño se normalizara, lo cual podría ocurrir al cabo de dos semanas, según les dije, y él pudiera conciliar el sueño o volver a dormirse rápidamente, ya no debían quedarse con él; tendría que dormirse solo. Los padres estuvieron de acuerdo en que si era necesario reforzarían este patrón mediante una espera progresiva o la técnica de puerta cerrada analizada en el capítulo V; pero como yo pensaba, dado que Jimmy no era exigente cuando estaba despierto y en realidad no relacionaba la presencia de sus padres con el hecho de conciliar el sueño, no sería necesario.

La siesta tendría que ser a la una de la tarde y manejarse como la hora de dormir; a Jimmy no debería permitírsele dormir en otro momento durante el día. Si de todas formas se dormía a la hora equivocada, tendrían que despertarlo después de diez o quince minutos. Debía pasar cuando menos una hora tranquilo en su cama a la hora de la siesta, se durmiera o no. Una vez que su sueño nocturno fuera normal, sería fácil saber si necesitaba o no descansar durante el día, y de ser así, empezaría a hacerlo.

Si bien el problema de Jimmy llevaba ya largo tiempo, la familia pudo seguir el tratamiento porque comprendía la razón de establecer una buena rutina diurna. Realizaron tablas de los patrones de sueño del niño durante dos meses. Les pedí que lo hicieran por varias semanas, pero siguieron durante más tiempo porque les ayudaba a ellos; como la mayoría de los padres, se dieron cuenta que es mucho más fácil ser firme cuando se ve el progreso negro sobre blanco. Jimmy se resistió durante la primera semana, en parte porque estaba acostumbrado al antiguo estilo y en parte porque en realidad no podía dormirse de acuerdo con los nuevos horarios regulares. Sus padres se mostraron firmes y lo apoyaron, aunque en un principio tuvieron que levantarse más en la noche que antes de iniciar los cambios. Jimmy y sus padres llegaron a desear que se acercara la hora de acostarse porque les permitía tener una intimidad que antes no tenían. Hacia finales de la segunda semana, Jimmy se dormía con mayor facilidad a una hora regular y durante toda la noche. Pronto fue obvio que no necesitaba la siesta, así que dejaron de intentar que durmiera durante la tarde. La única razón por la que dormía una o dos siestas durante el día era porque sus ritmos eran muy desordenados y parte del sueño que debía haberse presentado durante la noche se presentaba en el transcurso del día.

Ya sea que el horario irregular sea el problema principal, como en el caso de Jimmy, o si es sólo uno de los factores que complican el problema, establecer un horario regular y someterse a él es un medida necesaria, si no la única, para solucionar la mayoría de los problemas del sueño. Durante las primeras semanas tiene sentido someterse estrictamente al programa a la hora de dormir, despertar y comer, pero una vez que las cosas van bien, es posible ser más flexible, aunque manteniéndose dentro de lo razonable. Pero recuerde que si los días y las noches de su hijo carecían de estructura en el pasado, volverán a ser irregulares si usted no pone cuidado.

En general me doy cuenta de que los programas se alteran porque los padres no comprenden cabalmente la importancia de mantener rutinas diarias coherentes, aunque en ocasiones, la desorganización y la falta de estructura se presentan a causa de problemas familiares subyacentes. Cuando cuestiones maritales, enfermedades físicas o psiquiátricas, muerte, separación o divorcio son la raíz del problema, los padres probablemente sepan que no pueden o no quieren mantener un programa normal para sus hijos. En dichos casos, siempre impulso a la familia a que consulte a un especialista antes de establecer los programas para resolver el problema de sueño de su hijo o mientras siguen el tratamiento.

También los programas regulares pueden causar problemas
Es muy obvio que los niños funcionan mejor cuando sus programas cotidianos muestran cierta coherencia, pero las rutinas regulares pueden causar problemas cuando no son oportunas. Por ejemplo, si usted enciende la luz de la habitación de su hijo y practica el piano todas las noches a las tres de la mañana, el sueño del niño se verá interrumpido aun cuando el programa sea perfectamente regular. Hay factores más sutiles que también influyen en el sueño y dan como resultado despertares muy tempranos por la mañana o bien nocturnos y problemas a la hora de acostarse.

1. Despertares muy temprano por la mañana
Uno de los trastornos más problemáticos, y con frecuencia uno de los más difíciles de corregir, es el despertar muy temprano por la mañana. Emily, por ejemplo, era una niña de trece meses de edad con este problema. Se dormía a las siete y media de la noche, pero despertaba a la cinco todas las mañanas y se

negaba a volver a dormirse, lo cual significaba que sus padres tenían que levantarse dos horas antes de lo normal. Con frecuencia la madre se acostaba temprano por la noche para poder levantarse lo suficientemente temprano en la mañana y atenderla. Si bien esto era factible, la señora hubiera preferido estar levantada más tarde y poder pasar un rato con su esposo. Decía que durante el día la niña se comportaba bien: dormía una siesta más o menos a las ocho de la mañana y otra inmediatamente después de la comida.

En apariencia, el problema era muy diferente del de Jimmy. Tenía una rutina regular, se acostaba con facilidad y no despertaba durante la noche. En realidad: la única queja de sus padres era que lo hacía muy temprano. No obstante, este caso presentaba un hecho pertinente, la siesta era a primeras horas de la mañana. Parecía necesitarla temprano porque como se despertaba en la madrugada, estaba cansada un par de horas después.

Pienso que hay dos posibles explicaciones por las que Emily despertaba temprano; una, que necesitaba menos de diez horas de sueño por la noche y despertaba nueve y media horas después de haberse dormido a una hora establecida. De ser así, demorar hasta las nueve de la noche la hora de acostarla, gradualmente la llevaría a despertar más tarde por la mañana. No obstante, la mayoría de los niños de la edad de Emily pueden dormir más de diez horas por la noche, así que primero analicé la segunda alternativa. Yo pensaba que su siesta de las ocho de la mañana era en realidad la causa del problema.

Proseguí con mi teoría de que el ciclo final del sueño de Emily, que debía presentarse a partir de las cinco de la mañana y hasta las seis y media o siete, había sido separado del resto de la noche y se presentaba varias horas más tarde, como una siesta muy temprano por la mañana. Así pues, pedí a los padres que progresivamente la mantuvieran despierta antes de permitirle que durmiera la siesta de la mañana, con la idea de que ésta tuviera lugar hacia las diez o diez y media. Además, no debían acudir a su habitación tan pronto como despertara a las cinco; acordamos que esperarían hasta las cinco y cuarto durante varios días, y después no antes de las cinco y media.

En un principio lloraría; pero al cabo de unos cuantos días sus padres empezarían a demorar la siesta de la mañana y ella empezaría a dormirse de nuevo después de un rato. Al cabo de una semana más o menos, el llanto de la mañana se volvió indiferente. Emily despertaba, quizá sollozaba un poco o jugaba en su cuna, y volvía a dormirse para el ciclo final de sueño. Para ese entonces, ya despertaba entre las seis y media y las siete y dormía dos siestas a horas más adecuadas durante el día. Por lo tanto, Emily no necesitaba pocas horas de sueño; una vez que se ajustaron los horarios de sus siestas, podía dormir de once a once y media horas durante la noche y levantarse a una hora conveniente.

Hillary tenía dos años y Rory seis. Sus historiales eran muy similares al de Emily en cuanto a que despertaban muy temprano por la mañana, aunque ninguno de los dos dormía siesta diurna. No obstante, a Hillary le daban un biberón tan pronto como despertaba a las cinco y Rory se levantaba temprano a ver las caricaturas.

A Hillary no le daban de comer a la hora de acostarla o durante la noche, así que su problema no era de asociaciones inadecuadas ni de exceso de alimentos, sino que había aprendido a tener hambre a las cinco de la mañana. Si su hambre se posponía hasta las seis y media o siete, podía dormir más. El capítulo VI incluye mayor información sobre los aspectos aprendidos del hambre. Los padres se dieron cuenta de que simplemente demorando unos diez minutos diarios el biberón, independientemente de la hora en que Hillary despertara, se volvía a dormir después de despertar a las cinco durante una hora y media a dos.

Apenas se levantaba, Rory se ponía a ver caricaturas. Como la mayor parte de las personas que tiene la suerte de poder hacer lo que desea todas las mañanas, aprendió a despertar a la hora precisa. Para que aprendiera a dormir más, su familia tuvo que insistir en que ya no viera televisión por la mañana; a cambio de las caricaturas, le ofrecía un juego de beisbol o un paseo a un parque de juegos especiales. A Rory le llevó más tiempo que a Hillary, pero después de unas cuatro semanas, también él dormía un periodo más prolongado.

Los ruidos o la luz del amanecer también provocan que

los niños despierten muy temprano. Hacia las cinco de la mañana, su hijo ya tuvo la mayor parte de su sueño nocturno y el impulso a dormir es menos fuerte que a la hora de acostarse o en las primeras horas de la noche. Algunos niños despiertan a esa hora a la menor provocación, ya sea que entre luz a su habitación o por el ruido del tráfico o el que hacen los miembros de la familia que se levantan temprano; estos trastornos ambientales (como el piano), podrían ser la causa directa de ello. Con el transcurso del tiempo, influyen en el ritmo del sueño y la vigilia. Si por la mañana las interrupciones son lo suficientemente frecuentes, su hijo empezará a preverlas y despertará espontáneamente justo antes del amanecer o de que la familia se levante.

La mejor manera de resolver este problema es disminuir los factores que lo provocan. La luz puede reducirse oscureciendo la habitación con unas cortinas que también amortigüen los ruidos del tráfico exterior, aunque quizá tenga que cerrar también las ventanas. Algunas veces es útil cambiar al niño a una habitación más tranquila, con un hermano que duerma más profundamente. Las fuentes de ruido constante, como los aparatos que producen «ruidos blancos» o los vaporizadores con frecuencia ayudan, porque bloquean los ruidos exteriores fuertes e intermitentes, como el del tráfico pesado o los que se oyen cerca de las vías del ferrocarril o de un aeropuerto. Sin embargo, en general creo que debe evitarse el uso de dichos aparatos porque el niño necesita aprender a dormir en condiciones naturales y no depender de ellos, porque podría tener problemas para dormir cuando haya silencio.

Hay otras dos situaciones en las que los programas regulares tienen relación con despertarse temprano por la mañana. Una de ellas es provocada por una fase temprana del sueño; su hijo se duerme temprano y despierta demasiado temprano (véase capítulo IX). La otra se presenta cuando su hijo requiere poco sueño; en realidad necesita menos sueño de lo que usted piensa que necesita y por eso despierta temprano. No obstante, no se apresure para llegar a esa conclusión; llegará a darse cuenta de que su hijo sigue despertándose temprano aunque lo acueste tarde. Su hijo ha aprendido a relacionar algún factor con el hecho de despertar a esa hora: una pequeña luz en la ventana, el incremento del tráfico o que usted entre a su habitación (lo cual es probable si para usted las cinco es «muy temprano» y no «media noche»). Así pues, antes de decidir que su hijo necesita dormir poco, trate de ver si puede dormir más por la mañana. Mantenga la habitación oscura y acuda a su llamado un poco más tarde cada día para darle la oportunidad de volver a dormirse. Utilice la técnica descrita en el capítulo V para la enseñanza de nuevas asociaciones. Haga la prueba durante varias semanas y se dará cuenta de que su hijo vuelve a dormirse para un ciclo de sueño final. Si lo hace con la suficiente frecuencia, podrá empezar a convertirse en rutina, como sucedió con Emily.

Cuando los enfoques descritos en esta sección tienen éxito, debemos sentirnos complacidos, pero tenga presente que los despertares muy temprano por la mañana son tramposos. También he trabajado con niños que despertaban muy temprano y que siguieron así a pesar de los esfuerzos que hicimos para modificar un poco sus patrones de sueño. Es probable que estos niños sean «pájaros madrugadores», o sea que despiertan muy alerta y activos. Temprano por la mañana es su mejor momento y temprano por la noche están cansados. Lo mismo sucede con algunos adultos, pero a éstos les molesta más no poder quedarse levantados tarde que despertar temprano. Si aparentemente su hijo despierta demasiado temprano y no responde a ninguno de estos cambios, quizá tenga que aceptar las cosas como son y esperar al momento en que haya crecido lo suficiente como para levantarse sin despertarlo a usted.

2. Problemas a la hora de acostarse

Ya analizamos algunas de las causas de los problemas a la hora de acostarse, entre otros, los patrones irregulares de sueño y vigilia. Hay otras tres, relacionadas con el horario, que provocan una incapacidad verdadera para conciliar el sueño a la hora de acostarse a pesar de tener un horario regular, a saber, una fase tardía de sueño (analizada en el capítulo IX); acostarse exageradamente temprano (haremos referencia a esto más adelante, en este capítulo) y los problemas relacionados con las siestas de los niños.

Siesta tardía. Si su hijo duerme una siesta entre las cuatro y las seis de la tarde todos los días, quizá no pueda conciliar el sueño antes de la nueve o diez de la noche. Si usted trata de acostarlo más temprano, probablemente se enfrentará a intensas luchas. La mayoría de las familias reconocen el problema y adelantan la siesta, pero si su hijo está acostumbrado a dormirla a las cuatro y usted desea que lo haga a la una, probablemente no lo logrará. También en este caso funciona mejor un cambio gradual. Todos los días adelante de diez a quince minutos la hora de la siesta y la hora de acostar al niño hasta que se duerma a la hora que usted desea. Si su hijo aún toma una siesta por la mañana, quizá tenga que adelantarla también para que pueda tomar la de la tarde; si tiene más de un año, quizá ya pueda prescindir de la siesta de la mañana.

Algunas veces la siesta de la tarde no sólo es algo tardía, pues empieza alrededor de las dos, sino también demasiado larga, digamos de tres horas, pero suficiente para afectar la capacidad de su hijo para conciliar el sueño a la hora de acostarlo. Será relativamente sencillo para usted darse cuenta si inicia la siesta un poco antes o despierta a su hijo al cabo de dos horas.

Demasiadas siestas Hacia el segundo año de vida, la mayoría de los niños ya no duerme siesta por la mañana y durante el día, sólo un poco temprano por la tarde. Si su hijo sigue tomando dos siestas, esto podría interferir con su sueño nocturno. El tiempo que duerme en un periodo de veinticuatro horas no habrá cambiado, pero la mayor parte se transferirá a las horas del día. Si la siesta de la mañana es muy temprano, empezará a despertarse muy temprano por la mañana. Si las siestas son tarde, su hijo no estará lo suficientemente somnoliento hasta muy tarde por la noche, pero modificar las siestas simplemente modificará el problema. Quizá tenga que eliminar la siesta de la mañana y adelantar la de la tarde, inmediatamente después de la comida. Si son demasiados cambios para hacerlos todos al mismo tiempo, hágalo gradualmente. Intente demorar la siesta de la mañana y reducirla unos diez minutos cada día hasta que desaparezca por completo. Algunos padres prefieren posponer gradualmente la de la mañana hasta el principio de la tarde, al mismo tiempo que reducen su duración, hasta eliminarla.

Siestas insuficientes Podríamos suponer que si demasiadas siestas dificultan que un niño concilie el sueño o hacen que despierte demasiado temprano por la mañana, entonces reducirlas o eliminarlas facilitaría el momento de acostarlo y el niño dormiría mejor, pero no es así.

Nada más hacer que un niño esté somnoliento, no siempre lo hará dormir mejor, y de hecho el resultado podría ser el opuesto. Cuando su hijo está muy cansado, se estresa; se encuentra irritable e hiperactivo y su comportamiento empeora. Cuando está así, se le dificulta relajarse a la hora de dormir, podría luchar en contra del sueño y mantenerse despierto más de lo debido. Incluso si no concilia el sueño rápidamente, el niño demasiado cansado también podría incrementar sus despertares por la noche y probablemente experimentar terrores del sueño y otros despertares parciales (véase capítulo X).

Helen tenía dos años y medio y se negaba a dormirse cuando menos hasta las diez de la noche. Sus padres decían que estaba acostumbrada a dormir varias horas por la tarde, pero ellos habían reducido su siesta en un intento por mejorar la hora de acostarla. Sin embargo, al hacer esto, surgieron varios problemas. Helen seguía estando somnolienta en las últimas horas de la tarde y les costaba trabajo mantenerla despierta. En esos momentos parecía bastante infeliz y quería dormirse. Si estaba en el auto en esos momentos, siempre se dormía y era difícil despertarla. La cena era desagradable porque estaba sumamente irritable. Después de ésta, a la hora que se acostara, tomaba su «segundo aire». Parecía casi sobreexcitada y acostarla a las ocho de la noche era imposible.

Les dije a sus padres que la niña estaba demasiado cansada. Tenía que dormir por la tarde, pero a una hora adecuada. Empezamos con una siesta tardía cuando Helen se mostraba cansada y gradualmente adelantamos la hora de ésta y la de acostarla. Ahora duerme hora y media durante el día después de la comida y varias horas más durante la noche. Su problema no era que necesitara menos sueño, sino que no estaba durmiendo lo suficiente. Con el sueño extra se mostraba mucho más contenta durante el día y se dormía fácilmente en la noche.

Con niños pequeños, podrían presentarse problemas similares si elimina demasiado pronto la siesta de la mañana, especialmente si el sueño nocturno de su hijo no se incrementa proporcionalmente. Si los acuestan demasiado tarde, los niños mayores que ya no necesitan siesta podrían tener problemas a la hora de acostarse porque están demasiado cansados.

Si usted se demora demasiado tiempo y su hijo parece excesivamente somnoliento antes de que lo acueste, quizá esté esperando demasiado. Intente acostarlo más temprano con un ritual agradable y probablemente se dará cuenta de que concilia el sueño rápidamente. Dormirá más y su comportamiento durante el día mejorará. Si su hijo nunca parece cansado a la hora de acostarlo y ya ha analizado todas las causas de los problemas provocados a esa hora y nada parece tener sentido, podría ser que su hijo sea un «búho». Estará en su mejor momento en las últimas horas de la tarde y siempre tendrá problemas para despertar por la mañana, independientemente de cuánto duerma. Incluso si sigue un programa relativamente regular, le costará trabajo conciliar el sueño a la hora adecuada para acostarlo. Este patrón es común entre los adultos, pero se presenta con menos frecuencia entre los niños. Éstos concilian el sueño con mayor facilidad que aquéllos. Si su hijo presenta esta tendencia a «despertar» ya cerca de la hora de acostarse, aún es posible evitar problemas mayores, pero tendrá que mantener un horario muy regular. Usted debe estar totalmente seguro de que se levanta siempre a la misma hora, de planear con cuidado sus rutinas de la hora de acostarse y de no apresurarlas.

3. Despertares nocturnos

Los horarios regulares en general no son la causa de los *despertares nocturnos*, si bien el niño que no duerme lo suficiente podría despertar varias veces durante la noche en lugar de luchar a la hora de acostarse, o las dos cosas. Una forma muy común de que los programas regulares provoquen despertares nocturnos son las interrupciones durante la noche. Dar de comer varias veces durante la noche es la causa más común de ello (véase capítulo VI). Algunas veces un niño podría recibir otros refuerzos para despertar por la noche. Si usted hace medio agradables los despertares nocturnos, acudiendo a su llamado y jugando con él, el niño tendrá una motivación para seguir despertando. En este caso, debe eliminar los juegos si desea que su hijo aprenda que no tiene sentido despertar durante la noche. Si lo regaña o castiga durante estos despertares, éstos se reforzarán por la atención que recibe el niño, especialmente si su hijo recibe poca durante el día, o si pasa muy poco tiempo solo con usted. Si cree que ésta podría ser la causa, intente reservar momentos diurnos especiales para él. Cuando sienta menos necesidad, ya no exigirá su atención por la noche. Si usted se da cuenta de que no puede dedicarle más tiempo o si parece demasiado necesitado, incluso aunque usted lo haga, tendrá que analizar la posibilidad de consultar a un especialistas que le ayude a decidir dónde reside el problema y cuál es la mejor forma de proceder.

Sueño normal, expectativas anormales
Quizá esté insatisfecho con los hábitos de sueño de su bebé o hijo pequeño aunque sean completamente normales. Tal vez desee contar con tiempo para usted después de las siete de la noche o dormir hasta las 10 de la mañana. Si su hijo se duerme a las siete de la noche y despierta a las seis y media de la mañana, o si no se duerme hasta las diez y media de la noche, pero despierta a las diez de la mañana, estará enojado con él. Tenga en cuenta que el pequeño sólo necesita cierta cantidad de sueño y que usted tendrá que tomar en consideración tanto el horario de él como el suyo propio. Casi ningún niño puede dormir quince horas. Si su hijo duerme de diez a doce por la noche, es bastante normal; son las expectativas de usted las que deben ser modificadas. No puede tenerlo todo, que el niño se duerma temprano y despierte tarde; lo que sí puede hacer, es ajustar el horario de su hijo para que se adapte más al suyo. Observe cuánto duerme y después ajuste su horario (véase capítulo IX), pero tendrá que hacer concesiones, o tenerlo levantado por la noche con usted o levantarse más temprano de lo que quisiera.

Este problema no es privativo de los niños pequeños. Greg, por ejemplo, tenía doce años y sus padres se quejaban de que no quería acostarse; les daba largas durante dos horas y éstos se enojaban mucho. Greg encontraba muchas excusas: que tenía sed, que tenía que ir al baño o que no estaba cansado;

esta última era bastante cercana a la realidad. Sus padres deseaban que se acostara a las ocho y que se levantara a las siete de la mañana, pero once horas de sueño eran mucho más de lo que el jovencito necesitaba dormir por la noche. No era lógico que se acostara a las ocho; una vez que sus padres aceptaron que lo hiciera a las 9:45, se acabó el problema y Greg conciliaba el sueño rápidamente.

Podría ser también que su hijo no pusiera obstáculos para dormirse pero que fuera difícil despertarlo por la mañana. Diez horas de sueño pueden parecer razonable, pero tal vez necesite doce; tiene que acostarse más temprano. No obstante, si se trata de un adolescente, habrá problemas. La mayoría no quiere ni pensar en acostarse a las 6 de la tarde o las 7 de la noche, por lo que su hijo tendrá que quedarse corto de sueño durante la semana y reponerse durante el fin de semana; se tienen que hacer concesiones, pero parece la única solución.

La tabla de la figura 1 es una guía de la cantidad de sueño que necesitan los niños y jóvenes según su edad, aunque todos son diferentes y no es fácil determinar cuánto necesita cada uno. En general se puede tener una idea más o menos precisa si se observan los patrones de sueño. Regístrelos durante una o dos semanas para ver cuánto duerme, sobre todo cuando no tiene que levantarse por la mañana, y si parece cansado o irritable durante el día; si necesita más o menos sueño del que se sugiere en la tabla, tendrá que ajustar sus expectativas en función de ello.

IX. SUEÑO NORMAL A LA HORA INADECUADA

Modificaciones en las fases de sueño

Ahora ya sabe usted que la capacidad de su hijo para conciliar el sueño y para estar despierto varía a lo largo del día. Este ritmo sigue muy sincronizado a los otros ritmos corporales, especialmente al ascenso y descenso de la temperatura. En el ritmo circadiano cotidiano hay periodos muy definidos de sueño y vigilia (véase capítulo II) que permiten a su hijo conciliar fácilmente el sueño y despertar de manera natural. Si usted trata de acostarlo en una fase de vigilia, observará que «no está dispuesto» a dormirse porque, sencillamente, no tiene sueño. Si trata de despertarlo en una fase de sueño, también observará que aparentemente «no está dispuesto», porque aún no está listo para despertar.

Lo mismo le sucede a usted. Digamos que en general duerme de las once y media de la noche a las siete y media de la mañana, que concilia el sueño fácilmente y que despierta sin despertador, sintiéndose descansado. La fase de sueño de su ciclo de sueño y vigilia sin duda transcurre entre esas horas. Ahora reflexione un momento qué pasaría si usted tratara de modificar la hora de dormir o la de despertar.

• *Si se acuesta temprano,* digamos a las ocho de la noche, antes de que se inicie su fase de sueño, *tendrá problemas para dormirse;* incluso si cabecea, no hay duda de que no dormirá toda la noche.

• *Si trata de despertarse temprano,* quizá a las cuatro de la mañana, antes de que se inicie su fase de vigilia, *tendrá mucho sueño* y le costará trabajo levantarse. Durante varias horas se sentirá mal, pero ya cerca de la hora en que normalmente despierta, empezará a sentirse dispuesto para enfrentar el día.

•*Si se acuesta tarde*, después que se haya iniciado su fase de sueño, probablemente a las dos de la mañana, rápidamente conciliará el sueño pero *despertará «temprano»*, es decir cerca de su hora normal de despertar, cuando se inicia su fase de vigilia. Así pues, dormirá menos de lo normal y se sentirá cansado durante el día.

•*Si trata de dormir hasta tarde*, ya durante su fase de vigilia, quizá hasta las diez de la mañana, *probablemente no lo logrará*. Cuando mucho, cabeceará a ratos durante las últimas horas.

Como recordará del capítulo II, nuestros ritmos cotidianos básicos tienden a un ciclo de veinticinco horas que nosotros ajustamos a veinticuatro mediante nuestra rutina. Por eso tenemos la tendencia a dormirnos un poco más tarde cada noche y levantarnos un poco más tarde cada mañana; ésa es la razón de que en las modificaciones a nuestros horarios que acabamos de describir sea más fácil acostarse y levantarse más tarde de lo normal que acostarse más temprano o levantarse más temprano.

En estos ejemplos se observa lo que pasa cuando usted trata de acostarse o levantarse en horas que no coinciden con el principio y el final de su fase de sueño. Lo mismo sucede con los niños; cuando su hora de acostarse o de despertar no coincide con sus ritmos de sueño y vigilia, tienen problemas para dormirse por la noche y para levantarse por la mañana; también, tal vez les resulte difícil mantenerse despiertos hasta la hora de acostarse por la noche y quizá despierten demasiado temprano por la mañana. Esto significa que la fase de sueño del ciclo de su hijo no está donde debería, se ha *desfasado*. Tal vez sea una fase de sueño *temprana* o una fase de sueño *tardía*.

Fase de sueño temprana

Su hijo presenta una fase de sueño temprana si en su día de 24 horas, su periodo normal de sueño, es decir, el tiempo que transcurre entre el momento en que concilia el sueño por la noche y el momento en que despierta por la mañana, se presenta más temprano de lo que usted quisiera (véaße figura IX).

Nina tenía ocho meses y sus padres estaban preocupados por sus hábitos de sueño. Se dormía a las cinco y media de la tarde, descansaba bien y despertaba a las cinco y media de la mañana. Sus siestas se iniciaban a las ocho y media de la mañana y a las doce y media de la tarde. Comía a las seis y a las once de la mañana y a las cuatro de la tarde. La principal preocupación de sus padres era la hora en que despertaba, pues querían que durmiera hasta las siete. No obstante, cuando trataban de mantenerla levantada hasta las siete de la noche, se ponía muy molesta y de todos modos despertaba a la hora acostumbrada.

Si bien Nina realizaba sus actividades temprano, dormía doce horas por la noche. La comida y la siesta de la mañana no provocaban su despertar. De hecho, su horario, sueño, vigilia y alimentación eran completamente normales, excepto que se había desfasado, de manera que todo ocurría más o menos una hora y media antes de lo deseado. La fase de sueño empezaba y terminaba noventa minutos antes de lo que la familia quería y lo que pretendían era demorarla esos noventa minutos.

Cómo ajustar una fase temprana de sueño
Si bien solamente lo que incomodaba a los padres de Nina era la hora en que despertaba, estuvieron de acuerdo en ajustar también las siestas y las comidas para que coincidieran con el horario de ellos. Les dije que tendríamos que proceder de manera gradual. Mantener despierta a la niña hasta más tarde una o dos noches no ayudaría, dado que la fase de sueño no podría adaptarse al nuevo horario. Además, no bastaba con modificar solamente la hora de acostarla, y no el resto de su horario cotidiano.

Cuando los padres de Nina comprendieron lo que estaba pasando, convinieron en modificar todo el horario poco a poco. La hora de acostarse, las comidas y las siestas tendrían que retrasarse diez minutos diarios. Después de nueve días, Nina se acostaría a las siete de la noche, dormiría la siesta a las diez y a las dos y comería a las siete y media, a las doce y media y las cinco y media de la tarde. El sistema funcionó

FIGURA 9
FASES DEL SUEÑO

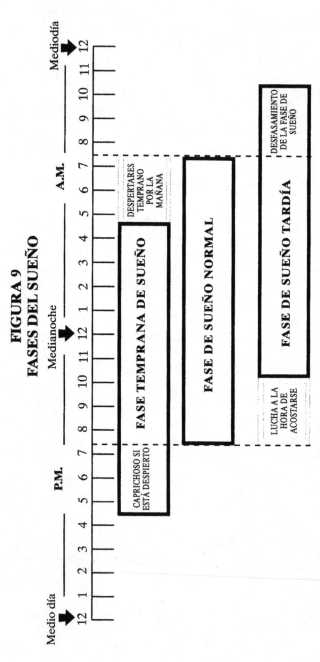

Esta tabla muestra en qué momento del día de un niño podría ubicarse la fase de sueño. Aquí suponemos que la fase normal va de las 7:30 p.m a las 7:30 a m. La fase de sueño temprana se presenta cuando hay un desfase hacia horas antes y la tardía ocurre cuando se desfasa hasta más tarde. Obviamente, la posición de la fase "normal" depende del horario específico solicitado por el niño y su familia. Para los niños un poco mayores, la duración de la fase normal será menor y se iniciará más tarde.

muy bien. Como sucede con frecuencia, la hora de despertar fue la más difícil de modificar, pero después de dos semanas y media también había mejorado. El horario completo de Nina era igual al de antes, pero en horas más adecuadas; el problema se resolvió y la fase de sueño de Nina ya no se presentaba temprano. La fase de sueño temprana es menos común que la tardía por nuestra tendencia natural a retrasar las fases, como se observa en la descripción del ciclo inherente de veinticinco horas (véase capítulo II), aunque se presenta con bastante frecuencia, especialmente en niños muy pequeños. Si bien es menos probable que los que ya caminan traten de conciliar el sueño más temprano de lo que usted cree que deberían, algunos lo hacen y, si se les permite con frecuencia, su fase de sueño podría desfasarse en ese sentido.

Si su hijo presenta una fase de sueño temprana, sería relativamente fácil reconocer el problema y corregirlo gradualmente. Recuerde que dicho cambio, así como la estabilización total de los ritmos del sueño, lleva cuando menos dos semanas, incluso si el cambio es de sólo una hora y media a dos. No olvide analizar todo el programa cotidiano de su hijo, no sólo la hora en que se acuesta; también será necesario cambiar el horario de comida y las siestas. Además, como los padres de Nina, tendrá que establecer un compromiso y decidir qué fase de sueño adoptará; tenga en cuenta que despertar tarde significa acostarse tarde. Si su hijo ya duerme lo necesario, es posible modificar el horario, pero no incrementar sustancialmente el número de horas.

Fase de sueño tardía
Si el periodo natural de sueño de su hijo se presenta más tarde de lo que usted quisiera en el día de veinticuatro horas, el niño presenta una fase de sueño tardía (véase figura 9). Este problema es muy común en niños de todas las edades.

Conocí a Matthew justo antes de que cumpliera un año. Sus padres decían que tenían problemas con él tanto a la hora de acostarlo, a las siete y media, como a media noche. A la hora de acostarlo procuraban arrullarlo para que conciliara el sueño, pero no parecía estar cansado. Se enojaba y lloraba, pero no se tranquilizaba. En general, sus padres acababan dándose por vencidos, lo dejaban jugar un rato y trataban de dormirlo más tarde. Casi todas las noches se dormía por fin hacia las diez. Descansaba bastante bien por la noche, sólo que despertaba una vez alrededor de las tres de la mañana. Aun cuando hubiera llorado, no parecía estar muy despierto, como a la hora de acostarse, y siempre era fácil volver a dormirlo. Por la mañana, como se había dormido tan tarde y sus padres sentían que debía recuperar el sueño, lo dejaban hasta que despertaba por sí solo, hacia las diez. Su madre decía que cuando lo despertaba temprano, por ejemplo a las siete, porque tenían que salir o por un viaje, a Matthew le costaba trabajo despertar y se mostraba caprichoso durante varias horas. El niño dormía dos siestas diarias, una a las doce, antes de la comida, y otra a las cuatro de la tarde. Su fase de sueño era tardía; transcurría entre las diez de la noche y las diez de la mañana, pero sus padres deseaban que se iniciara a las siete y media de la noche.

Vanessa tenía siete años. Si bien era seis años mayor que Matthew, presentaba básicamente el mismo problema. A pesar de que se comportaba bien durante el día, su hora de acostarse, las ocho y media de la noche, provocaba problemas graves y era bastante desagradable para toda la familia. Vanessa se resistía a las rutinas previas a la hora de ir a la cama y la tensión empezaba a crecer hacia las siete y media de la noche. Como muchos niños, tenía muy diferentes excusas para no acostarse, tenía sed, «me duele» el estómago (algunas veces «tanto» que hasta lloraba) y no estaba cansada. Con frecuencia decía que tenía miedo y quería mantener la luz encendida, las cortinas corridas y las puertas del armario cerradas; nunca se dormía antes de las once.

Sus padres estaban muy molestos, confusos y preocupados por su comportamiento y muchas veces intentaron mejorar las cosas. En un principio pensaban que eran «demasiado blandos», así que se negaron a cumplir con sus exigencias. Después trataron de castigarla eliminando privilegios y ocasionalmente dándole nalgadas, pero aparentemente las cosas empeoraron. Les preocupaba que Vanessa realmente sufriera de algún mal estomacal, aunque el médico les había asegurado que era una niña saludable y como los dolores de estómago sólo se presentaban a la hora de acostarla, no eran motivo de alarma; a pesar de ello, sus dudas persistían y seguían preocupándose por sus temores nocturnos. Hablaron largamente con ella respecto del problema y le preguntaron que si algo le molestaba, pero la niña aseguraba que no. Hablaron con sus maestros, pero todo en la vida de Vanessa parecía normal, excepto la hora de acostarla. En última instancia, aceptaron que no tenía problemas emocionales graves, pero seguían preocupados por lo que la mantenía despierta. Por la mañana siempre era difícil levantarla para ir a la escuela: estaba de mal humor, lenta aunque totalmente despierta y no tenía apetito para desayunar. A veces parecía tan cansada que le permitían quedarse en casa y faltar a clases.

Desde nuestra conversación inicial empecé a sospechar que su principal problema era una fase tardía de sueño, que su momento «natural» de conciliar el sueño y de despertar se presentaba demasiado tarde. Después de hablar con ellos un poco más, me convencí de ello, pues durante los fines de semana o las vacaciones Vanessa dormía hasta tarde, más o menos hasta las diez de la mañana, a menos que hubiera una actividad importante antes de esa hora. En esas ocasiones despertaba de buen humor y con apetito. También descubrí que siempre se acostaba entre las once y las doce de la noche, independientemente de la hora en que la mandaran a la cama. Sus padres no podían hacer nada para que se durmiera temprano; aunque estuvieran con ella, se quedaba levantada durante varias horas. Pero cuando tenía *que estar despierta hasta tarde*, quizá hasta las once y media de la noche, después de salir con la familia en una ocasión especial o durante las vacaciones, se *acostaba sin objeciones*, sin darle largas, sin dolores de estómago y sin sentir miedo. No había problema si se acostaba *lista para conciliar el sueño*.

Para Vanessa, y para otros niños como ella, tener que estar acostado sin poder dormirse durante varias horas es realmente desagradable. Se quedaba tendida ahí, vuelta y vuelta, *pensando*. Era difícil que no se presentaran fantasías que la asustaran, si estaba totalmente despierta, sola, en una habitación oscura, sin distracciones. No nos sorprende que se negara con tanta vehemencia a irse a la cama. Todas las noches se enfrentaba a un dilema o sufría sola en su cama o se levantaba y tenía que afrontar el enojo de sus padres.

Tanto Matthew como Vanessa tenían fases tardías de sueño y ambos presentaban los síntomas principales:

1. Luchas a la hora de acostarse o problemas para conciliar el sueño a la hora esperada, independientemente del ritual o del castigo.

2. Dificultades para despertar a una hora «normal».

3. Horas fijas para conciliar el sueño (pero tardías).

4. Sin luchas ni problemas para dormirse cuando la hora de acostarse estaba cerca de la hora normal para conciliar el sueño.

5. Dormir lo normal cuando se permite que el despertar por la mañana sea espontáneo.

Si el problema de su hijo es una fase de sueño tardía, no despertará por la noche. Matthew sí despertaba por la noche por el esfuerzo que hacían sus padres para mantenerlo despierto y porque sin advertirlo, le habían enseñado a relacionar los arrullos con la conciliación del sueño. En cierta forma, Vanessa era como un niño que pone a prueba sus límites o exageradamente temerosa, pero se demostró que dichos síntomas eran secundarios a su incapacidad para dormirse temprano, no la causa del problema.

Qué tan tarde se inicia la fase tardía del sueño
Los cambios en la fase tardía de sueño se presentan por diversas razones, pero el factor subyacente más común es la tendencia natural del ciclo de sueño a hacerse más tarde a menos que se mantenga bajo control mediante un programa regular y adecuado; por ejemplo, si su hijo no tiene un programa regular y se le permite estar levantado hasta tarde por la noche y dormir hasta tarde por la mañana, su ciclo gradualmente se modificará por sí mismo. Si en un momento dado sufre de temores temporales, experimenta alguna emoción fuerte o un viaje o una enfermedad interfieren con el hecho de que concilie el sueño, y al mismo tiempo se le

permite que se duerma tarde, su ciclo también podría modificarse. Así pues, incluso cuando las condiciones vuelvan a la normalidad, tendrá problemas para dormirse a la hora en que solía hacerlo.

También, ciertas personas parecen más propensas a desarrollar una fase tardía de sueño que otras. Como lo planteamos en el capítulo anterior, los llamados «búhos» prefieren estar levantados hasta tarde; se sienten con energías y productivos por la noche, pero tienen problemas para despertar por la mañana, independientemente del tiempo que hayan dormido. A la menor oportunidad permiten que su patrón de sueño y vigilia sea cada vez más tardío. Pero los «pájaros madrugadores», como recordará, no se sienten muy alerta por la noche, al contrario: despiertan temprano por la mañana llenos de energía. Hay menos probabilidades de que permitan que su fase de sueño se haga tardía, aunque estén de vacaciones.

No sabemos a qué edad se desarrollan estas diferencias en los niños o si llegarán a adultos con las mismas tendencias. Tampoco sabemos si estas diferencias son innatas o se deben sobre todo a influencias ambientales, por ejemplo a haber crecido en una granja o a que los padres trabajen en casa o sus horarios sean tardíos. Lo que sí sabemos es que muchos niños, bebés, niños en edad prescolar o escolar, y sin duda adolescentes, ya muestran una preferencia por levantarse temprano o por acostarse tarde.

De todas formas, los patrones familiares podrían ser importantes para determinar cómo se desarrolla una fase tardía. Si a usted le gusta dormirse tarde, le atrae la idea de que su hijo se duerma tarde y no se ve tentado a levantarlo temprano regularmente, la fase de sueño del niño empezará a modificarse; pero si usted despierta temprano, le gusta levantarse a estas horas y salir, y no está dispuesto a esperar a que su hijo despierte por sí solo, es menos probable que su fase de sueño se demore.

Quizá se pregunte cómo se modificó la fase de sueño de Vanessa cuando tenía que levantarse temprano cinco días a la semana; realmente fueron los fines de semana los causantes del problema. Dormir hasta tarde una o dos mañanas a la semana podría ser suficiente para que una fase de sueño se vuelva tardía o para impedir que se adelante. No es difícil imaginar cómo se sentía Vanessa. Muchos de nosotros nos acostamos tarde los viernes y los sábados, dormimos hasta tarde el sábado y el domingo, y nos percatamos de que nos cuesta trabajo dormirnos temprano la noche del domingo y levantarnos el lunes por la mañana.

Cómo solucionamos el problema

Una vez que usted se da cuenta de que el problema de su hijo se debe a una fase de sueño tardía, el tratamiento es relativamente sencillo. La manera más fácil de tratar una fase de sueño demorada es empezar con un programa que adapte su horario actual de conciliar el sueño y de despertar, y después adelantar gradualmente la fase de sueño acostándose y levantándose un poco antes cada día.

Si usted va a ajustar el programa de sueño de su hijo, permítale, por el momento, que se quede levantado más o menos hasta la hora en que normalmente concilia el sueño para asegurarse de que se dormirá fácilmente. De esta manera se eliminan las discusiones a la hora de acostarse. Así, estos momentos serán agradables y no habrá tensiones, discusiones, ansiedades ni frustraciones. Si su hijo ya tiene edad para entender, se sentirá aliviado de saber que no está enojado con él porque no se acuesta temprano, y que está de acuerdo también en que, cuando menos por el momento, puede quedarse levantado más tarde.

A continuación usted tendrá que decidir a qué hora quiere que su hijo se duerma. Si ni usted ni él tienen que levantarse muy temprano, entonces tendrá la posibilidad de elegir. Por ejemplo, a los padres de Matthew les dije que el niño tenía la capacidad para dormir más o menos doce horas, y que debía acostarse entre las siete y las diez de la noche, pero que ellos tenían que tomar la decisión. La familia de Vanessa tenía menos alternativas porque la niña tenía que levantarse para ir a la escuela.

Ahora ya puede empezar a ajustar el programa. Para adelantar la fase de sueño, debe empezar por la mañana. Es imposible *hacer* que un niño concilie el sueño, pero sí es posible despertarlo. Si su hijo no tiene que levantarse y salir de casa temprano porque aún no va a la escuela o a la guardería, o porque está de vacaciones, empiece con su hora natural de despertar; despiértelo unos quince minutos antes todos los días o cada tercer día. Por ejemplo, Matthew, que en general se despertaba a la diez, dos días lo hacía a las nueve cuarenta y cinco; dos a las nueve treinta, etc. Después de adelantar de treinta a sesenta minutos la hora inicial, de manera que su hijo pierda sólo un poco de sueño cada noche, podrá hacerlo acostarse también más temprano. Para Matthew, esto significaba acostarse a las nueve cuarenta y cinco, después a las nueve treinta, después a las nueve quince, etc. Una vez que logra despertar a la hora deseada, puede continuar adelantando la hora de acostarse porque empezó con los cambios de la mañana. En este momento también puede hacer otros pequeños ajustes a la hora de dormir y a las rutinas diarias para asegurarse de que los hábitos de sueño sean tanto satisfactorios como convenientes. Si su hijo come y duerme la siesta tarde, como en el caso de Matthew, también tendrá que modificar esos horarios gradualmente, conforme se adelanten la hora de dormir y de despertar.

Se dará cuenta de que cuando empiece a adelantarle la hora de despertar, su hijo estará un poco más cansado durante el día y presentará una tendencia natural a aumentar de quince a treinta minutos su siesta, pero no permita que esto suceda. Si ha estado durmiendo siestas de un hora y cuarto, mantenga ese programa de manera que necesite acostarse un poco antes por la noche.

Si, como Vanessa, su hijo ya se levanta temprano para ir a la escuela cinco días a la semana, tendrá que trabajar con el horario de acostarse. No podrá dejarlo dormir muy tarde ni tampoco despertarlo progresivamente más temprano; tendrá que empezar acostándose tarde, pero deberá despertarlo temprano, a la misma hora todos los días, incluyendo los fines de semana. Hicimos esto con Vanessa. Sé que al principio estaba cansada al final del día, pero como ya no dormía siesta, sería más fácil para ella conciliar el sueño más temprano una vez que empezara a adelantarse la hora de acostarse. Sugerí a sus padres que le permitieran hacerlo a las once durante dos semanas para que tuvieran la oportunidad de disfrutar unos minutos de tranquilidad a esta hora, experiencia que nunca habían tenido. Después, debería acostarse unos quince minutos antes durante la primera semana; no había prisa respecto de adelantar la hora de acostarla. Deseábamos evitar que la niña estuviera acostada, despierta, durante largo tiempo. Si la familia lograba que despertara a la misma hora, Vanessa gradualmente lograría irse a la cama más temprano. Nos llevó unos tres meses adelantar a las ocho y media la hora de acostarse, pero no fueron meses difíciles ya que se convirtió en un momento agradable. El principal problema para los padres era tener que levantarse temprano sábados y domingos, pero ambos estuvieron de acuerdo en que valía la pena, para que no se retrasara el tratamiento de Vanessa.

Usted se dará cuenta de que ya solucionó el problema de la fase tardía de sueño de su hijo cuando éste empiece a despertarse por sí solo a la hora adecuada por la mañana, especialmente durante la semana, cuando tiene que levantarse para ir a la escuela y no para ver caricaturas. Éste es el indicio más evidente de que su fase de sueño es adecuada en su día de veinticuatro horas.

En el caso de Matthew, adelantar la fase de sueño fue complicado por sus asociaciones con ser arrullado para conciliarlo, que también tenían que ser corregidas. Teníamos tres opciones: corregir la fase de sueño y la asociación al mismo tiempo; corregir primero la asociación y la fase de sueño después, o adelantar la fase de sueño y después dejar de arrullarlo; cualquiera funcionaría. Yo pensaba que como Matthew se acostaba con relativa facilidad a las diez de la noche y sólo tenía que ser arrullado una vez en el transcurso de ella, esta asociación podría romperse al cabo de unos cuantos días. Los padres siguieron acostándolo a las diez los tres días que llevó romper su asociación con los arrullos. Después empezaron a despertarlo por la mañana y acostarlo por la noche diez minutos más temprano cada tercer día. En menos de tres semanas, Matthew dormía bien y a la hora adecuada.

Nuevamente debemos subrayar la importancia de conocer exactamente la causa del mal dormir de su hijo antes de intentar corregir el problema. Con Vanessa, por ejemplo, la batalla diaria a la hora de acostarse sin duda hubiera empeorado si sencillamente la hubieran obligado a permanecer en la cama desde las ocho de la noche hasta que conciliara el sueño, y sus temores nocturnos y dolores se hubieran incrementado pero al permitirle empezar a acostarse tarde, las luchas nocturnas con sus padres terminaron y Vanessa conciliaba el sueño rápidamente. No hay duda de que no disfrutaba levantándose temprano los fines de semana, pero esa rutina desagradable fue mejorando progresivamente, conforme su fase de sueño se adelantaba; de todas maneras, no era nada comparada con las noches que habían tenido que soportar en el pasado. La niña cooperaba plenamente, y tanto ella como sus padres estaban encantados con los resultados.

Fase tardía de sueño en adolescentes
Con frecuencia, los adolescentes presentan problemas con fases tardías de sueño, las cuales son más difíciles de tratar. A menudo, los fines de semana se acuestan tarde y al día siguiente duermen hasta el mediodía o más tarde, de manera que sus ciclos de sueño cambian totalmente, por lo que, durante la semana, que es cuando necesitan estar más alerta, están faltos de sueño.

Arthur, estudiante de secundaria de quince años, durante años tuvo problemas para conciliar el sueño temprano y para levantarse para ir a la escuela, pero durante el verano anterior a que acudiera a mi consultorio la situación empeoró. Al empezar las clases, se acostaba a las once y media durante la semana, pero no podía conciliar el sueño hasta las cuatro o incluso las cinco de la mañana. Oía el radio y ocasionalmente se levantaba a comer algo. Huelga decir que le costaba mucho trabajo levantarse a las seis y media de la mañana para ir a la escuela, y de hecho muchos días faltaba.

Sus padres estaban muy enojados con él y todas las mañanas luchaban para despertarlo. Durante la semana, con frecuencia se quedaba viendo la televisión tarde y ni siquiera se preocupaba por meterse a la cama hasta las tres o cuatro de la mañana. Durante los fines de semana y cuando no iba a la escuela se dormía hasta mediodía o hasta la una de la tarde.

El problema de Arthur es un poco más complejo que el

que presentan niños pequeños con fases de sueño tardías porque es mucho más difícil que un padre tome el control del ciclo de sueño de un adolescente. Incluso si el joven se da cuenta de la importancia de tener hábitos de sueño regulares, quizá no esté dispuesto a ello. Las presiones de los amigos son muy fuertes a esa edad y a la mayor parte de los adolescentes les encanta quedarse levantados tarde viendo televisión, hablando por teléfono u oyendo música.

Arthur era un estudiante promedio. Si bien no le agradaba demasiado la escuela, sí tenía interés en graduarse. Estaba bastante molesto por sus problemas para conciliar el sueño por la noche y odiaba levantarse temprano por la mañana después de haber dormido sólo dos horas; se sentía cansado, apático y como en las nubes. En la escuela estaba tan cansado que le costaba trabajo concentrarse. Le dio mucho gusto saber que yo entendía que algo no funcionaba bien y que trataríamos de resolver sus problemas de sueño. Me otorgó su confianza cuando le expresé que estaba de su parte en cuanto al problema de levantarse por las mañanas, que me daba cuenta de que no nada más era «perezoso» y que estaba de acuerdo con que no *podía* conciliar el sueño temprano, cuando menos no por el momento.

Como Matthew y Vanessa, Arthur presentaba una fase tardía de sueño, pero ésta era *demasiado tardía,* con un retraso de cinco a seis horas. Su fase de sueño iba más o menos de las cuatro y media de la mañana a las doce y media de la tarde. Si bien en teoría Arthur hubiera podido modificar su fase de sueño levantándose temprano siete días a la semana y no durmiendo siesta, sé que en la práctica esos cambios de cinco a seis horas en un joven de quince años serían muy difíciles de lograr mediante ese método. Mientras modificaba su horario, hubiera dormido mucho menos de lo necesario y se sentiría cansado y sin motivación, de manera que ocasionalmente se hubiera dormido hasta tarde, especialmente durante los fines de semana. Si no podía mantener el horario establecido para levantarse todos los días, el tratamiento no hubiera funcionado.

Por eso Arthur necesitaba un enfoque ligeramente diferente. Primero, era muy importante que asumiera el control de la hora en que se acostaba y se levantaba. En particular, debía ser responsable de levantarse por la mañana y no asignarles esta tarea a sus padres; tenía que hacerlo por sí solo. Compró un radio reloj, lo puso en un estridente programa de comentarios que había todas las mañanas y colocó un segundo despertador de respaldo en su habitación, por si lo necesitaba. También dejó de oír el radio en la cama a la hora de dormir, aunque era mucho más agradable que estar acostado en silencio; pero si el programa es interesante se dificulta, más que facilitarse, la conciliación del sueño.

Para modificar la fase de sueño de Arthur de la manera más rápida y sencilla, tenía que acostarse más tarde cada noche. Sí, *más tarde*. En lugar de luchar para adelantar su fase de sueño, Arthur tenía que retrasarla un poco para dar la vuelta al reloj hasta la hora deseada; por ejemplo, acostarse a las once de la noche y despertar a las seis y media de la mañana. En ese momento, la hora de despertar sería la clave. Una vez que lograra dormirse a horas más normales, podría mantener su fase de sueño levantándose a la misma hora todas las mañanas, incluso si se había quedado levantado hasta tarde durante el fin de semana. Pienso que muy probablemente Arthur hubiera seguido con este plan si se le hubiera permitido quedarse levantado hasta tarde algunas noches, siempre y cuando se levantara a las seis y media, o a las siete y media a más tardar, durante los fines de semana; las ocasiones en que se acostara tarde no modificarían su fase de sueño. También estuvo de acuerdo en hacer una gráfica de sus hábitos de sueño para que él y yo pudiéramos seguir el curso de su tratamiento.

Arthur iba a acostarse y a levantarse tres horas *más tarde* cada día hasta que lograra llegar a la hora en que deseaba levantarse y acostarse (véase figura 10). Por ejemplo, la primera noche se acostaría a las siete de la mañana y se levantaría hacia las tres de la tarde. Al día siguiente tendría que acostarse a las diez de la mañana y levantarse a las seis de la tarde; tendría que seguir este patrón de modificaciones progresivas hasta que llegara a un horario adecuado. Si dormía de más mientras se hacían los cambios, se aceleraría el proceso; pero una vez que se acercara a la hora correcta, tendría que asegurarse de dormir cuando mucho hasta las seis treinta de la mañana.

Si su hijo adolescente presenta una fase de sueño tardía, usted se dará cuenta de que los ajustes son relativamente

FIGURA 10
EJEMPLO DE RUTINA PARA MODIFICAR UNA
FASE TARDÍA DE SUEÑO DANDO
VUELTA AL RELOJ

	Hora de acostarse	Hora de despertar
Fase de sueño ANTES de iniciar el programa	4:30 am	12:30 pm
Sábado	7:00 am	3:00 pm
Domingo	10:00 am	6:00 pm
Lunes	1:00 am	9:00 pm
Martes	4:00 am	Medianoche
Miércoles	7:00 am	3:00 am
Jueves	10:00 am	6:00 am
Viernes	11:00 am	6:30 am
Fase del sueño DESPUÉS de terminar el programa	11:00 am	6:30 am

fáciles de hacer, lo cual significa que durante el periodo de cambios su hijo conciliará el sueño rápidamente, dormirá suficiente todas las noches y no tendrá problemas para despertar. Por lo tanto, desaparecerán las sensaciones desagradables que había aprendido a relacionar con el hecho de estar acostado. Además, este programa sigue la misma dirección que la tendencia natural de los ritmos circadianos, es decir, un poco más tarde cada día. Al cabo de una semana, podrá acostarse y levantarse a la hora deseada. Después, siempre que siga despertando todas las mañanas a la misma hora, su ciclo de sueño seguirá siendo regular y se estabilizará progresivamente. Mientras lleva a cabo estos cambios, tendrá que dejar de ir a la escuela uno o dos días, pero las ausencias se mantendrán al mínimo iniciando el programa en las primeras horas de la mañana del sábado, de tal manera que dormirá toda la mañana del sábado, del domingo y del lunes, pero hacia el martes o miércoles no se dormirá hasta haber regresado de la escuela (véase figura 10), y una vez que se ajuste su patrón de sueño, su asistencia será incluso más constante que antes.

Pero si la fase de sueño de su hijo adolescente sólo tiene de una y media a tres horas de retraso, es más sensato empezar a corregirla a partir de la hora de acostarse, adelantándola progresivamente mientras se levanta a la hora acostumbrada por las mañanas y no duerme siesta. Pero esto no puede hacerlo usted por él; puede explicarle «el porqué» y «el cómo», pero es él quien debe tener el deseo de cambiar las cosas y *quien* debe estar dispuesto a levantarse solo todas las mañanas.

Fase de sueño tardía "deseada"

Hay otra fase de sueño tardía que se observa sobre todo entre los adolescentes. Algunos realmente desean una fase de sueño tardía, si bien no están dispuestos a admitirlo. Es importante que usted pueda reconocer el problema porque no mejorará aun cuando se intenten los cambios de horario descritos antes.

Susan tenía catorce años y, como Arthur, presentaba una fase de sueño muy tardía, aunque con varias diferencias importantes. En lugar de que su problema empeorara en verano, mejoraba. De hecho, durante el verano dormía de la una de la mañana a las nueve; pero durante el año escolar, en general conciliaba el sueño a las cinco y despertaba al mediodía. La escuela le daba un trato especial y le permitía entrar a las doce y media y asistir durante mediodía. Pero al poco tiempo, Susan no podía dormirse hasta las siete de la mañana y despertaba hacia media tarde. Cuando la conocí, ya había perdido gran parte del primer semestre. Sus padres intentaban levantarla por la mañana, pero tenían que irse a trabajar y en general la chica volvía a acostarse apenas se iban. Aunque el problema se había agravado al empezar la secundaria, ella siempre había luchado contra la escuela y faltaba con frecuencia. La situación en su familia era tensa, infeliz y no la apoyaban, y nunca había resuelto su problema. Estaba deprimida, carecía de amigos cercanos y odiaba la escuela. Como no podía conciliar el sueño hasta la mañana y no despertaba hasta la tarde, perdía gran parte de las clases y tenía pocas oportunidades de convivir con jóvenes de su edad, pero eso era exactamente lo que quería. Susan permitió que su fase de sueño se modificara porque le daba una excusa para quedarse en casa, faltar a clases y no convivir con sus compañeros. Convenció a su familia y a ella misma de que «deseaba» un horario de sueño más normal pero sencillamente «no podía». Esto era en parte cierto. Una vez que su fase de sueño se modificó, ya no *pudo* conciliar el sueño temprano, pero *tampoco lo deseaba.*

Ajustar la fase de sueño de Susan, adelantándola gradualmente o demorándola progresivamente, no funcionaría, pues ella no quería cooperar. Intentamos demorarla progresivamente para estar seguros, pero la joven no cumplía con el programa. Si bien antes se había quejado de no poder conciliar el sueño antes de las siete de la mañana, ahora decía que era «incapaz» de estar levantada más tarde de esa hora, pero en realidad nunca lo intentó. Por el contrario, antes de que dieran las siete de la mañana, se metía a la cama y apagaba las luces.

Susan estaba deprimida y sola, y su autoestima era baja. Pero lo que más odiaba era ir a la escuela. Si no hubiera tenido que hacerlo, su problema se habría corregido en gran medida por sí solo.

Para Susan y otros jóvenes como ella, no hay un tratamiento directo del «problema del sueño» porque el sueño no es realmente el problema. La fase de sueño tardío es sólo un síntoma de algún problema emocional y el tratamiento adecuado es la psicoterapia. En situaciones como ésta, siempre recomiendo evaluación y terapia psicológica. Con frecuencia la terapia familiar es el mejor enfoque, pues en general los problemas son de largo plazo y están íntimamente vinculados con la relación del joven con los otros miembros de la familia. Algunas veces, un adolescente puede incluso llegar a sentir la obligación de quedarse en casa durante el día para atender a uno de sus padres que esté deprimido y solo, en cuyo caso el padre, en realidad, anima sutilmente a su hijo a mantener una fase de sueño tardío. Como ninguno de los dos desea que las cosas cambien, la recomendación de que acudan a terapia con frecuencia cae en el vacío.

Si la familia oye el consejo y se somete a terapia, el problema se resuelve por sí solo, sin necesidad de cambios demasiado estructurados; de lo contrario, los ajustes necesarios podrán hacerse más tarde.

En un principio, Susan y sus padres se mostraron renuentes a buscar cualquier forma de ayuda, pero después de unos meses finalmente accedieron. Primero les costó trabajo discutir el asunto abiertamente, pero poco a poco empezaron a entender muchos de los problemas cuya existencia habían negado antes. Si bien aún faltan por aclarar muchas cuestiones, la familia ha adelantado mucho. A Susan todavía no le gusta la escuela, pero ya asiste regularmente; no es muy comunicativa, pero se esfuerza por hacer amigos y es obvio que está más contenta. Las relaciones familiares han mejorado, y si bien aún tiende a quedarse levantada más o menos hasta la una de la mañana, su fase de sueño es más normal que antes. Si tanto Susan como su familia siguen aprovechando la ayuda que se les brinda para resolver sus problemas, confío en que seguirán mejorando.

PARTE 4

INTERRUPCIONES DEL SUEÑO

X. HABLAR, CAMINAR, AZOTARSE Y SENTIR TERROR DURANTE EL SUEÑO: GAMA DE DESPERTARES PARCIALES REPENTINOS

A los dieciocho meses, Lisa era una bebé feliz, pero todas las noches, unas cuantas horas después de haber conciliado el sueño, despertaba llorando y moviéndose en su cuna y no era fácil consolarla. Eldridge, a los dos años y medio de edad, se despertaba dos o tres horas después de haberse dormido; se azotaba y gritaba de manera extraña durante quince a veinte minutos. Marcy, de cuatro años, con frecuencia gemía y balbuceaba frases difíciles de entender y se movía inquieta en la cama durante varios minutos unas dos horas después de haber conciliado el sueño, pero siempre volvía a dormirse por sí sola. A los seis años, Christopher empezó a caminar durante el sueño, tranquilo y calmado, sin expresión en el rostro. A los ocho años, en la noche, se sentaba, gritaba y parecía asustado. Shannon, de doce años, saltaba de la cama y corría por su habitación o se azotaba contra el suelo desesperada casi todas las noches. David, de diecisiete años, repentinamente saltaba de la cama después de haber dormido dos o tres horas; corría alocadamente y en apariencia aterrado, y realmente llegaba a lastimarse.

Quizá usted se pregunte qué tienen en común todos ellos: un bebé que despierta llorando, una niñita que despierta y se azota de manera extraña, una niña de pocos años que habla en sueños, un niño un poco mayor que camina dormido y despierta aparentemente asustado como de una pesadilla, un preadolescente que corre o se azota frenéticamente por la noche y un joven que corre aterrado y a veces se lastima. A pesar de las diferencias, todos ellos presentan un problema de sueño similar: un despertar incompleto de un sueño profundo, sin sueños. Las características específicas y el significado de estos despertares dependen de la edad del niño y de ciertos factores psicológicos y emocionales. Si hablar en sueños es tan común que difícilmente llega a considerarse como «anormal» o como «un problema del sueño», el sonambulismo (caminar dormido) ha sido siempre uno de los trastornos del sueño más curiosos, mejor conocidos, que preocupa a los padres y fascina a los especialistas y a los poetas. Quizá los terrores del sueño sean el trastorno más dramático de todos los desórdenes del sueño. No hay duda de que es el más aterrador, cuando menos para los miembros de la familia que lo observan. No obstante, gran parte de la gente sabe poco acerca de él y no se da cuenta de que muchos niños lo sufren. Menos intensos, pero más largos, son los periodos de azotes con confusión, igualmente aterradores para los padres, si no es que más. Con frecuencia, médicos y padres malinterpretan estos episodios y los califican de pesadillas, de las cuales el niño debe ser despertado, o como crisis epilépticas, que exigen un tratamiento médico.

Qué pasa durante estos despertares parciales
Como mencionamos en el capítulo II, el inicio del sueño va seguido de un descenso rápido a la Etapa IV, que es la de sueño no *MOR* más profundo. En este estado, el sistema parece estar en «piloto automático»; el ritmo cardiaco y el respiratorio, así como otras funciones, se encuentran estables. Al finalizar este primer ciclo de sueño, en general al cabo de sesenta a noventa minutos después de dormirse, se presenta un breve despertar y la transición a una etapa de sueño más ligero y quizá incluso una breve vigilia. En los niños, ésta va seguida en general de otro descenso relativamente rápido a la Etapa IV de sueño, para el segundo ciclo, si bien en esta etapa los adultos podrían tener sueños breves no descritos. El segundo ciclo de sueño termina de manera similar al primero, y gran parte de lo que queda de la noche se alterna entre un sueño ligero no *MOR* y el sueño *MOR*. Justo antes del amanecer, los niños vuelven nuevamente a la Etapa III o a la IV, antes de despertar, pero no tan profunda como la IV que aparece a principios de la noche. Los periodos *MOR* que se presentan hacia la mañana tienden a ser más largos, más intensos, y a estar relacionados con

sueños interesantes y emocionantes, en ocasiones incluso alarmantes (verdaderas pesadillas, véase capítulo XI).

Sabemos que los episodios descritos en este capítulo no pueden presentarse durante la etapa en que se sueña, dada la casi parálisis que ocurre durante el sueño *MOR* que impide que actuemos nuestros sueños. Usted no puede sentarse, no puede agitarse, no puede caminar, no puede gritar, no puede correr; pero durante el sueño no *MOR*, sí puede moverse y en general lo hace, cuando menos durante la transición entre ciclos de sueño. En general, estos movimientos son ligeros y breves pero aunque no lo fueran, básicamente sucede lo mismo. En realidad, se dará cuenta de que incluso el hecho de azotarse, caminar dormido o gritar se parece mucho al comportamiento tranquilo que se presenta normalmente al final de un periodo de sueño profundo, aunque quizá dichos movimientos sean más repentinos, intensos, complejos, duraderos y dramáticos.

Los eventos que estoy describiendo ocurren con mayor frecuencia de una a cuatro horas después de conciliar el sueño, al final del primero o segundo ciclo de sueño durante un despertar parcial de la Etapa IV del sueño no *MOR*. El final de uno de estos periodos en general se presenta de repente. Incluso cuando observamos a un niño en el laboratorio, no percibimos nada que nos indique que va a ocurrir un cambio de estado. De repente y sin aviso, el niño se mueve. Se vuelve en la cama y con frecuencia abre y cierra los ojos rápidamente antes de volver a caer en un sueño profundo e iniciar el siguiente ciclo. Estos despertares son sólo parciales; no se presentan despertares totales. Las ondas cerebrales muestran una mezcla de patrones, incluyendo el sueño profundo, que se observan durante las transiciones hacia el despertar, e incluso algunos de los estados de somnolencia y de vigilia.

En ocasiones, sin embargo, quizá su hijo no haga rápidamente esa transición, sino que quizá gima, hable de manera incomprensible (en estos casos, no durante los sueños, es cuando con mayor frecuencia se habla dormido) y se mueva inquieto durante varios minutos, como sucedía con Marcy todas las noches. Podía levantar la cabeza, rechinar los dientes e incluso sentarse unos momentos y mirar en torno a ella de manera confusa antes de volver a dormirse.

Lo que vemos es aparentemente el funcionamiento simultáneo de los dos sistemas de vigilia y sueño profundo del niño. En apariencia, ambos procesos entran en acción juntos y, de hecho, su niño da muestras de estar despierto y *dormido*. Quizá parezca estar «despierto» porque tiene los ojos abiertos, habla y se mueve, pero no logra llevar a cabo acciones complejas que exigen niveles de funcionamiento mental más alto, como leer, o hasta recordar. Podría comportarse de manera extraña y parecer afligido, confundido y desorientado; tal vez no lo reconozca, o no reconozca su ambiente.

Si su despertar es un poco más intenso (véase figura 11), el niño podría intentar bajarse de la cama algo confundido, como si buscara algo, o hasta levantarse y caminar en torno a ella. Si bien tiene los ojos abiertos y sabe cómo moverse por la habitación o la casa, no está consciente de lo que sucede en torno a él, y aunque probablemente parezca no reconocerlo, de todas maneras se dirigirá hacia donde usted se encuentra. Después, quizá se detenga y sencillamente mire, pero «a través de usted», no «a usted». Especialmente si ya camina, parecerá que busca algo y murmurará frases difíciles de comprender. Podría bajar las escaleras e incluso intentar salir de la casa. Si está muy tranquilo, puede responder a preguntas sencillas («¿Estás bien?») con una sola palabra («Sí»). Si le dice que vuelva a la cama, probablemente lo haga o se deje guiar hacia ella, quizá deteniéndose en el baño a orinar. Algunas veces, a causa de la confusión, un niño (con menos frecuencia una niña) podría orinar en un lugar inadecuado, y no en el piso, sino en una bota, un basurero o incluso en el armario. Cuando regresan a la cama, en general los niños pequeños vuelven a dormirse sin haber despertado totalmente. Los niños mayores y los adolescentes podrían despertar brevemente y sentirse confusos al percatarse de que están en un lugar inesperado y que alguien los observa, pero en general también vuelven a conciliar el sueño rápidamente.

Si el despertar parcial de su hijo es más pronunciado, quizá siga caminando en sueños, pero ya no tranquilo y en silencio; podría saltar de la cama y caminar apresuradamente por la habitación o la casa, muy agitado, así como parecer alterado, confuso y desorientado. Quizá camine a lo largo del muro hacia la puerta de su habitación o grite frases enojadas como «¡Salga de aquí!».Tal vez parezca frenético, pero aunque así sea, no está realmente asustado. En su estado de agitación probablemente no responda a sus preguntas ni lo reconozca, y si trata de detenerlo, sólo se alterará más y lo empujará. No puede despertarlo, pero después de uno a cuarenta minutos (en general de cinco a veinte) se tranquiliza, despierta brevemente y vuelve a la cama; podría recordar poco o nada de lo que sucedió y no describe ningún sueño.

Los bebés y los niños muy pequeños probablemente no muestren el mismo tipo de sonambulismo agitado, pero algunos de sus despertares más intensos incluso pueden parecer extraños y ser bastante aterradores para los padres. Los niños pequeños despiertan gimiendo prolongadamente y después empiezan a llorar, sollozar o incluso a gritar. Podrían azotarse violentamente en la cama con los ojos abiertos y mostrar una expresión peculiar en el rostro. Sudan profusamente y se observa que el corazón les late con fuerza. Quizá siga gimiendo, llorando y azotándose por unos cuarenta minutos, y en casos raros hasta por una hora. Esta agitación puede parecer muy extraña, diferente a todo lo que usted ha visto cuando su hijo está despierto y al comportamiento que esperaría de él cuando despierta por la noche. Se podría suponer que está teniendo (o que tuvo) una pesadilla, pero no se calma cuando usted entra a su habitación, e incluso podría parecer que no se percata de su presencia. No se tranquiliza cuando trata de abrazarlo y en lugar de colgarse de usted, quizá hasta lo empuje. Si trata de despertarlo sacudiéndolo o poniéndole agua fría en la cara, la agitación podría incrementarse. Algunos padres se asustan tanto que corren con su hijo al hospital, sólo para darse cuenta de que el episodio termina antes de llegar allá.

Estos episodios se conocen generalmente como «terrores nocturnos» o «terrores del sueño», pero estas expresiones son engañosas, dado que el niño no parece estar «aterrado»; ni siquiera parece sentir dolor; se muestra agitado, confundido y perturbado. Muchos padres dicen que durante estos episodios, por la extraña expresión del rostro, la violencia y

FIGURA 11
Espectro de comportamiento en niños al final de un periodo de la Etapa IV de sueño.
EN ORDEN DE INTENSIDAD CRECIENTE

Terminación normal de la Etapa IV (movimientos corporales breves, quizá abrir los ojos, balbucear, masticar).

Hablar dormido.

(Enuresis)*.

Sentarse tranquilamente en la cama, mirar en torno, sin expresión en el rostro.

Sonambulismo tranquilo (aparentemente con un objetivo; el niño parece buscar algo y/o dirigirse hacia sus padres o la luz; parece querer satisfacer una necesidad, como hambre o deseos de orinar; es común que orine en lugares inadecuados, por ejemplo en el armario o en un zapato).

Sonambulismo agitado (tratar de salir de la habitación; posiblemente «alejarse de algo»).

Periodos largos de azotes con confusión (azotes, balbuceos, gritos, patadas, aullidos prolongados; el niño actúa de manera extraña o parece «poseído»).

Terror del sueño (gritos aterradores, ojos muy abiertos, corazón agitado, sudoración profusa).

Terror del sueño en pleno (gritos con mirada de terror y pánico, saltar de la cama, correr alocadamente como «alejándose de algo», probabilidad de sufrir heridas accidentales).

No está claro si la enuresis debe formar parte de este espectro, ni siquiera si se le debe tomar en consideración al respecto (ver Capítulo 12).

la falta de respuesta cuando tratan de ayudarlos, sus hijos parecen «poseídos». Después de unos diez a cuarenta minutos, el niño se estira, bosteza y vuelve a acostarse. Si está sentado, permite que usted lo acueste y lo acomode de nuevo en la cama. Si despierta totalmente, estará tranquilo y lo único que deseará será volver a dormirse. Sólo si usted insiste en mantenerlo despierto, quizá para asegurarse de que está bien, aguantará uno o dos minutos. En ese momento o por la mañana, no recordará el episodio ni tampoco haber soñado. Su hijo está bien, aunque usted aún sigue preocupado.

En los bebés de más o menos seis meses, se presentan despertares parciales similares con periodos largos de llanto e incapacidad para calmarse. Estos episodios no parecen tan extraños porque hay menos violencia en los movimientos y porque tendemos a pensar que los bebés tienen ciertos periodos de llanto incontrolable. Muchos padres que los presencian sencillamente suponen que su hijo tuvo una pesadilla. Es muy fácil equivocarse, especialmente porque el niño es muy pequeño como para negarlo, pero es importante reconocer estos «despertares» en bebés y niños pequeños porque son diferentes de los analizados en los capítulos V a IX. No tienen nada que ver con los hábitos, las asociaciones o los límites, y el tratamiento para ellos es muy diferente. No obstante, sería importante tomar en cuenta los horarios de sueño.

En algunos niños observamos despertares intensos, que quizá merezcan el apelativo de «terrores del sueño». Se presentan con mayor frecuencia en adolescentes, si bien los preadolescentes podrían mostrar patrones mixtos, se azotan violentamente durante largo tiempo, gritan y parecen estar aterrados. Físicamente el terror del sueño se inicia de repente, el niño deja escapar un grito «que hiela la sangre» y se sienta erguido en la cama. Parece aterrado, se le saltan los ojos, suda y su pulso se acelera. Quizá grite frases que sugieren temor a un ataque o trampa: «me va a atrapar» o «se va a caer el techo». En general, estos episodios son más cortos que los azotes de los niños pequeños y con frecuencia duran de uno a cinco minutos. A continuación, su hijo despierta unos momentos y vuelve a conciliar el sueño con rapidez. Es muy común que al despertar totalmente no recuerde nada atemorizante, si bien a veces tiene un vago «recuerdo» de algo que parece tener relación con las frases que balbuceó durante el episodio. Así pues, quizá su hijo diga que «algo iba a atraparle». No obstante, no puede hacer la descripción detallada que haría si hubiera soñado. Durante los episodios más intensos, podría saltar de la cama y empezar a correr violentamente. Actuará como si tratara de escapar de algo o alguien y se vería realmente aterrado. Quizá golpee los muebles o incluso a las personas, rompa lámparas o ventanas y caiga y se lastime. La mayor parte del evento podría terminar en menos de un minuto, aunque el niño quedaría confundido varios minutos más.

El significado de estos despertares a diferentes edades
Todos estos eventos se presentan durante un despertar parcial de sueño no *MOR*. Los más intensos o duraderos casi sin duda se derivan de la Etapa IV. Hasta los cinco o seis años, la mayor parte de los episodios tienen relación con el «desarrollo». Esto significa que, en general, no son provocados por problemas emocionales o físicos, sino que son sólo un reflejo de la maduración normal de las etapas del sueño de su hijo. Como la Etapa IV del sueño no *MOR* es muy profunda en los niños pequeños, más profunda que en niños de mayor edad y aún más profunda que en los adultos, es probable que ciertos estímulos que provocan el despertar hacia el final del primero o el segundo ciclo del sueño con frecuencia no bastan para romper totalmente el estado de sueño profundo en que se encuentran, y por consiguiente el niño queda en un estado mixto, medio despierto y medio dormido. Los estímulos mismos son probablemente los mecanismos inherentes normales que controlan el final de un periodo de la Etapa IV de sueño y el principio del siguiente ciclo. Éstos forman parte de los ritmos biológicos controlados por un «reloj interno». En ocasiones, los estímulos son externos; por ejemplo, un episodio podría iniciarse cuando usted hace ruido subiendo las escaleras o cuando cubre al niño con un cobertor. Es más probable que se presenten si usted interrumpe a su hijo cuando, de todas formas, un periodo de la Etapa IV del sueño está a punto de terminar. Tocar un timbre muy fuerte una hora después que se durmió, quizá provoque un terror del sueño en un niño

susceptible. De manera similar, muchos niños, incluso aquellos que antes no caminaban dormidos, podrían hacerlo sencillamente porque se les levanta en ese momento y se les pone de pie.

Por lo tanto, antes de los cinco o seis años, la mayor parte de estos episodios tienen poca importancia, física o emocional. No obstante, cuando se inician hacia la mitad de la infancia o en la adolescencia, o siguen presentándose a esa edad, quizá muestren otras características, tengan un significado diferente y sean provocados por otras causas. El sonambulismo podría parecer el mismo en cualquier edad, pero los niños mayores se muestran más agitados. Los periodos largos de violencia se vuelven poco comunes conforme avanza la edad, pero en los niños mayores los terrores del sueño son más claramente definidos; también, estos eventos quizá ya no se consideren sencillamente como parte del «desarrollo», dado que a esa edad ciertos factores emocionales subyacentes podrían ser pertinentes, especialmente si los despertares se dan con frecuencia. Antes de que analicemos estos asuntos más profundamente, sería útil que usted conociera las bases de este estado de vigilia parcial.

Más respecto de los «despertares parciales»
de un sueño profundo
La Etapa IV es un estado en cierta forma paradójico. En apariencia, es el más alejado de la vigilia. Las personas que son despertadas en la Etapa IV del sueño informan que no estaban soñando y tienen vagos recuerdos, o ninguno, de algún pensamiento que tuviera lugar en ese momento. En general es un estado del que es difícil despertar, incluso con expresiones («¡fuego!») o ruidos (llanto, choque) significativos. Tratar de despertar a un niño en la Etapa IV puede ser casi imposible, incluso con impulsos vigorosos. Como dijimos en el capítulo II, si un niño se duerme profundamente en el auto o en casa de un vecino, con frecuencia es posible trasladarlo a casa, desvestirlo y acostarlo sin que despierte totalmente y que no recuerde que lo movieron.

Por difícil que parezca despertar totalmente a alguien que esté en la Etapa IV, ya aprendimos que en general dicho periodo termina repentinamente, aunque no conduzca de inmediato a un despertar total. De cualquier modo, la transición total de esta etapa al despertar lleva tiempo, sobre todo en los niños. Lo que sí sucede de inmediato y con mayor facilidad es un cambio de la Etapa IV al inicio de la transición hacia el despertar, es decir, hacia un estado de despertar parcial. Éste es un estado intermedio entre el sueño y el despertar y presenta algunas de las características del despertar total y otras del sueño profundo.

Muy frecuentemente, esta transición es breve. Su hijo despierta ligeramente, se mueve, jala el cobertor y vuelve a dormirse sin haberse dado plena cuenta de que despertó, pero a veces no todo es tan sencillo. Su hijo podría hacerlo parcialmente, hablar, azotarse, gritar o correr. De ser así, quizá usted desee saber qué siente en ese momento.

Qué se siente durante un despertar parcial
Imagínese que una hora después de conciliar el sueño, suena una alarma, un disparo o un grito aterrador; usted «despierta» de inmediato, pero su cabeza aún está llena de «telarañas» y le cuesta trabajo darse cuenta de lo que sucedió. Si despierta y está sonando la alarma de incendio, notará que su pulso se acelera, que está asustado y sabe que tiene que hacer algo. Pero también se da cuenta de que le lleva varios segundos (o más) tener la mente lo suficientemente clara como para actuar adecuadamente. Ese lapso de unos cuantos segundos durante el cual se siente asustado pero como entre nubes y no bien despierto, es una *aproximación* de lo que los niños experimentan durante los terrores del sueño.

Si usted tiene que levantarse dos horas después de haberse dormido para darle un medicamento a su hijo, el despertador quizá lo «despierta», usted se levanta tranquilamente y se dirige hacia el baño; pero en lugar de tomar la medicina, utiliza el baño y vuelve a su habitación. Quizá sienta que tenía que haber hecho otra cosa pero está confundido; se detiene, mira alrededor con expresión vacía en el rostro, pero sigue sin estar seguro de lo que busca, adónde tenía que ir o incluso por qué está levantado. Finalmente despierta un poco más y recuerda la medicina; pero lo que hizo antes, desde el momento en que apagó el despertador hasta que por fin puede pensar claramente, es quizá una aproximación de lo que el niño experimenta cuando camina en sueños.

Aun si su mente no está muy clara durante estos despertares parciales, usted está más cerca de un despertar total que su hijo cuando camina dormido o pasa por un terror del sueño. En su mente se forman recuerdos y su comportamiento, aunque quizá sea cómico, es poco probable que sea extraño. Esto se debe a que su Etapa IV del sueño es más ligera que la de su hijo; no obstante, si usted se duerme drogado con píldoras para dormir o alcoholizado, entonces será más difícil su despertar, y lo que hizo «despierto» podría asemejarse más a los episodios de sonambulismo o de terrores del sueño de su hijo, de manera que volvería a dormirse sin muchos recuerdos del despertar.

Ahora podemos volver al tema que nos ocupaba y hablar con más detalle de las diferentes características, significado y causas de estos eventos a diferentes edades. Si durante la noche su hijo muestra un comportamiento similar a los que he descrito, ahora será más fácil comprenderlos y usted aprenderá a tratarlos.

Despertares parciales en niños pequeños

Analicemos más de cerca a dos de los niños que mencioné al principio del capítulo. A pesar de que se va a la cama con facilidad, Lisa, de un año y medio de edad, despierta varias horas después de haberse dormido, en general cerca de la hora en que sus padres se acuestan. Si bien generalmente parece contenta durante el día y se levanta de buen humor por la mañana, en los despertares nocturnos llora y se azota en su cuna. Su madre o su padre acuden y la toman en brazos, pero no parece tranquilizarse; por el contrario, se incrementa su agitación, arquea la espalda, patea y no hay manera de calmarla. En ocasiones sus padres observaron que aparentemente el corazón le latía con rapidez, la niña sudaba y tenía los ojos completamente abiertos, pero parecía más bien incómoda o frustrada, no realmente asustada o presa del pánico. Normalmente la paseaban, hablaban con ella o la sacudían para tratar de despertarla, y en alguna ocasión incluso le pusieron compresas frías y hasta le gritaron. Independientemente de lo que hicieran, en general pasaban de diez a quince minutos antes de que se calmara. A veces los episodios duraban de veinte a treinta minutos. A la larga, Lisa se tranquilizaba, se estiraba y bostezaba; en esos momentos sus padres se daban cuenta de que podían llevarla a un estado más normal y sentirse seguros de que realmente se encontraba bien. No obstante, después de esto percibían que les costaba un poco de trabajo volver a acostarla y que se mostraba renuente a dormirse durante cierto tiempo. Una vez dormida, en general no despertaba hasta la mañana siguiente. Estos episodios se presentaban cuatro o cinco veces a la semana.

Los padres de Lisa estaban preocupados. Querían ayudarla, pero lo que hacían solamente empeoraba las cosas. Ellos, como la mayor parte de los padres, sentían un deseo intenso de «hacer algo». Sin embargo, la mejor respuesta hubiera sido no hacer nada. Estaban interesados por saber que Lisa no lloraba a causa de una pesadilla, dado que el llanto se presenta *después* de la pesadilla, no durante ésta (véase capítulo XI). La niña tampoco lloraba porque despertaba después de una pesadilla; de hecho, no estaba despierta, tampoco asustada, ni sufría algún dolor. Sus padres llegaron a percatarse de que si hubiera estado despierta y asustada o incómoda, hubiera aceptado que la tomaran en brazos y la tranquilizaran. Lisa presentaba despertares parciales de un sueño profundo y en esos momentos era poco lo que sus padres podían hacer; en realidad, no era necesario hacer nada, dado que nada preocupante le sucedía.

Cuando los padres de Lisa comprendieron esto, pudieron observar los episodios de llanto sin interferir y sin sentirse culpables. Les dije que entraran a la habitación, se acercaran a la niña sólo si ella deseaba que la tomaran en brazos y si no, que se limitaran a observar, debían «mantener su distancia». Una vez que Lisa dejaba de llorar, podían ayudarla a acostarse de nuevo y cubrirla, pero eso era todo. No debían despertarla totalmente. No había necesidad de investigar si estaba bien, porque de hecho estaba bien.

Casi de inmediato los padres de Lisa observaron dos mejoras. Si bien los «despertares» continuaron, eran más cortos porque sencillamente dejaban que siguieran su curso sin intervenir, mientras que la intervención en realidad parecía alargar el episodio. Segundo, una vez que el episodio terminaba, Lisa se dormía de inmediato. Esto era de esperar, pero, en el pasado, ellos habían insistido en despertarla una vez terminado el evento. Se despertaba tan totalmente y era el centro de tanta atención, que no podía o no deseaba dormirse de inmediato. Pronto los despertares dejaron de ser un problema. Como en general los padres no se acostaban hasta que pasaba el episodio, su sueño tampoco se interrumpía. A la larga, la mayor parte de estos «despertares» llegaron a ser bastante ligeros, con sólo unos cuantos gemidos y movimientos, y los padres de Lisa ni siquiera consideraban necesario entrar a la habitación de la niña.

Eldridge, de casi tres años, había estado despertándose con frecuencia por la noche durante el último año. Si bien se acostaba más o menos a las siete y media, siempre había un periodo en que trataba de dar largas y en general no se dormía antes de las nueve de la noche. Al cabo de dos o tres horas, se oía que gemía y se movía. Pronto empezaba a gritar, llorar, suspirar y sudar profusamente. Se movía, se volteaba y azotaba violentamente en la cama, se enredaba con sábanas, golpeaba contra la pared y a veces se sobresaltaba. En ocasiones se tensaba, pero nunca se ponía rígido. Los eventos eran similares noche a noche, pero nunca idénticos. Eldridge no parecía asustado o incómodo, sino más bien confundido o, como sus padres decían, «fuera de sí». Murmuraba algunas frases como «No quiero» o «Vete», pero casi no era posible entender lo que decía. Para preocupación y frustración de sus padres, no podían tranquilizarlo en esos momentos. De hecho, el niño parecía no reconocerlos y los empujaba, en lugar de tratar de abrazarse a ellos. Si bien estaban preocupados, algunas veces se enojaban porque Eldridge hacía esto cunado trataban de ayudarlo. Aun cuando no podían tranquilizarlo, seguían tratando de despertarlo llamándolo por su nombre en voz alta y sacudiéndolo hasta que por fin finalizaba el episodio. En general éstos duraban sólo unos cuantos minutos, si bien en ciertas noches la agitación continuaba de quince a veinte minutos más. Cuando se relajaba totalmente, se estiraba y bostezaba. Si sus padres insistían, lograban despertarlo en esos momentos, pero él se mostraba somnoliento y lo único que quería era volver a dormirse. No se daba cuenta de que algo anormal había sucedido y conciliaba el sueño de inmediato. A veces, Eldridge presentaba otro episodio una o dos horas después, pero casi siempre de menor duración y menos intenso que el primero. En general, el resto de la noche era tranquilo. Ocasionalmente presentaba despertares similares durante el día, después de una siesta de más o menos una hora. Poco antes de que lo trajeran a mi consultorio, sus padres habían intentado eliminar la siesta con la esperanza de que mejorara su forma de dormir, pero los despertares nocturnos empeoraron. Durante el día, Eldridge se mostraba contento y se comportaba bien; yo me di cuenta de que la situación familiar era estable y que lo apoyaban.

Eldridge, por supuesto, presentaba el mismo problema que Lisa, excepto que sus despertares eran más intensos. Era mayor que la niña y podía agitarse más, y a su edad parecía menos normal que no respondiera a sus padres o que dijera cosas sin sentido. Sus padres no sabían cómo manejar el problema; siempre habían tratado de «sacarlo de él» y como los episodios terminaban al cabo de unos cuantos minutos, pensaban que «por fin lo habían despertado» de una pesadilla.

Di a los padres de Eldridge el mismo consejo que a los de Lisa: mantener su distancia durante los despertares y permitirle que volviera a dormirse sin interrogarlo. Les sugerí que durante los episodios acudieran a la habitación del niño nada más para estar seguros de que no se lastimara. No tenían que preocuparse por «malcriarlo», como ciertas personas les habían advertido, porque no iban a cumplir los caprichos de un niño despierto. Tampoco debían preguntarle qué había sucedido, en esos momentos o por la mañana, dado que no lo recordaría y sus preguntas nada más lo pondrían ansioso. Se daría cuenta de que por las noches hacía algo de lo que no tenía conciencia, sobre lo cual no tenía control y que preocupaba a sus padres. La ansiedad respecto de estos despertares parciales podría dar lugar a que se incrementaran. No hay duda de que no ayudaría. Ahora, los padres de Eldridge se sienten menos preocupados respecto de levantarse por la noche y ya no sienten enojo. No tuvieron que luchar con su hijo y ser rechazados. De todas formas, los despertares parciales continuaron, así que decidimos hacer otros dos cambios. Alentamos a Eldridge a que volviera a dormir siesta y sus padres empezaron a formalizar la hora de acostarse a las siete y media, después de un agradable ritual. Ahora que dormía lo suficiente, ya no estaba demasiado cansado por la noche. La frecuencia y la intensidad de los despertares parciales durante la noche se redujeron considerablemente y al cabo de unos cuantos meses desaparecieron casi por completo.

En niños de más o menos seis años de edad, y con menos frecuencia en niños mayores, garantizar la cantidad de sueño adecuada por noche quizá sea el tratamiento más importante. Sería de esperar que un niño demasiado cansado durmiera mejor que lo normal, pero paradójicamente, es más probable que esos niños caminen dormidos o experimenten terrores del sueño. Esto se debe a que un niño que necesita dormir requiere de sueño profundo. Esta necesidad o impulso podría impedir que el sistema de sueño profundo se presentara al final del primero o segundo ciclo de sueño y con un estado mixto de vigilia parcial.

También es muy importante asegurarse de que su hijo tenga un horario regular. Si el niño presenta episodios de vigilia parcial por la noche, haga todo lo posible para que los horarios de su siesta y de dormir sean regulares. Sus ritmos biológicos se harán más estables y funcionarán armoniosamente. Sus despertares al final del primero y del segundo ciclo de sueño serán más adecuados. Ahora se moverá cuando el sueño profundo esté «preparado» para dar lugar a un estado más ligero, no antes.

Asegurarse de que un niño pequeño duerme lo suficiente, tiene un horario normal y de que usted guarde su distancia, es la mejor manera de tratar los problemas de despertares (véase figura 12). No obstante, entienda que si bien estos remedios podrían ayudar, no siempre es así. Quizá tenga que aprender a vivir con los despertares nocturnos de su hijo. Me he dado cuenta de que una vez que los padres comprenden lo que pasa, pueden aceptar la incomodidad mucho más fácilmente. Ciertos medicamentos podrían aliviar el problema,

FIGURA 12
DESPERTARES PARCIALES REPENTINOS

Comportamiento	Edad típica	Qué hacer	Sugerencias
Periodos largos de llanto, sollozos, balbuceos con extraños azotes.	De 6 meses a 6 años; ocasionalmente en niños mayores	• Acudir para asegurarse de que el niño no se hará daño. • Dejar que el episodio siga su curso. Mantener distancia. No forzar la "ayuda". Tomarlo en brazos sólo si lo reconoce y así lo desea. No sacudirlo o tratar de despertarlo. • Esperar la relajación y la calma características del final del episodio. Ahora podrá ayudarlo a acostarse y cubrirlo. Permítale conciliar el sueño de nuevo. No despertarlo ni tratar de preguntarle si le pasa algo o qué soñaba. Tampoco interrogarlo por la mañana. No hacerlo sentir diferente, extraño o raro.	• Asegúrese de que su hijo duerme lo suficiente. Acuéstelo más temprano. Vuelva a imponer una siesta si ésta se eliminó sin una buena razón. • Asegúrese de que sus hábitos de sueño y su programa cotidiano sean regulares y firmes. • Piense en una terapia si estos despertares son frecuentes o provocados por presiones conocidas, o si su hijo tiene más de seis años (dado que hacia mediados de la infancia con frecuencia los factores psicológicos son importantes). La consulta de un profesional puede ayudar en estos casos.
Sonambulismo tranquilo.	Cualquier edad a partir del momento en que el niño aprende a gatear o caminar.	• Háblele con tranquilidad; quizá siga sus instrucciones y vuelva a la cama por sí mismo. • Si no parece alterarse cuando lo toca, podrá conducirlo a su cama tranquilamente. Quizá desee ir al baño a orinar. Podría despertarlo, pero no ganaría nada y no vale la pena. • Si despierta espontáneamente después del episodio (lo cual es común en niños mayores y en adolescentes), probablemente se sentirá avergonzado. No haga comentarios negativos. No mencione el episodio por la mañana, a menos que él se lo pida. No lo	• Para los niños pequeños, asegúrese de que sus hábitos de sueño y sus horarios son normales. En ocasiones, esto también ayuda a niños de mayor edad. • Procure que el entorno sea lo más seguro posible para evitar accidentes. Los pisos deben estar despejados; no debe haber objetos en las escaleras; los corredores deben estar iluminados. Si en ocasiones su hijo camina dormido sin ser observado, ponga una campana en la puerta de su habitación. Los niños pequeños podrían necesitar una reja en

		haga sentir peculiar o extraño. No conceda mayor importancia al sonambulismo y permítale volver a la cama.	dicha puerta o en las escaleras. Si su hijo intenta salir de la casa, ponga una cadena de seguridad fuera de su alcance. Si duerme en litera, la de abajo es más segura. •Tome en cuenta las terapias, como en el caso de los azotes que no cesan.
Sonambulismo agitado.	Mitad de la infancia a la adolescencia	•Si la agitación es muy obvia, limitarlo sólo intensificará y alargará el episodio. Guarde su distancia. Deténgalo sólo si empieza a hacer algo peligroso. •Cuando se calme, trátelo como en el caso del sonambulismo tranquilo.	•Igual que en el caso del sonambulismo tranquilo.
Terrores del sueño (gritos, mirada de pánico y terror, quizá correr sin objetivo fijo).	Final de la infancia, adolescencia	•Permita que cedan los gritos y que su hijo vuelva a dormirse. No trate de despertarlo. No le haga preguntas detalladas y no lo avergüence si despierta totalmente (como sucede con algunos adolescentes). •Si se presentan carreras agitadas y se corre el riesgo de que se lastime, quizá tenga que intervenir, pero con cuidado. Tanto su hijo como usted podrían acabar lastimados. Hable con tranquilidad y bloquee el acceso a áreas peligrosas. Detenerlo podría ser muy difícil y provocar un comportamiento más errático.	•Podría dormir más seguro en la planta baja de la casa o en una habitación del sótano adaptada. •Si amenaza con romper una ventana, o ya lo ha hecho, sustituya el vidrio con Plexiglas. •Aplique las mismas precauciones que en el caso de los sonámbulos. •Consulte a su médico para que eventualmente prescriba medicamentos, sobre todo si corre agitadamente. En este caso, los medicamentos deben considerarse como soluciones temporales, sobre todo como protección. •Tome en cuenta las terapias, incluso si los factores psicológicos parecen poco importantes pero los despertares son frecuentes, intensos y peligrosos.

pero los efectos colaterales en general son mayores que cualquier posible beneficio. Normalmente yo recomiendo el uso de medicamentos sólo si se corre el riesgo de que se lastimen, y esto es poco probable antes de los últimos años de la infancia o la adolescencia.

Cuando se dice que los «terrores del sueño» son más comunes entre los tres y los cuatro años, a lo que se hace referencia es al tipo de episodios observados en Lisa y Eldridge. Probablemente se presenten con la misma frecuencia en niños más pequeños, pero cuando ocurren en bebés es mucho más probable que se consideren «pesadillas». En la mayoría de los casos, los niños lo superan alrededor de los cinco o seis años.

A esta edad hay pocos factores psicológicos importantes, pero podrían presentarse. Si en su hogar hay un estrés continuo importante o si los episodios se inician después de presiones específicas como un divorcio, una muerte en la familia o la hospitalización de alguno de los miembros de ésta, entonces quizá debería tomarse en consideración la asesoría de un terapista profesional.

Despertares parciales en niños mayores

La situación en niños mayores y en adolescentes que frecuentemente caminan dormidos o experimentan terrores del sueño es diferente. En estos casos, en general los factores psicológicos son importantes. No hay una edad específica por debajo de la cual dichos despertares tengan que ver con el «desarrollo» y por encima de la cual sean «psicológicos». Pero si su hijo tiene más de seis años y sus despertares nocturnos persisten, vuelven o aparecen por primera vez, hay probabilidades de que su problema tenga un componente psicológico, pero esto no necesariamente implica que tenga problemas emocionales *importantes*. De hecho, en general no es ése el caso. Muy frecuentemente los problemas emocionales son poco importantes y están relacionados con la manera en que su hijo maneja sus sentimientos. Comúnmente, se trata de niños bien portados que tienen problemas para expresar los sentimientos que consideran malos, por ejemplo, enojo, celos, culpa, odio.

No obstante, usted debe tomar en consideración la frecuencia de los despertares nocturnos de su hijo y el contexto en que se presentan. Un episodio de sonambulismo o cualquier otro despertar parcial por año, no tiene importancia y probablemente será de pocas consecuencias. No debe preocuparse respecto de posibles problemas psicológicos, ya que algunos niños presentan episodios de azotes o terror sólo cuando tienen fiebre. En estos casos, su trastorno del sueño se debe a una enfermedad, no al estrés.

Mientras más frecuentes e intensos sean los episodios, hay más probabilidades de que el niño sufra de un estrés emocional, pero la frecuencia y la intensidad de éstos no siempre tienen relación con el grado de alteración emocional que experimenta.

El despertar o los terrores: ¿qué se presenta primero?
Entre los investigadores que analizan los terrores del sueño hay diferentes opiniones. Algunos creen que el «terror» se presenta antes y es la causa de los despertares repentinos. Otros piensan que el despertar se presenta primero y que da lugar a cambios psicológicos que en general se relacionan con el temor. Esta distinción es especialmente importante después de los cinco o seis años, cuando es más probable que los factores emocionales sean pertinentes.

Así pues, algunos piensan que el despertar es provocado por un pensamiento, idea, impulso o imagen aterradora que irrumpe en la «conciencia» durante el estado de sueño profundo, cuando las defensas emocionales del niño están bajas. Ese pensamiento aterrador podría ser la causa de que el niño gritara y tuviera un despertar parcial; no obstante, esta teoría no explica por qué un terror del sueño puede ser provocado por un ruido ni tampoco por qué tienden a presentarse hacia el final del primero o segundo ciclo de sueño, más que interrumpir prematuramente una etapa de sueño en proceso.

Otros afirman que el despertar se presenta primero, provocado en cierta forma por un trastorno del sueño subyacente o incluso por un sonido. Ciertos cambios corporales, como un incremento en el ritmo cardiaco, la sudoración u otros que en general se relacionan con el temor, se presentan simplemente como parte de un despertar repentino de la

Etapa IV. Así pues, un niño despierta parcialmente y se da cuenta de que está sudando y de que su corazón está agitado y *responde* a ese estado de agitación llorando, corriendo por la casa o murmurando de manera incomprensible. Se despierta con los síntomas físicos del *temor* y rápidamente trata de encontrar una explicación para ello. Piense otra vez en cómo se sentiría usted si lo despertara una alarma de incendio por la noche. Se daría cuenta de que su corazón late con rapidez y tendría una sensación de temor, incluso antes de saber lo que pasa o si hay razón para que sienta miedo.

Pienso que esta última explicación, que dice que el despertar se presenta primero, explica mejor por qué los niños dicen que no tuvieron pensamientos específicos y por qué, cuando el episodio finaliza y el ritmo cardiaco y otras funciones corporales vuelven a la normalidad, el niño ya no siente temor y de hecho no perdura esta sensación. No obstante, esto no significa que los factores emocionales no sean importantes; lo son, pero en lugar de provocar directamente los eventos, como sugiere la primera teoría, pienso que el estrés emocional actúa de manera indirecta. Probablemente los factores emocionales no desencadenen los despertares, pero podrían influir en la manera en que su hijo responde a dichos despertares que se presentan normalmente durante la noche. La verdadera causa de éstos sigue siendo el sistema biológico subyacente que regula las etapas del sueño. Ello explica por qué los eventos se presentan cuando normalmente esperaríamos que finalizara el primer ciclo de sueño o el segundo.

Así pues, en un episodio de terror del sueño o de sonambulismo, es probable que el estado emocional del niño influya en la manera en que éste responde al encontrarse a sí mismo en un estado de vigilia parcial, más que provocar el despertar mismo.

Esto difiere de una verdadera pesadilla, durante la cual los eventos estresantes del día podrían aparecer en sueños de manera simbólica y generar suficiente ansiedad como para despertar al niño. Después de una pesadilla de ese tipo, el niño aún se sentirá temeroso y en general recordará el sueño.

Cómo influyen las emociones en los despertares nocturnos
Quiero ayudarle a entender más claramente cómo el estado psicológico de un niño puede influir en sus despertares nocturnos. Imagínese explorando un viejo cementerio en una noche oscura y lluviosa. No se ve bien; no sabe quién está o qué hay ahí. Se siente indefenso y nervioso, y de repente oye un sonido inesperado. Quizá se sobresalte, grite y se sienta bastante atemorizado, hasta podría correr sin saber si realmente hay algo que temer. Si cree en fantasmas, dirá que vio uno, pero no podrá describirlo en detalle; «inventa» el fantasma para adecuarlo a sus sensaciones de temor de ese momento; sin embargo, si el mismo ruido ocurriera durante el día, en la seguridad de su propia casa, quizá no se asustaría. El sonido fue el mismo en ambos ambientes, pero su estado psicológico no; fue su estado mental lo que determinó la diferencia en su forma de responder.

Lo que sucedió en el cementerio ocurrió a pesar de que usted estaba bien despierto y con la mente despejada. Si algo similar ocurriera durante el sueño, quizá sólo despertara parcialmente y como resultado se presentara un episodio de terror del sueño o de sonambulismo.

Ahora imagínese durmiendo cómodamente en su cama. No tiene nada de qué preocuparse y una hora después de conciliar el sueño, se oye el ruido de una rama que se rompe en el exterior. Si bien esto podría provocar un breve despertar, probablemente ni usted ni nadie más (a menos que lo estuvieran monitoreando en un laboratorio) tendría conciencia de ello y volvería de inmediato a un sueño profundo. ¿Pero qué pasaría si en lugar de estar en casa estuviera en una batalla, rodeado de enemigos sobre los cuales tiene poco *control* y tiene que estar *constantemente en guardia*? En un momento de calma se queda profundamente dormido y una hora después, la misma rama se rompe. En este caso es poco probable que usted ignore el ruido y vuelva a dormirse después de una interrupción momentánea de su etapa de sueño. Por el contrario, se encontraría erguido de repente y con intenso temor; en un principio estaría confuso y quizá hasta gritaría.

La diferencia entre estas dos situaciones es su estado psicológico al conciliar el sueño. El despertar no fue provocado por pensamientos de temor; fue el ruido de la rama al romperse lo que lo hizo. No obstante, en la segunda situación usted sabe que volviendo a dormirse baja la guardia y responde de manera muy diferente.

El sonambulismo tranquilo puede presentarse por razones similares, excepto que en este caso la amenaza de bajar la guardia por la noche no es tan grande. Imagínese ahora que aún está en guardia, pero por algo importante, más que peligroso. Quizá usted sea un biólogo que espera por la noche en los bosques la llegada de cierta especie rara de aves. Se queda dormido, y una hora después, oye ruidos raros, quizá de un ave, quizá no. Normalmente esto no lo despertaría, pero en el ambiente en que se encuentra, se sienta de repente y empieza a buscar, incluso si en un principio está muy confundido y ni siquiera está seguro de lo que busca. Probablemente no recuerde haber oído los sonidos que lo despertaron. En los primeros segundos, podría reaccionar de manera muy inadecuada, haciendo ruido en lugar de permanecer absolutamente silencioso. En esos momentos, siente la necesidad de levantarse y de buscar algo, pero aún no está lo suficientemente alerta como para pensar claramente o entender qué sucede. Tal vez esto sea muy similar a lo que experimenta un sonámbulo. También en este caso, la única razón de que el sonido haya influido en su sueño es que se durmió preparado para despertar porque aún estaba en guardia.

En los niños pequeños, los episodios largos de agitación o de sonambulismo en general significan que el niño tiene problemas para hacer una transición suave de un periodo de sueño de la Etapa IV al siguiente ciclo de sueño. Este problema casi siempre se deriva de la profundidad del sueño de esta etapa característica del nivel de desarrollo de un niño pequeño; pero en niños de mayor edad, que deben ser capaces de hacer esta transición suavemente, su exagerada respuesta al despertar probablemente se basa en factores psicológicos. Los niños de mayor edad con frecuencia se encuentran en situaciones en las que cosas que ellos no quieren que sucedan, ocurren fuera de su control. Podría tratarse de un cambio de casa o de un cambio de escuela, pero especialmente de una pérdida —divorcio, separación o muerte en la familia. Incluso si la familia queda intacta, podría perderse calidez, amor o apoyo. Quizá los padres sean rígidos, exigentes o inflexibles y tengan muchas expectativas respecto del desempeño en la escuela y del éxito en los deportes de sus hijos. Frecuentemente, el niño siente enojo respecto de ciertas circunstancias, pero no lo expresa abiertamente. Por el contrario, sigue *en guardia*, probablemente sintiendo que la expresión de esos sentimientos sólo provocaría más situaciones desagradables en su vida. Quizá ya se culpe de la separación de sus padres o de otros problemas familiares y evite cuidadosamente dar más molestias. Este tipo de niños con frecuencia parecen extremadamente agradables y bien portados, si no es que demasiado bien portados. Ocasionalmente su enojo se hace evidente en formas pasivas que son seguras para él; se queda en su habitación después de la escuela y no habla durante las comidas; o quizá vaya mal en la escuela cuando podría ir bien. Esos niños gastan enorme cantidad de energía durante el día poniendo en guardia sus emociones, que consideran como enemigos, y las mantienen controladas. Por la noche, durante el sueño, estas defensas deben relajarse.

En cierta forma, tal vez ahora sea más fácil darse cuenta de cómo podrían reaccionar ante un despertar parcial después del primero o segundo ciclo de sueño. Como el soldado en batalla que despierta repentinamente por la noche, se encuentra confuso y fuera de control, con sus defensas bajas. Antes de que sepa lo que está sucediendo, siente gran temor. Esta respuesta se genera en un nivel bajo del sistema nervioso y no requiere de procesos de pensamiento complejos para que ocurra. De ser así, en última instancia la solución es que el niño aprenda a irse a dormir sin estar en guardia, para que los despertares nocturnos normales sean fáciles de manejar. Debe aprender que sus sentimientos no son peligrosos y que no hay necesidad de ponerse en guardia para no expresarlos. Lograr este objetivo no es fácil y con frecuencia se necesita un periodo de psicoterapia.

Cómo tratar las causas
Decidir si un niño necesita, o no, terapia, debe basarse en diversos factores. Si aparentemente un niño sufre demasiado

estrés, debe recibir ayuda independientemente del grado de los trastornos nocturnos. Si su hijo presenta varios episodios cada semana, entonces la psicoterapia podría ayudarle incluso si aparentemente no está sometido a demasiada presión. Si los episodios nocturnos de su hijo son peligrosos, entonces el tratamiento es urgente y la psicoterapia, cuando menos como evaluación inicial, debe ser parte de él. Esto también es válido incluso si las presiones no son observables y en apariencia su hijo expresa abiertamente su sentimientos. Si la terapia reduce los despertares, entonces no hay duda de que valió la pena, aunque usted sienta que su hijo es muy feliz y que no tiene «problemas psicológicos» importantes.

Christopher, como recordarán, es un niño de ocho años que durante casi dos años había presentado despertares nocturnos anormales. El niño dormía bien, hasta que dos meses después de la muerte de su padre, se cambió de domicilio. En esa época empezó a levantarse dos o tres veces a la semana y a caminar varias horas después de acostarse a las nueve de la noche; se paseaba tranquilamente sin llorar, hablar ni dar muestras de agitación. Tenía una «expresión extraña» en el rostro y no respondía adecuadamente a las preguntas de su madre. En general su sonambulismo demostrba no tener un objetivo, pero en algunas ocasiones parecía «buscar algo». Si bien aparentemente no reconocía a su madre, sí le permitía llevarlo de regreso a su cama, en general después de ir al baño, donde orinaba. En dos ocasiones se orinó en su habitación, una vez en el cesto de papeles y otra en un zapato, en el armario. Dos veces salió de la casa y los vecinos lo llevaron de vuelta a ella. Durante el año siguiente, sus despertares nocturnos fueron iguales, aunque enfrentaba considerables presiones nuevas. Su madre estuvo fuera durante dos semanas a causa de una cirugía de emergencia; poco después volvió a casarse y la familia se mudó de nuevo. Por último, su madre se embarazó y poco antes del nacimiento de su hermana, los episodios nocturnos de Christopher se intensificaron. En lugar de presentarse varias veces a la semana, ahora ocurrían varias veces cada noche y el inicial era diferente.

Más o menos una hora después de conciliar el sueño, Christopher se sentaba de repente, lloraba un poco y parecía asustado. No respondía a su madre, no dejaba que lo tocaran y murmuraba incoherentemente. Se calmaba en unos cuantos minutos y se dejaba convencer de volver a la cama, donde conciliaba el sueño rápidamente. Una hora después se presentaba un episodio similar, y un tercero una hora después. Una vez que Christopher se calmaba, se levantaba y empezaba a caminar por la casa como lo había hecho cuando era más pequeño. En las siguientes horas, se presentaban varios episodios más de sonambulismo tranquilo. Después de las cuatro de la mañana, su sueño parecía profundo y era raro que despertara.

Cuando atendí a Christopher, era un jovencito tranquilo y agradable, pero a pesar de su calma exterior, parecía muy tenso y ansioso. Me enteré que su padre y su padrastro eran alcohólicos y que en su hogar había violencia. Se sentía enojado respecto de las personas con quienes vivía, pero le daba temor expresarlo. Estaba bastante asustado por su falta de control del mundo que lo rodeaba y no hay duda que le perturbaba que sus padres aparentemente no tenían control sobre ellos mismos. Dedicaba gran parte de su energía a ese rígido autocontrol y le preocupaba que si no controlaba sus sentimientos las consecuencias podrían ser terribles.

Tanto Christopher como su madre necesitaban terapia. Entre tanto, sugerí que la familia pusiera un cerrojo alto en la puerta del frente para que no pudiera salirse de la casa y expliqué detalladamente lo que sucede durante los despertares nocturnos, para que los otros miembros de la familia estuvieran menos enojados con él.

En un principio, la madre de Christopher no podía darle apoyo; aún estaba enojada con él porque la despertaba; por ello, decidí tratar de reducir los episodios hasta que su terapia hubiera avanzado. En general yo no hubiera recomendado medicamentos, pero pensé que en este caso ayudarían y receté bitramina (Tofranil) para Christopher, una droga que algunas veces, aunque no siempre, es útil. Sus despertares nocturnos desaparecieron casi completamente. Tres meses después, él y su madre habían realmente avanzado en la terapia y las tensiones en el hogar se habían relajado, de manera que suspendí la medicación. Los despertares nocturnos volvieron, pero eran mucho menos frecuentes y Christopher no presentaba más que uno cada noche. Ahora su madre sentía que podía tratarlo sin enojo. A lo largo de los nueve meses siguientes, sus despertares se redujeron aún más, y ahora que tiene nueve años, son ocasionales.

El comportamiento diurno de Christopher era típico de muchos niños con sonambulismo o terrores de sueño inducidos emocionalmente. Era un jovencito agradable que no gritaba, sino que guardaba sus sentimientos para sí. Sus despertares nocturnos variaban dentro del espectro descrito en la figura 11, de sonambulismo tranquilo a episodios cercanos a terrores del sueño completos; el incremento progresivo de los síntomas después de los seis años sugirió que había factores psicológicos implicados, si bien el estrés que Christopher enfrentaba era particularmente agudo. Conforme aprendió a manejarlo de manera adecuada durante el día, mostró un progreso hacia el extremo más ligero del espectro, con caminatas tranquilas en lugar de gritos, sentándose en lugar de caminar, etcétera.

Los despertares nocturnos de Shannon eran aún más espectaculares que los de Christopher. A sus doce años, se habían estado presentando por un poco más de tres años. Si bien llegaban a desaparecer hasta por varias semanas, ocurrían todas las noches. Nunca había tenido problemas cuando se quedaba a dormir en casa de amigos, aunque esa posibilidad seguía preocupándola. Se acostaba hacia las diez de la noche, pero más o menos una hora y media después se sentaba y lanzaba un solo grito largo y gutural. A continuación se levantaba de la cama y corría frenética e histéricamente, tocando los muros y los muebles como si estuviera ciega, e intentara salir de una habitación en llamas. A veces, incluso caía al piso y se agitaba, pateaba y rodaba por él. Otras, corría alocadamente fuera de su habitación e incluso bajaba. Su madre había observado que podía provocar uno de esos despertares si la molestaba de alguna manera entre sesenta y noventa minutos después de que conciliaba el sueño. Por ello, era muy cuidadosa en mantenerse fuera de la habitación en ese lapso y ni siquiera intentaba cubrirla con un cobertor.

La familia sentía que si bien Shannon se mostraba en cierta forma atemorizada durante algunos eventos, no estaba verdaderamente aterrada. Por el contrario, más bien parecía enojada, frenética y muy confundida. Empujaba a las personas que trataban de sujetarla o abrazarla; incluso parecía enojarle que le hablaran y replicaba «No me molestes» o «Déjame sola». Había intentado salir de la casa una o dos veces, pero no había tenido éxito. Rara vez los eventos eran tan trastornantes; en ocasiones sencillamente se sentaba en la cama y hablaba y apenas mostraba agitación.

Cuando tenía nueve años, estos episodios se prolongaban hasta media hora, pero hacia los doce, la mayoría duraba de cinco a diez minutos. Ya para finalizar el episodio, la jovencita se calmaba, orinaba en el baño, se veía alerta pero somnolienta y volvía a dormirse. Y ni en ese momento ni por la mañana recordaba lo sucedido.

La familia de Shannon trataba de apoyarla, pero sus padres estaban absorbidos por sus propios problemas, que empezaban a resolver con ayuda de un consejero matrimonial. Recientemente la jovencita había empezado también a consultar a un psicólogo. Aparentemente no tenía problemas emocionales importantes y, cuando menos fuera del hogar, se portaba perfectamente bien. No obstante, no era una niña espontánea; parecía estar enojada con sus padres por las tensiones que había en el hogar y resentía la falta de calidez y apoyo. Le costaba trabajo expresar estos sentimientos y temía que, de hacerlo, las cosas empeoraran.

Los despertares de Shannon eran entre sonambulismo enojado y agitado y terrores nocturnos totales. También presentaba episodios de gran agitación. Si bien los problemas psicológicos no eran importantes, era fácil identificarlos y la familia ya había buscado apoyo para resolverlos. Mi ayuda respecto de la familia fue sobre todo asegurarles que Shannon era físicamente normal y que ese tipo de despertares eran comunes. Con excepción de prescribir un medicamento, había poco que yo pudiera hacer de inmediato para reducir la frecuencia de los despertares, pero preferí evitar el consumo de drogas diariamente por la noche y la familia estuvo de acuerdo. En lugar de eso, decidimos buscar una dosis de algún medicamento que previniera esos episodios y que Shannon tomara sólo cuando durmiera en casa de alguna amiga, cuando ella invitaba a alguien a dormir o cuando iba al campo. De otra manera, dejaríamos que los eventos siguieran presentándose. Teníamos la esperanza de que conforme avanzara el tratamiento con el psicólogo y sus padres resolvieran sus propios problemas, los despertares se reducirían gradualmente. De hecho disminuyeron, pero muy lentamente. Yo estaba dispuesto a recetar medicamentos regularmente si sus despertares se intensificaban hasta el punto de que pudiera lastimarse. Afortunadamente esto nunca ocurrió.

Yo no esperaba que Shannon se lastimara porque esto es inusual en un jovencito de doce años, a menos que se tropezara con algo que estuviera en el suelo; me hubiera preocupado más que los síntomas se presentaran en un joven de mayor edad, porque en los adolescentes eso es más frecuente.

David tenía diecisiete años y, ocho antes de que yo lo conociera, sus padres se habían divorciado y vuelto a casar cada uno por su lado. En la época en que sus padres se separaron, se sabía que David hablaba con frecuencia en sueños. No empezó a tener episodios de despertares intensos hasta los doce años, cuando su padre volvió a casarse. Después, más o menos una vez al mes saltaba de repente de la cama alrededor de medianoche y empezaba a gritar. Su madre lo encontraba de pie en su habitación, aparentemente alterado, como «si algo le estuviera pasando». No parecía estar aterrado, aunque ocasionalmente murmuraba frases como «Tengo que matarlo». Su madre no podía despertarlo, y al cabo de tres o cuatro minutos él volvía a la cama y rápidamente conciliaba el sueño. Cuando tenía quince años, su madre volvió a casarse y sus despertares se hicieron más intensos. En estas ocasiones empezaba con «un grito que helaba la sangre», saltaba de la cama, se golpeaba contra los muebles y corría como tratando de «escapar de algo». Ya no solamente parecía alterado, ahora se veía verdaderamente aterrado. Algunas veces se lastimó, si bien en general los rasguños y golpes eran de escasa importancia. No obstante, varias veces su madre lo vio dirigirse a la ventana. Una vez se asomó y en otra ocasión rompió el vidrio, se cortó la mano y fue necesario darle varias puntadas. Al final de cada episodio, David despertaba totalmente y siempre se mostraba bastante molesto al darse cuenta de que estaba en una habitación desarreglada y todos los miembros de su familia lo miraban. Sus padres lo describían como «muy controlado», «con la sartén por el mango» y «manejando todo demasiado bien». Aparentemente no explotaba todo su potencial en la escuela. Yo me di cuenta de que David era agradable y cooperativo, pero estaba algo deprimido. Era fácil hablar con él y, de hecho, expresaba algunos de sus sentimientos, si bien era obvio que no estaba en contacto con todos ellos, especialmente los de tristeza y enojo.

Si bien los episodios de David eran poco frecuentes, sus características resultaban preocupantes. Me daba cuenta de que podía lastimarse seriamente. He tratado a otros adolescentes como él que realmente han saltado por la ventana. En este caso, recomendé medicamentos sin pensarlo mucho. Elegí diazepam (Valium), que me parecía el medicamento más adecuado para suprimir sus despertares. Mientras lo tomó, los despertares desaparecieron totalmente, pero yo consideraba que ésta era una medida temporal para que estuviera seguro. A la larga deseábamos que David durmiera por la noche tranquilo, sano y salvo, y sin drogas. Para ello, recomendé psicoterapia que se inició aunque David no estaba seriamente trastornado, pero sus características psicológicas, consideradas en el contexto de sus síntomas nocturnos, eran suficientes como para justificar ese enfoque. Pensamos que debía seguir tomando el medicamento hasta que hubiera transcurrido tiempo suficiente como para que se beneficiara con la terapia. Después, progresivamente lo reduciríamos con la esperanza de que los despertares no recurrieran, o si lo hacían, fueran más ligeros y no necesitara otro medicamento.

Diferencias de los despertares
Como observamos en los casos que acabo de describir, los despertares nocturnos de un niño pueden ser distintos en diferentes noches o en diferentes momentos de su vida. Con frecuencia, los niños muestran una progresión a lo largo de la línea descrita en la figura 11, desde despertares tranquilos hasta terrores del sueño importantes, en general derivados de modificaciones en sus presiones diarias y de la forma en que las manejan. Pero los cambios cotidianos en la vida de un niño

pueden ser sutiles y difíciles de reconocer y los que se dan noche a noche en la ocurrencia o intensificación de los despertares podrían presentarse sin que hubiera una presión diurna identificable. De hecho, en general los síntomas nocturnos tienden a sufrir altibajos durante semanas y meses sin que se observen cambios diurnos reconocibles. Por lo tanto, no es fácil pronosticar cuándo un niño presentará episodios nocturnos sólo sobre la base de saber qué presiones enfrenta, por ejemplo, un examen, una operación o quizá una separación de la familia. De hecho, los episodios nocturnos en realidad podrían disminuir en un momento en que el niño empieza a portarse mal, tiene exabruptos de mal humor o se muestra inusualmente poco cooperativo durante el día. Cuando se permite a sí mismo expresar sus sentimientos durante el día, aunque sea de manera inadecuada, tendrá menos necesidad de estar en guardia en contra de ellos por la noche y dormirá con mayor continuidad.

¿Y con las otras causas?
No hay duda de que es posible que las hormonas u otros factores biológicos influyan en las características de los despertares nocturnos. También, muchos niños que presentan estos trastornos del sueño tienen parientes cercanos con historiales de despertares nocturnos similares. En niños muy pequeños, ésta podría ser la única explicación. En niños mayores, el historial familiar de ese tipo de trastornos podría explicar por qué sólo algunos niños que luchan por no expresar sus sentimientos desarrollan este tipo de problemas del sueño. Es probable que después de los seis años, un niño necesite tener cierta predisposición biológica y emocional a los terrores del sueño o al sonambulismo frecuente para que éstos se presenten. Así como hay más probabilidades de que el estrés produzca una úlcera en una persona con predisposición familiar a ese padecimiento, los terrores del sueño o el sonambulismo tendrán más probabilidades de presentarse en un niño que no solamente tiene problemas para expresar sus emociones, sino que también tiene parientes cercanos que caminaban, se agitaban o gritaban en sueños. De manera similar, es probable que el tipo específico de despertar que se presenta en un niño,

es decir, en qué frecuencia del espectro ocurre (desde hablar en sueños a terrores), también implica factores tanto psicológicos como heredados.

Reflexiones finales

El estado de confusión total o de sonambulismo es poco usual y presenta muchas características que sólo se observan en crisis epilépticas (que obviamente no son).

Específicamente, el comportamiento poco usual y confuso de un niño aparece durante un periodo largo durante el cual tiene poca capacidad para responder a personas o situaciones de su ambiente. No parece ser capaz de pensar de manera racional y no recuerda, o casi, los eventos. Lo que parece aún más extraño es que ningún tipo de estímulo puede reducir la duración de un episodio, cuando menos de uno importante, y despertar totalmente al niño. El episodio simplemente sigue su curso y en general podría intensificarse si alguien trata de abrazar al niño o de someterlo de alguna manera. Éste parece percibir las intervenciones como una amenaza o un ataque, en lugar de una ayuda. Quizá esto se deba a que siente que sus padres se acercan, pero no los reconoce.

Espero que ahora tenga una mayor comprensión de estos fenómenos poco usuales. No obstante, no puedo explicar totalmente por qué algunos de estos despertares son tan largos o por qué en general es imposible forzar un despertar. Sea cual sea la razón, trate de esperar. Todos los episodios, independientemente de su duración, acaban por sí solos. Usted puede aprender a reconocer cuándo ha llegado ese momento para su hijo. El niño se relaja, se estira y bosteza, y se muestra dispuesto a dormirse de inmediato. En esos momentos, los niños mayores podrían despertar totalmente, ya sea de manera espontánea o por los esfuerzos que usted hace. No sólo no recordarán lo que acaban de vivir, sino que en general parecerán tranquilos y no perturbados. Si su hijo parece alterado en ese momento, probablemente se deba a que usted, o él, está preocupado porque ha vuelto a hacer cosas extrañas, algo que su familia considera «raro» y algo sobre lo cual no tiene control.

Por esa razón un niño puede enojarse mucho cuando le preguntan muchas veces respecto de la naturaleza de su «sueño». A él sólo le preocupa la pérdida de control durante el día y se da cuenta de que durante la noche carece de éste por completo. Este conocimiento puede provocarle aún más ansiedad, incrementar sus preocupaciones a la hora de acostarse y quizá provocar más despertares. Ésta es una de las razones por las que recomiendo que no intente despertarlo después de un evento y que no le haga preguntas al respecto en ese momento ni por la mañana. De hecho, sólo tiene sentido hablarle a su hijo respecto de ellos regularmente si él pregunta o si tiene edad suficiente para tomar sus propias decisiones respecto de una psicoterapia o la utilización de medicamentos.

Los niños de los que he hablado en este capítulo son sólo unos cuantos de los que he tratado por trastornos similares. Este problema del sueño no es tan raro como se podría pensar. No obstante, como no es frecuente que los padres hablen de él entre ellos, o un joven con sus amigos, algunas personas consideran que sus hijos son «extraños» o «anormales», y algunos niños se preocupan porque son raros . Usted y ellos deben sentirse aliviados al saber que dichos episodios son muy comunes y que en general se superan.

Ocasionalmente, la mayoría de los niños pequeños tienen despertares parciales confusos de diversa intensidad. El verdadero número de niños que presentan episodios de agitación largos, de sonambulismo y de terrores nocturnos completos se desconoce, pero cuando menos el 15 por ciento de ellos ha presentado al menos un episodio de sonambulismo. Los despertares parciales largos y la agitación en los niños son quizá mucho más comunes. Obviamente, pocos tienen episodios intensos y muy frecuentes, pero los terrores del sueño con carreras alocadas no son raros.

Es relativamente fácil sentir simpatía por un pequeño que despierta por la noche alterado y acepta que usted lo tranquilice; pero cuando se intenta ayudar a su hijo y lo que consigue es que él lo empuje, podría reaccionar con enojo si no se da cuenta de lo que está sucediendo. Si observa a su hijo agitarse durante largo tiempo como si estuviera «poseído», podría sentirse verdaderamente asustado. Es importante que entienda lo que sucede durante esos despertares parciales para que no reaccione apresuradamente por temor o enojo.

Ahora será capaz de observar el desarrollo de dichos episodios y de darse cuenta que nada serio sucede. Haga su mayor esfuerzo para no mostrar una reacción exagerada y para controlar su ansiedad y no despertar a su hijo a la fuerza; tampoco le haga preguntas, pues él no recuerda nada que describir. Si su hijo parece susceptible a ese tipo de episodios, preste atención a su frecuencia y características y trate de identificar las presiones a que podría estar sometido. El bebé o el niño que apenas camina y que tiene episodios ocasionales de agitación no necesita tratamiento; únicamente mantenga su distancia y permita que el evento siga su curso; después, permita que su hijo vuelva a dormirse. Asegúrese de que el niño duerme lo suficiente y que su horario es regular. Casi nunca es recomendable recetar medicamentos.

El sonambulismo es más o menos lo mismo. Con frecuencia es fácil hacer volver a su cama a un sonámbulo tranquilo, pero si está agitado, espere a que se calme. Por la propia seguridad de él, quite cualquier obstáculo del piso y de las escaleras. Si su hijo es pequeño, quizá sea necesario poner una reja en las escaleras e incluso en la puerta de su habitación. Si su hijo es mayor y trata de salir de la casa, ponga un cerrojo extra en la parte superior de la puerta y una campanilla en la puerta de la habitación y en la puerta exterior para que usted se dé cuenta de que las abren. Si bien es raro que se lastimen durante un episodio de sonambulismo tranquilo, obviamente pueden ocurrir. Es más probable si hay agitación; naturalmente el hecho de que salga de la casa es especialmente preocupante.

Incluso en el caso de terrores del sueño completos debe permitirse que sigan su curso. No obstante, si su hijo está a punto de lastimarse o de lastimar a otros, o de dañar lo muebles o los muros, entonces intervenga, pero hágalo con gentileza y tan poca fuerza física como sea posible. Tratar de controlar a un joven de diecisiete años agitado podría provocarle heridas a cualquiera.

Si a usted le preocupa que los episodios de su hijo sean muy frecuentes, intensos o peligrosos, consulte a su médico. Escasos problemas físicos podrían ser la causa de algunos de los despertares —el dolor derivado de la acidez (ácido que asciende del estómago hacia el esófago) o alguna enfermedad del oído medio. Pero cuando hay factores médicos implicados, el niño en general se despierta también en otros momentos, no sólo en la Etapa IV. Presentará también una interrupción más general del sueño, y sólo ocasionalmente en los despertares habrá sonambulismo o terrores del sueño.

Muy pocas crisis epilépticas nocturnas pueden asemejarse a ese trastorno. Muéstrese suspicaz si los despertares de su hijo son muy diferentes a los descritos en este capítulo. Si se presentan cerca de la mañana, en lugar de cerca de la hora de acostarse; si se inician con un despertar total y su hijo se da cuenta de que algo acaba de ocurrir o si recuerda perfectamente el evento completo o su inicio, en lugar del fin, debe ser auscultado por un médico. Si los episodios son siempre exactamente iguales, si hay un endurecimiento marcado del cuerpo con uno de los brazos extendido y la cabeza volteada hacia el mismo lado o si hay una agitación importante repetitiva del cuerpo, también debe preocuparse. Discuta estos síntomas con su médico.

Si bien he prescrito medicamentos a niños que tienen episodios muy frecuentes—dos o tres por noche—a causa de los trastornos que provocan en el hogar, siempre lo hago con renuencia porque, en cierto sentido, estoy tratando más a la familia que al niño. No obstante, el niño que presenta muchos episodios intensos y que corre el riesgo de lastimarse, merece una atención urgente. A esos niños es importante, en primer lugar, protegerlos suprimiendo los episodios nocturnos mediante medicamentos. Si éste es el caso de su hijo, debe consultar a su médico de inmediato. También debe tomar en consideración la psicoterapia, aunque ésta es necesaria para identificar y tratar ciertos problemas psicológicos y no simplemente acabar con los despertares. Si bien detener la aparición de los despertares podría parecer un objetivo importante, no es posible juzgar el éxito de la psicoterapia sencillamente siguiendo el rastro de la frecuencia o intensidad de los episodios nocturnos. Algunas veces la mejoría en el sueño va unida a los progresos en la terapia, y es muy lenta; quizá lleve cierto tiempo el que su hijo aprenda nuevas maneras de manejar sus sentimientos importantes, de tal manera que pueda irse a la cama sin preocuparse por lo que podría pasar si relaja sus defensas emocionales durante el sueño. Igualmente, un niño que desarrolla terrores del sueño después de una cirugía es como un soldado que los experimenta durante una batalla. Quizá sigan presentándose por cierto tiempo aún después de volver a la seguridad del hogar, donde ya no tiene que estar en guardia por las enfermeras nocturnas y sus agujas o los médicos con escalpelos. Ese patrón, una vez aprendido, puede tomar cierto tiempo para modificarse.

XI. PESADILLAS

¿Qué son las pesadillas y por qué se presentan?

Las pesadillas son sueños, sueños aterradores que despiertan a su hijo y lo dejan con una sensación de temor y ansiedad y un profundo miedo. Si bien ocurren durante el sueño, en su mayor parte están causadas por conflictos emocionales que tienen lugar durante el día y son un reflejo de éstos. Se trata de las luchas normales enfrentadas por todos los niños en cada etapa de desarrollo normal; todos las sufren en un momento u otro.

El contenido concreto de la «historia» de la pesadilla de su hijo depende de diversos factores: su etapa de desarrollo físico y emocional en ese momento, los conflictos emocionales específicos que enfrenta en ese periodo y la ocurrencia de hechos específicos diurnos que le parecen particularmente atemorizantes o amenazadores.

Las ansiedades que provocan pesadillas durante el sueño son las mismas que podrían provocar temores a la hora de acostarse y durante etapas de vigilia por la noche. Éstas se analizan en el capítulo IV. Entre los niños pequeños, son muy comunes las preocupaciones respecto de la separación. A su hijo le preocupa estar lejos de usted. Podría tener pesadillas cuando va por primera vez a la guardería, en una época en que usted está fuera de la ciudad, hospitalizado, después que se «pierde» temporalmente en un almacén o cuando siente que lo «pierde» a usted por la llegada de un hermano.

Conforme su hijo crece, le preocupa más perder su amor que separarse temporalmente de usted. En su tercer año, durante la etapa de entrenamiento para el control de esfínteres, quizá su hijo luche con su propio impulso de ensuciarse al mismo tiempo que desea agradarle a usted. Tal vez le preocupe que si se deja llevar por su impulso y se ensucia, usted reprobará su actitud. En esos momentos, sus sueños podrían reflejar la ansiedad relacionada con sus sentimientos.

Entre los tres y los seis años, es común que su hijo tenga que resolver muchos impulsos agresivos y sexuales. Quizá sienta celos de la atención que usted le da a un nuevo bebé y desee golpearlo. Se dará cuenta de que goza con sensaciones placenteras cuando se toca los genitales, pero también advierte que le asusta su deseo de hacerlo, especialmente si piensa que lo castigarán severamente por su comportamiento o por no poder controlarse. No obstante, si le enseña que dichos impulsos son normales y le demuestra que le ayudará a aprender los comportamientos aceptables y lo apoyará para que controle las tentaciones respecto de una actitud errónea, entonces le será más fácil relajarse. De otra manera, los sentimientos de miedo relacionados con estos impulsos podrían asumir la forma de «monstruos» que lo atemorizan tanto a la hora de acostarse como en sus sueños. Esos niños de tres a seis años de edad también podrían sentirse bastante trastornados al observar conductas violentas u oír discusiones en voz muy alta en casa. Quizá sientan que usted no puede controlar su propio comportamiento de manera adecuada y les preocupe que no pueda ayudarlos a controlarse sin ser demasiado estricto o punitivo, o demasiado tolerante y permisivo.

A esta edad, la estimulación sexual también puede provocar ansiedades importantes y pesadillas. Su hijo podría tener un contacto explícito con la persona que lo atiende, con un hermano o algún niño de su edad, o simplemente observar u oír a sus padres durante las relaciones sexuales, las cuales no entiende, y que podría percibir como un comportamiento violento y agresivo. O quizá tenga conflictos derivados de su deseo de remplazar a su padre, o una niña a su madre, como compañero del otro padre. Esas ansiedades son estimuladas cuando al niño se le permite dormir frecuentemente en la cama de los padres. Martin, un niño de cinco años al que atendí, se iba a la cama de sus padres todas las noches, se acostaba entre ellos y empezaba a patear hasta que literalmente sacaba a su padre de la cama, que se iba a dormir a la habitación de su hijo. Para el padre era la manera más fácil de volver a dormirse, pero Martin no estaba haciéndolo bien y tenía muchas pesadillas relacionadas con monstruos amenazantes. Cuando analicé la situación con sus padres, estuvieron de acuerdo en que sería mejor insistir para que Martin volviera siempre a su propia cama, y éste (a pesar que en un principio protestó y luchó) en última instancia se sentía mucho más cómodo con este tipo de control. En poco tiempo sus pesadillas desaparecieron totalmente.

Su hijo de esta edad quizá tenga que luchar para comprender el concepto de la muerte y podría peocuparse seriamente respecto de quedarse dormido y no volver a despertar. Harold, de seis años, no tenía problemas para conciliar el sueño hasta que fue al velorio de su tío. Le dijeron que no tendría que preocuparse pues lo «vería como si estuviera dormido» y de hecho, el niño supo que el señor «había muerto durante el sueño». Después de esta experiencia, no cabía duda de que sus pesadillas estaban relacionadas con su preocupación por la muerte y su confusión entre sueño, muerte y el riesgo de morir durante el sueño. Una vez que lograron que hablara más abiertamente respecto de lo que sentía en cuanto a la muerte y el funeral de su tío, y una vez que sus padres corrigieron algunas de sus malas interpretaciones analizando y leyendo con él un libro para niños sobre la muerte, las pesadillas de Harold desaparecieron.

Es muy común que entre los siete y los once años se presenten pesadillas frecuentes. Los conflictos de los años anteriores deben haberse resuelto en gran medida o «reprimido» y es probable que surjan nuevas presiones. Si su hijo sigue teniendo pesadillas, podría ser que aún luche con conflictos no resueltos de cuando era más pequeño.

Durante la pubertad y la adolescencia surgen nuevos conflictos y ansiedades importantes. Conforme su hijo se convierte en adulto, física, sexual, emocional y cognoscitivamente, tiene que enfrentar muchas presiones todos los días. Aparentemente en esta época se incrementan las pesadillas, si bien es difícil asegurarlo porque es menos probable que los adolescentes hablen sobre sus sueños o sus vigilias durante la noche con otros miembros de la familia. Las pesadillas son parte normal del proceso de crecimiento. Dado que son sueños, seguramente se presentan durante el sueño *MOR*. Si bien éste es abundante entre los bebés recién nacidos y tiene relación con lo movimientos oculares y las sonrisas ligeras, no sabemos si algunas de las imágenes, sonidos, sensaciones o pensamientos de los sueños también se presentan durante el nacimiento, o si los verdaderos sueños no surgen hasta más tarde, en torno al primer año de vida. Pero los sueños, e incluso las pesadillas, indudablemente se presentan durante el segundo año de vida, lo cual se va haciendo cada vez más claro conforme el niño desarrolla el lenguaje y por lo tanto la capacidad de describirlas.

Es probable que las pesadillas de un niño de un año de edad sean sencillas. Habitualmente, el niño recrea y vuelve a experimentar hechos atemorizantes recientes. Incluso si un niño de un año no puede describir adecuadamente su sueño, tendrá suficiente lenguaje como para sugerir que acaba de tener un sueño respecto de una prueba de sangre reciente, un accidente automovilístico o el piquete de una abeja. A esta edad, su hijo no comprende la diferencia entre un sueño y la realidad y por lo tanto, al despertar, no entenderá que el «sueño» ya terminó. Seguirá sintiendo temor y actuará como si la amenaza del sueño todavía estuviera presente. Por ejemplo, estará convencido de que la abeja aún se encuentra en la habitación y dirá «bzz bzz aquí».

Hacia los dos años, los sueños son claramente más simbólicos y los monstruos o los animales salvajes típicamente representan los impulsos y temores de su hijo. Hacia esta edad, el niño empieza a comprender el concepto de un sueño, pero no lo suficientemente bien como para apreciar cabalmente la diferencia entre éstos y la realidad. Aceptará que «soñó» un monstruo, aunque seguirá insistiendo en que «el monstruo todavía no se va».

Conforme su hijo crece, sus sueños son más complejos, y al mismo tiempo cada vez distingue mejor los sueños del mundo real. Hacia los cinco años, podrá despertar de un sueño y comprender de inmediato que «acaba de soñar», pero aún le costará trabajo lograr esto al despertar de una pesadilla. La capacidad de su hijo para aceptar que un sueño es «sólo un sueño» sigue desarrollándose y hacia los siete años podrá incluso manejar pesadillas ocasionales sin despertar a nadie para que lo apoye. Aun así, al despertar de una pesadilla, la sensación de miedo es muy real. Como decía un niño: «Mami, ya sé que lo que pasó en el sueño no es real, pero el sueño sí era real». Sabe que acaba de tener un sueño, pero aún siente el miedo relacionado con éste. Racionalmente sabe que no pasó nada, pero emocionalmente no está tan seguro. Así, Betsy, de once años de edad, tenía que levantarse durante la noche para verificar que su hermano menor estuviera bien después de haber soñado que se moría, aun cuando «sabía» perfectamente que había sido «nada más un sueño».

Cómo ayudar a su hijo cuando tiene pesadillas
Como acabamos de ver, las pesadillas son sobre todo un síntoma de luchas emocionales diurnas y hay pocos casos en que no sea así. Por ejemplo, su hijo podría tener pesadillas si sufre fiebre alta o experimenta los efectos colaterales de algún medicamento específico. Si bien la mayoría de las pesadillas reflejan conflictos emocionales en curso, en casi todos los casos ni las pesadillas ni los conflictos son «anormales». Más bien, las luchas emocionales normales relacionadas con el crecimiento a veces son lo suficientemente importantes como para provocar pesadillas ocasionales.

Si su hijo tiene pesadillas de vez en cuando, basta con un enfoque muy directo. Lo que un niño muy pequeño necesita es sobre todo contacto físico; los niños mayores también se tranquilizan mediante la conversación. Si su hijo tiene menos de dos años de edad, recuerde que todavía no comprende el concepto de sueño, así que usted no tendrá mucho éxito si trata de demostrarle que «sólo era un sueño». Lo que necesita es que lo abracen y lo tranquilicen, igual que si se hubiera asustado por algo durante el día. Hacia los dos años, el concepto de sueño todavía es rudimentario; lo más importante es abrazarlo, pero las palabras tranquilizadoras también ayudan. A esta edad quizá se serene si usted escucha con simpatía la descripción de su sueño o sus temores. A los tres o cuatro años podría ser útil recordar al niño que estaba soñando, aunque su temor aún necesita simpatía y tranquilización. Incluso si para él no era importante dormir con una luz encendida o con la puerta abierta cuando era más pequeño, podría serlo ahora. De manera que cuando despierte de un sueño, podrá mirar en torno a su habitación y no sentirse aislado del resto de la casa; de esta manera se orientaría mejor y aceptaría que el sueño terminó y está a salvo. Después de despertar de un sueño aterrador, incluso podría desear que dejaran encendida una luz.

Aun en estos casos, lo más importante es recordar que cuando su hijo despierta de una pesadilla está verdaderamente asustado y necesita que lo apoyen totalmente. Si tiene miedo de volver a dormirse, quizá usted tenga que quedarse con él un largo rato. Acostarse con él ocasionalmente o incluso llevarlo a su propia cama no causará ningun daño, y frecuentemente podría ser el enfoque más razonable; pero no haga de ello un hábito, pues puede provocar mayor ansiedad y más interrupciones del sueño. Cuando su hijo tenga una pesadilla, apóyelo con firmeza y convicción para demostrarle que usted tiene el control de las cosas y se asegurará de que nada malo le pase. No obstante, no es el momento de ser demasiado severo. No sería lo adecuado cerrar la puerta de la habitación cuando es obvio que está muy asustado como para quedarse solo, pero tampoco sea demasiado tolerante. No se sienta obligado a cumplir con todo lo que su hijo le pide en un esfuerzo caótico por aliviar su miedo. No pase treinta minutos después de que tuvo una pesadilla alumbrando todos los rincones del armario, bajo la cama, fuera de la ventana y en los cajones. En última instancia, esto no le dará seguridad a él. Por el contrario, permita que su hijo se dé cuenta tranquila y claramente de que usted lo atenderá y protegerá. Esto es más importante que tratar de convencerlo de que los monstruos no eran reales; es el momento de abrazarlo para hacerle saber que usted puede mantenerlo a salvo y que lo hará. Con frecuencia, incluso un jovencito de trece años que se sienta demasiado grande como para que lo acaricien durante el día, apreciará ese tipo de garantía cuando despierta aterrorizado después de una pesadilla. Incluso un adolescente de mayor edad podría desear cierto contacto físico o cuando menos que alguien se siente cerca de él.

Si su hijo tiene pesadillas frecuentes, tendrá que trabajar con él durante el día para resolver el problema, no cuando despierta aterrado después de una de ellas. Trate de determinar qué le preocupa y vea si puede ayudarlo a aliviar su ansiedad. Por ejemplo, si un bebé de un año tiene problemas para alejarse de usted, juegue con él escondiéndose y volviendo a aparecer y quizá su hijo se sentirá más tranquilo cuando estén separados. Si su hijo de dos años tiene pesadillas durante la etapa en que está aprendiendo a ir al baño, incluso cuando el entrenamiento va por buen camino, trate de relajar sus esfuerzos por entrenarlo durante un tiempo y permítale y fomente en él juegos un poco sucios, como pintar con los dedos. Para los niños de tres a seis años, es posible encontrar libros que hablan del sueño y los sueños que le ayudarán a entender mejor estos conceptos. Ya es el momento de empezar a hablar directamente con él respecto de sus temores y preocupaciones. También tendrá que controlar los libros, películas y programas de televisión que su hijo ve. Indudablemente debe evitar los que lo asusten, pero por la cantidad de «sexo y violencia» que ahora vemos regularmente en los programas de televisión (o en los anuncios que pasan durante éstos), también tendrá que elegir los programas «que no asustan». Incluso los niños de cuatro o cinco años «disfrutan» estos programas y no parecen asustarse cuando están despiertos, pero podrían estimular su ansiedad y provocar pesadillas durante la noche.

De ninguna manera impida que su hijo de cualquier edad exprese sus sentimientos, pero enséñele a hacerlo dentro de los límites adecuados. Evite las condenas morales, no lo haga sentir culpable porque tiene sentimientos de enojo o sexuales; pero ayúdele a aprender a aceptar la manera de expresarlos, por ejemplo hablando con enojo, pero no golpeando. No hay duda de que se tranquilizará al saber que usted se peleaba con sus hermanos o que todos consideran que es agradable tocarse los genitales o tener una erección.

Con los niños de mayor edad, enfóquese hacia una mejor comunicación, hacia la discusión franca de sus preocupaciones, incluso si están relacionadas con cuestiones espinosas, como el sexo, las drogas o el divorcio.

En ocasiones las pesadillas son un síntoma de problemas emocionales más importantes. Dado que tienden a reducirse después de los cinco o seis años, el hecho de que continúen presentándose podría ser motivo de preocupación especial. Independientemente de la edad, si las pesadillas de su hijo siguen siendo frecuentes y persisten durante más de uno o dos meses y si usted no puede identificar la causa y ayudarle a resolver la presión que siente, tendrá que buscarle ayuda profesional, especialmente si también siente temores irracionales durante el día, por ejemplo, que no esté dispuesto a separarse de usted, que se rehúse a estar solo en su habitación, que se muestre renuente a ir a la escuela o que sienta fobia por las agujas, las alturas o el fuego. Como padre, usted debe participar en cierta forma en la terapia, pero la conformación de las sesiones y el grado de su participación dependerá de la edad de su hijo, de sus problemas específicos durante el día y del tipo de presiones familiares generales a que se enfrente. Algunas veces basta con que usted reconozca y sepa cómo tratar la causa de la ansiedad de su hijo; otras, los problemas son más profundos. Éstos responden menos a cambios sencillos y probablemente se necesite una terapia de larga duración. Las sesiones de terapia podrían ser nada más para su hijo o para toda la familia. Algunas veces, cuando un niño pequeño aparentemente está reaccionando ante las presiones de sus padres, la terapia para éstos podría ser lo adecuado.

¿Pesadillas o terrores del sueño?

Si usted va a hacer algo respecto de las «pesadillas» de su hijo, primero asegúrese de que éstas son realmente el problema. Si el niño llora durante la noche y parece aterrado, podría suponer simplemente que tuvo una pesadilla, pero también debe estar consciente de que podría haber sufrido de un terror del sueño. Es importante decidir qué ocurrió, porque lo que tendrá que hacer en cada caso es diferente.

Las pesadillas y los terrores del sueño son fáciles de confundir, y en el pasado las expresiones «pesadillas» y «terrores nocturnos» se usaban indistintamente. No obstante, ahora sabemos que las pesadillas son sueños atemorizantes que se presentan durante el sueño *MOR* bien establecido y que van seguidas de una vigilia total. Por otra parte, los terrores del sueño se presentan durante despertares parciales de la fase más profunda de un sueño sin sueños. Si bien en principio debería ser fácil diferenciarlos, de hecho la distinción no siempre es tan obvia, especialmente cuando el niño es pequeño. Las diferencias entre las pesadillas y los terrores del sueño se analizan más adelante y se resumen en la figura 13. Usted recordará que en general las primeras se presentan hacia el final de la noche, cuando el sueño *MOR* es más intenso, y los segundos se presentan a pocas horas de haberse dormido, cuando el sueño no *MOR* es más profundo. Después de una pesadilla, si su hijo ya tiene edad suficiente, podrá describir su sueño, pero después de un terror del sueño no tendrá nada que contar. Cuando su hijo despierta de una pesadilla, llora si es pequeño o lo llama a usted si es mayor. El niño lo reconoce de inmediato y desea que lo abrace y lo tranquilice. Recordará el sueño tanto inmediatamente después que ocurrió, como a la mañana siguiente. Un niño que tiene terrores del sueño no está totalmente despierto; puede llorar independientemente de su edad, pero el llanto suena más bien como un grito, o quizá hable, murmulle y llore al mismo tiempo de manera confusa y aparentemente sin sentido. Durante el episodio, no lo reconoce ni le permite que lo tranquilice; si trata de abrazarlo quizá lo empuje y se agite aún más, y no recordará el suceso cuando despierte, ni al final del terror del sueño, ni por la mañana. No se acordará de haber soñado ni tampoco que gritó y se agitó. Por la mañana sólo tendrá una vaga sensación de haber despertado brevemente después del terror, y quizá de que habló con usted.

Un niño asustado por una pesadilla seguirá en ese estado y frecuentemente mostrará renuencia a volver a dormirse solo en su cama. Incluso podría sentir miedo de acostarse varias noches después de un sueño especialmente atemorizante. Por el contrario, después de un terror del sueño, el niño no experimenta dicho temor; al despertarse en realidad se relaja y todos los síntomas de inseguridad o agitación desaparecen y vuelve a dormirse de inmediato. Como no tiene conciencia de los episodios, no se mostrará renuente a irse a la cama en noches subsecuentes.

Por qué a veces es difícil notar la diferencia

A pesar de las diferencias entre las pesadillas y los terrores del sueño, podría ser difícil determinar qué experimenta su hijo. En primer lugar, quizá sea demasiado pequeño para describir un sueño, especialmente si aún no cumple los dos años. De ser así, usted sencillamente supondrá que tuvo «una pesadilla» siempre que despierte llorando y molesto. Quizá también piense que su hijo mayor tuvo una pesadilla cuando se despierta agitado o gritando, incluso si el niño no describe su sueño una vez que se tranquiliza; si su hijo despierta parcialmente de un sueño sin sueños, y pide ayuda, usted podría afirmar, erróneamente, que debe estar totalmente despierto y habla de una pesadilla que acaba de ocurrir. Es mucho más probable que usted cometa este tipo de errores si sabe poco de los terrores del sueño.

También es cierto que si usted lucha por despertar a su hijo de un terror del sueño, podría no darse cuenta de su confusión inicial y de su falta de receptividad. Si el niño lo empuja, llegaría a la conclusión de que «aún esta soñando» y «luchando contra los monstruos». Si logra despertarlo cuando el evento termina, es posible que lo asuste con su propia preocupación y nerviosismo. En dichos momentos, el niño puede preocuparse por su comportamiento. De ser así, mostraría renuencia a que usted lo dejara, igual que después de una verdadera pesadilla. Si usted le dice que actuó de manera extraña, podría confundirlo aún más, dado que no está consciente de haber hecho nada. Incluso si el niño no estaba asustado, ahora está totalmente despierto y disfrutando de la atención que le presta; si le sigue preguntando «qué soñaba», en realidad podría inventar una historia para que usted se quedara tranquilo. En esos momentos quizá ya esté totalmente despierto y bastante ansioso, pero no a causa de una pesadilla o del terror del sueño en sí; está ansioso porque usted está preocupado. Ahora, en lugar de volver a dormirse rápidamente como era de esperar, tendrá problemas para hacerlo o no estará dispuesto a intentarlo.

Cuando el terror del sueño se inicia repentinamente, es muy intenso y culmina rápidamente (características que en general no se observan hasta la adolescencia), su hijo podría despertarse de manera espontánea, darse cuenta de que su corazón late con fuerza y experimentar sentimientos que en general asocia con el temor. Para tratar de explicarse estos sentimientos, es posible que creara una «imagen» vaga y difusa de la situación amenazadora que describiría como «las paredes se están cerrando» o «iba a atraparme». Razonablemente, usted podría suponer que tuvo una pesadilla, pero si lo que experimentó fue un terror del sueño, su hijo no podrá describir un sueño completo con argumento, personajes y lugares. Aún cuando siente cierto «temor», la sensación en general se desvanece rápidamente y pronto puede volver a dormirse si usted está tranquilo.

Por último, cuando un niño despierta de una pesadilla, en un principio se comporta de manera similar a otro que tuvo un terror del sueño. Parece confundido y muy asustado y de entrada no responde a sus esfuerzos por tranquilizarlo. De hecho, le llevará varios minutos lograrlo. El niño podría señalar ciertos lugares de su habitación y hacer referencia a animales o monstruos, pero está demasiado alterado como para describir un sueño coherente. Esto ocurre en la mayoría de los casos con niños muy pequeños que no entienden totalmente qué es un sueño, que los «monstruos» no son reales y que el sueño ya terminó y él se encuentra a salvo en casa, no en peligro constante.

Pero con mucha frecuencia los niños pequeños que han tenido una pesadilla lloran y piden que se les saque de la cuna tan pronto como alguien llega a la habitación y se abrazan fuertemente a la persona. Si tienen edad suficiente, saltarán de la cama y correrán hacia la habitación de sus padres buscando tranquilidad. Aunque parezca muy alterado, no se agitará ni tampoco parecerá no responder, como un niño que tuvo un terror del sueño. De hecho, aun cuando su temor sea extremo, hemos notado en el laboratorio que los cambios en el ritmo cardiaco y otras mediciones fisiológicas durante las pesadillas realmente son menores que durante los terrores del sueño. El tiempo que le toma a su hijo calmarse puede variar y quizá durante un rato no estará dispuesto a quedarse solo en la cuna o en la cama y a dormirse de nuevo.

Un niño de más edad o un adolescente probablemente no

llore ni grite al despertar de una pesadilla y quizá pueda calmarse a sí mismo a menos que ésta haya sido excesivamente angustiante.

Es mucho más común que los padres confundan los terrores del sueño con pesadillas que lo contrario. Recientemente tuve dos pacientes, Meredith, de dos años, y Bernard, de dieciséis, cuyos padres tenían problemas para decidir qué hacer respecto de los despertares de sus hijos. Los padres de Meredith me dijeron que con frecuencia tenían que levantarse y tranquilizar a su hija, que se despertaba llorando luego de una pesadilla, pero los despertares de la niña siempre ocurrían tres horas después que se había dormido. Por otra parte, al interrogarlos más detalladamente, supe que la niña no se tranquilizaba con la presencia de sus padres y que con frecuencia los empujaba cuando trataban de abrazarla. Durante estos despertares se mostraban bastante alterados y hacían todo lo posible por despertarla y tranquilizarla. Con frecuencia, la niña no volvía a dormirse hasta después de una hora, tiempo durante el cual uno de los padres se quedaba jugando con ella o leyéndole cuentos. Yo no tenía la menor duda de que Meredith sólo estaba parcialmente despierta de un sueño sin sueños y que no tenía pesadillas, así que sugerí a los padres que fueran a la habitación de la niña durante esos despertares, pero que no interactuaran con ella a menos que realmente se dieran cuenta de que les pedía ayuda. Los episodios de Meredith se hicieron menos prolongados y terminaban cuando ella volvía a dormirse rápidamente y no con la larga vigilia que realmente sus padres provocaban.

De manera similar, los padres de Bernard se preocupaban por sus «terribles pesadillas». Decían que despertaba repentinamente dos horas después de conciliar el sueño, gritaba y murmuraba frases como «Me persigue». No obstante, cuando yo hablé con el muchacho, supe que nunca había recordado verdaderamente un sueño y que ocasionalmente no tenía más que una vaga sensación de ataque. Psicológicamente, mostraba las características usuales en adolescentes con terrores del sueño frecuentes (véase capítulo X). Una vez que su familia comprendió que lo que Bernard tenía eran terrores del sueño y no pesadillas, se mostraron más capaces de atacar adecuadamente los episodios nocturnos. El muchacho necesitaba cierta terapia, y al cabo de un año los terrores del sueño desaparecieron gradualmente.

Después de leer los capítulos sobre las pesadillas y los terrores nocturnos, ya debe poder diferenciarlos claramente, así como sus causas y la mejor manera de manejarlos. Cuando se presenta un terror del sueño, la clave es participar lo menos posible, pero cuando su hijo tiene una pesadilla, el mejor tratamiento es participar cálidamente y apoyarlo.

FIGURA 13
PESADILLAS Y TERRORES DURANTE EL SUEÑO

	Pesadillas	Terrores del sueño
¿Qué son?	•Sueño atemorizante. Se presenta durante el sueño *MOR* y va seguido de una vigilia total.	•Despertar parcial de un sueño sin sueños muy profundos (Etapa IV, no *MOR*).
¿Cómo percatarse de que su hijo lo está experimentando?	•Al finalizar el sueño se despierta y llora o llama.	•Durante el terror, grita y se azota. Después se calma.
¿Cuándo ocurre?	•En la segunda mitad de la noche, cuando los sueños son más intensos.	•En general, de 1 a 4 horas después de dormirse, cuando el sueño es más profundo.
Aspecto y comportamiento del niño	•Los niños pequeños lloran, están asustados. Esta actitud persiste aun cuando estén despiertos.	•En un principio el niño se sienta, se azota o corre de manera extraña, se le saltan los ojos, se le acelera el corazón y suda profusamente. Puede gritar, llorar, hablar o farfullar.

Respuesta	•El niño se percata de su presencia y se siente seguro. Se deja tranquilizar y se abraza a usted con fuerza.	•El niño no está muy consciente de su presencia; usted no lo puede tranquilizar y quizá hasta lo empuje y grite y se azote más si trata de abrazarlo o detenerlo.
Volver a dormirse.	•Esta etapa puede demorarse bastante porque persiste el miedo.	•En general, rápidamente.
Descripción del sueño en ese momento o al despertarse por la mañana.	•Sí (si tiene edad suficiente).	•No recuerda haber gritado o haberse azotado.

XII. ENURESIS NOCTURNA

La enuresis nocturna es un trastorno del sueño muy común y frustrante durante la infancia. En la mayoría de los desórdenes que hemos analizado, son los padres quienes se preocupan e intranquilizan; pero cuando un niño moja la cama, es muy frecuente que se sienta más frustrado e infeliz que ellos. Sabemos que el problema de la enuresis se presenta en todas la sociedades y ha sido registrado a lo largo de la historia. Si bien las cifras difieren entre culturas y entre grupos dentro de una cultura, aproximadamente el 15 por ciento de todos los niños de cinco años y el 5 por ciento de todos los de diez años aún mojan la cama. Incluso en la adolescencia, 1 a 2 por ciento de los jovencitos no siempre se mantienen secos durante toda la noche. Cerca del 60 por ciento de los enuréticos son niños. Si bien las causas de la enuresis no son bien conocidas, hay varios tratamientos que han demostrado su efectividad.

El impacto de la enuresis
Si todas las noches su hijo despierta parcialmente, se sienta en la cama, mira a su alrededor y después vuelve a dormirse, no se considera que presente algún trastorno, incluso si usted está consciente de que sucede. Probablemente no le preocupe, pero si el niño despierta parcialmente todas las noches, se mueve y después se orina en la cama, es otra cosa.

En trastornos como el sonambulismo y los terrores del sueño, usted está consciente de que su hijo despierta, grita o se azota *en el momento en que sucede*; pero en el caso de la enuresis, *en el momento* que su hijo se moja ni usted ni él se dan cuenta. Así pues, no es el hecho mismo de orinar lo que preocupa a los padres y al niño, sino las *consecuencias*, específicamente que las sábanas y la pijama se mojen, que el niño despierte, que usted tenga que levantarse y cambiar la cama. Todo esto es frustrante y molesto para ambos; si siguiera orinándose por la noche, pero sin mojarse, la enuresis dejaría de ser el problema que es; difícilmente se le llegaría a considerar un problema. No nos molesta que un niño se levante silenciosamente a beber un vaso de agua casi todas las noches, pero sí nos preocuparía que frecuentemente lo vaciara en su cama. Así pues, la enuresis sólo se convierte en «problema» cuando su hijo tiene edad suficiente para no usar pañal.

Hay otros factores que apartan a la enuresis de trastornos del sueño como el sonambulismo y los terrores del sueño. Un niño sólo sabe que tuvo un terror del sueño o que caminó dormido si usted se lo dice, pero *siempre* sabe que mojó su cama, incluso si no recuerda haberse orinado. En este caso, no es usted quien lo dice, sino las sábanas mojadas. Por otra parte, dado que puede observar a su hijo durante un episodio de sonambulismo o un terror del sueño, es fácil percatarse de que no está consciente; usted se *preocupa* respecto de su salud y seguridad, pero probablemente no se *enojará*. Por otra parte, es su imaginación la que decide qué estado de vigilia presenta el niño cuando moja la cama. Si usted supone (erróneamente) que está despierto, consciente, y por lo tanto capaz de controlar la orina, sentirá *enojo y resentimiento*, más que *simpatía y preocupación*.

Sus reacciones, así como las de su hijo durante los episodios en que moja la cama, son muy importantes. Él necesita que usted lo comprenda y apoye; de lo contrario, sin duda sufrirá, pero incluso si usted lo apoya por completo, si realmente no le importa cambiar las sábanas e incluso muestra simpatía, quizá porque usted también sufrió de enuresis, el niño aún podría sentirse avergonzado, desconcertado e infantil. Quizá se muestre renuente a invitar amigos a dormir en su casa e incluso se rehúse a dormir en casa de amigos o pasar la noche en campamentos. Si su hermano le dice a sus amigos que moja la cama, podrían burlarse de él en la escuela. Así pues, el impacto de la enuresis podría ser mucho más amplio porque afectaría la relación de usted con su hijo, la identidad de éste y su interacción con otros niños.

Para muchas familias, la enuresis en realidad no parece ser un problema importante si el hecho no se presenta todas las noches y el niño sólo tiene cinco o seis años, o quizá siete. Si es su caso, no es necesario que intervenga. Probablemente su hijo superará el problema; nada más asegúrese de que no es más preocupante para el niño de lo que usted piensa. No obstante, cuanto mayor sea el niño y mientras más frecuentemente moje la cama, hay más probabilidades de que tanto el niño como los padres deseen encontrar una solución.

Las repercusiones de este trastorno en la familia varían considerablemente de una a otra. Trato de tomar esto en consideración siempre que me presentan a un niño con este problema, y si bien no siempre podemos eliminar la enuresis, yo puedo aconsejar a los miembros de la familia. Si logramos mejorar las relaciones familiares y la opinión que el niño tiene de sí mismo, éste y sus padres se sentirán mucho más tranquilos. Con mucha frecuencia logramos que se reduzcan los episodios, y hasta conseguimos eliminarlos.

Algunos padres malinterpretan la naturaleza de la enuresis y reaccionan ante su hijo de manera hostil, punitiva o de alguna otra manera inadecuada, como en el caso de George, un niño de seis años que aún mojaba su cama casi todas las noches a pesar de que había aprendido a ir al baño desde que tenía tres. Ocasionalmente amanecía seco, pero nunca durante más de una semana seguida. Sus padres estaban bastante frustrados por la incapacidad del niño para controlar la vejiga durante la noche y se enojaban con él porque se mojaba continuamente. En ocasiones lo castigaban y con frecuencia le negaban privilegios especiales con la esperanza de que esto le ayudara a controlarse. Insistían en que George se acostara con pañal para no tener que cambiar las sábanas; tenía que dormir en una pequeña colchoneta, dado que sus padres no le comprarían una cama normal hasta que no dejara de mojarse.

Los padres de George eran cariñosos y querían mucho al niño, pero no entendían por qué mojaba la cama y reaccionaban de una manera que les parecía lógica, aun cuando el problema no se resolvía. A la larga decidieron que necesitaban ayuda.

Afortunadamente, George aún era muy pequeño, pero yo sabía que si seguían castigándolo, todos sufrirían. Empecé a analizar las características de su enuresis con toda la familia. A George le sorprendía y le gustaba oírme explicar que no era su culpa, que los castigos no ayudarían y que no tenía que ponerse pañales o dormir en una colchoneta. Le dije que muchos niños de su edad aún mojaban la cama, porque él pensaba que era el único. Su padre aceptó, con gran vergüenza, que también él solía mojar la cama cuando era pequeño, cosa que ni siquiera su esposa sabía.

Los padres estaban ansiosos por corregir sus errores anteriores y yo apoyé con entusiasmo sus esfuerzos durante las frecuentes visitas iniciales. Nos embarcamos en un programa de modificación del comportamiento que analizaré en detalle más adelante. Los resultados fueron bastante buenos. George no dejó de mojarse por la noche totalmente, e incluso antes de que se redujeran los episodios, la familia empezó a funcionar mucho mejor. Los padres ya no se sentían culpables de «tener» que castigar a George y excluirlo de sus reuniones familiares y George ya no se sentía culpable por mojarse.

En ciertos casos, los padres no están abiertamente preocupados porque su hijo moje la cama, sino porque éste se muestra infeliz. Recientemente atendí a Verónica, de ocho años de edad, que mojaba la cama varias veces a la semana. Su hogar era estable y feliz y sus padres eran bastante comprensivos; de hecho, aceptaban sin quejas el trastorno, y aun cuando hubieran preferido que no lo hiciera, no les molestaba. El padre de Verónica también había sido enurético hasta los diez años y había comentado esto con su hija sin avergonzarse. Buscaban mi ayuda no por su propia preocupación, sino por Verónica, a quien le molestaba mucho mojarse. La niña era adorable y expresaba directamente sus preocupaciones; estaba ansiosa por iniciar un programa que le ayudara a no orinarse por la noche.

Si bien en este caso la familia necesitaba poca terapia, valía la pena asegurar a Verónica que su problema no era único, pero como ella deseaba dejar de mojarse, también iniciamos un programa de modificación del comportamiento con buenos resultados. Con ayuda de su familia, Verónica siguió paso a paso el tratamiento y con frecuencia me informaban de cómo iba, inicialmente una vez a la semana, hasta que el problema se resolvió. En su caso, los factores más importantes fueron su gran motivación y la cooperación total de sus padres. La motivación y la cooperación ayudan, pero no son siempre la respuesta. Otros jovencitos igualmente estimulados no han respondido adecuadamente, pues en ocasiones la enuresis es muy resistente a cualquier tipo de intervención.

Ésta es particularmente molesta para los niños de mayor edad y los adolescentes. A Larry, de doce años, le preocupaba mucho mojar la cama, hasta el punto de que esto influía en toda su vida. Estaba muy molesto consigo y los niños del vecindario se burlaban cruelmente de él. Era importante que le ayudáramos. El hecho de saber que otros niños de su edad también padecían este trastorno no fue suficiente.

Larry solía mojarse todas las noches, aunque cuando lo vi por primera vez era menos frecuente, de tres a cuatro veces por semana. Sus padres eran comprensivos y habían tratado de ayudarlo con diferentes técnicas, incluyendo modificación del comportamiento, capacitación para ser responsable, entrenamiento de vejiga e incluso cambios en su dieta, pero el problema persistía. Larry cambiaba y lavaba sus sábanas y pijamas él mismo, así que sus padres no tenían que levantarse por la noche o trabajar de más durante el día. El niño se estaba volviendo muy retraído; nunca dormía en casa de sus amigos, así como tampoco invitaba amigos a pasar la noche con él. Tenía grandes deseos de irse de campamento, pero no pensaría en ello hasta que no dejara de mojarse.

La terapia de apoyo fue útil para Larry, pero yo sabía que lo que necesitaba realmente era controlarse. Sugerí a la familia que probaran con la técnica de condicionamiento con «campanas y almohadillas» (véase a continuación), pero también esto falló; finalmente decidimos que se justificaba probar con algún medicamento. Determinamos la dosis mínima necesaria para suprimir la enuresis de Larry y le permitimos que la tomara durante tres meses. Estaba fascinado y empezó a salir de su cascarón. Cuando se interrumpió el medicamento, empezó nuevamente a mojarse, pero ya sabía que podía tener noches secas siempre que quisiera. Estuvo de acuerdo en no tomar la medicina regularmente, sino sólo cuando deseaba dormir en casa de algún amigo o cuando iba de campamento. Aunque todavía se moja muchas veces en su casa, el hecho de saber que puede controlarlo cuando es necesario, aunque sea mediante medicamentos, marca la diferencia.

¿Qué provoca la enuresis?

Es difícil decir qué provoca la enuresis porque parecen estar implicados diversos factores. Es prácticamente imposible decidir cuál de ellos es más importantes en cada niño.

1. Maduración

Para que su hijo pueda controlar la orina (hecho al que llamaremos continencia urinaria), la parte del sistema nervioso que controla la vejiga tiene que madurar hasta cierto grado. Durante la infancia, su hijo muestra poca conciencia de que la vejiga se llena y de la «necesidad» de orinar. Cuando está llena, la vejiga se vacía sencillamente por una contracción refleja, pero en algún momento entre el año y medio y los dos años y medio de edad, su hijo empieza a reconocer cuándo está llena. Quizá deja de jugar cuando tiene esa sensación o cambia la expresión de su rostro, de manera que usted llega a reconocer esas actitudes y a relacionarlas con el hecho de que desea orinar. No obstante, en ese momento aún no puede retener el flujo de orina; puede sentir que viene, pero no puede detenerlo. Durante el año siguiente desarrollará la capacidad de posponer la orina. Si en esa época usted empieza a entrenarlo para que vaya al baño, su hijo podrá llegar y quitarse la ropa a tiempo. Por último, hacia los tres años, o quizá cuatro, el niño podrá orinar a voluntad, incluso cuando la vejiga no esté totalmente llena. También a esa edad será capaz de interrumpir el flujo urinario una vez que éste se haya iniciado. Podrá ir al baño antes de salir de casa, aún cuando no sienta la necesidad de hacerlo y podrá «esperar» cuando se dé cuenta de que está empezando a orinar en un momento inadecuado. Una vez que esto sucede, es de esperar que pueda controlar la orina también por la noche, o cuando menos que su sistema nervioso se haya desarrollado lo suficiente como para que logre mantenerse seco durante el día y la noche. Si sigue mojándose a pesar de este grado de maduración, probablemente haya alguna otra causa.

De hecho, la mayor parte de los niños se mantienen secos por la noche antes de cumplir los cuatro años, pero dicha edad varía de niño a niño. Las dimensiones de la vejiga de su hijo se incrementan considerablemente entre los dos y los cuatro años y medio, lo cual facilita la retención de la orina durante toda la noche. Algunos bebés ya se mantienen secos por la noche antes de cumplir un año, aunque esto es sumamente raro. Hacia los dos años y medio, alrededor del 50 por ciento de los niños dejan el pañal, y hacia los tres, más o menos el 75 por ciento ya no moja la cama. Si bien «la maduración demorada» con frecuencia es supuestamente la causa de que la enuresis continúe, es poco probable que niños de cinco años o más sigan mojándose por esa razón. Si su hijo se mantiene seco por la noche aunque sea ocasionalmente, ello sugiere que tiene la capacidad de reconocer que está a punto de orinar y que puede posponerlo o impedirlo hasta llegar al baño, o hasta que la vejiga deje de contraerse y desaparezca el impulso.

2. Capacidad reducida de la vejiga

Gran parte de los que mojan la cama orinan más frecuentemente durante el día que los que no lo hacen, y en menores cantidades. Esto sugiere que su vejiga es menor de lo normal y tiene menos capacidad para contener la orina durante la noche; pero cuando son examinados bajo anestesia, se descubre que la vejiga de esos niños es de tamaño normal, de manera que se sabe que por alguna razón *sienten* tener llena la vejiga y necesitan orinar antes de que esté realmente llena. No sólo las contracciones se inician demasiado pronto, sino que podrían ser muy fuertes. Por la noche, esto podría provocar que se mojara. Las «técnicas de entrenamiento de la vejiga» descritas en este mismo capítulo se basan en estas observaciones, es decir, que la vejiga de muchos niños enuréticos funciona como si fuera de menor tamaño del que realmente tiene.

3. Etapas del sueño y enuresis

Sabemos que los niños no se mojan mientras sueñan. Si su hijo despierta y describe un sueño relacionado con el agua y sus sábanas están mojadas, esto no significa que se mojó durante el sueño; el episodio ocurrió antes del sueño y la sensación de humedad de las sábanas y la pijama lo provocó. Si bien a algunos enuréticos es muy difícil despertarlos, la mayor parte de las investigaciones sugiere que no duermen más profundamente que los no enuréticos; aun así, podría ser que un niño que se moja durante el sueño no haya aprendido a reconocer la sensación de una vejiga llena o parcialmente llena, que se contrae, como signo importante para desencadenar un despertar total. De la descripción de las etapas del sueño del capítulo II, recordará que es más probable que lo despierte un estímulo importante para usted (como el llanto de su bebé) que un estímulo sin importancia (como el canto de un pájaro o el maullido de un gato). En cierta forma, usted ha aprendido a hacer esta distinción, aun cuando esté dormido. Su hijo también debe aprender a hacer estas distinciones automáticamente mientras duerme; si no interpreta que la sensación de orinar es «importante», entonces no se despertará y mojará la cama. Pensamos que las técnicas de condicionamiento y modificación del comportamiento ayudarán a su hijo a aprender a prestar mayor atención a estos signos.

Como la mayor parte de los episodios de enuresis se presentan en el primer tercio de la noche, en general durante un despertar de sueño no *MOR* o inmediatamente después, podría parecer que la enuresis es similar a los trastornos del despertar descritos en el capítulo X. Puede suceder que en la confusión del despertar parcial de un sueño profundo, el hecho de orinar se presente sin que el niño se dé cuenta. Los niños que sufren de azotes con confusión, terrores del sueño o de episodios de sonambulismo, con frecuencia también mojan la cama. Esto puede ocurrir al mismo tiempo que los otros eventos, por ejemplo, durante un terror del sueño, o en noches diferentes. Como mencionábamos en el capítulo X, un niño podría incluso orinar de manera inadecuada, en un cesto para papeles, en un montón de ropa o en una bota, mientras camina dormido.

Si bien aún no se sabe con certeza si hay vínculos entre la enuresis y los otros trastornos del despertar, sí sabemos que en ciertos enuréticos las contracciones espontáneas de la vejiga se incrementan durante el sueño no *MOR*. Podría ser que estas contracciones desencadenaran tanto el despertar parcial como el subsiguiente evento enurético.

4. Factores médicos

La enuresis analizada en este capítulo es «funcional», es decir, se altera la *función* de la vejiga, pero la enuresis en sí no es provocada por ningún trastorno físico. La mayor parte de los episodios de enuresis son funcionales, pero no por eso se debe suponer sencillamente que el que un niño moje la cama no tiene causas médicas hasta que este factor no haya sido descartado. Todos los niños enuréticos de cinco años o más deben pasar por un examen físico exhaustivo antes de iniciar un tratamiento no médico. Aun cuando los factores físicos pocas veces son responsables de la enuresis, debe tomarse una muestra de orina para determinar si el niño tiene alguna infección que deba ser atendida. Éstas son mucho más comunes en niños enuréticos, especialmente en las niñas, y deben ser tratadas aunque en la mayoría de los casos la enuresis no es provocada por la infección y podría persistir aun cuando ésta hubiera desaparecido.

Las anormalidades del tracto urinario y ciertas condiciones neurológicas podrían ser causas ocasionales de enuresis, pero en general estos problemas van acompañados de otros síntomas que su médico debe observar. Si su hijo presenta ciertos problemas durante el día, como goteo, incontinencia, deseos frecuentes e intensos de orinar u orinaciones frecuentes o dolorosas, entonces podría padecer una infección o anormalidad que requiera atención médica.

Igualmente, si su hijo empieza a mojar la cama después de muchos meses de no hacerlo, condición denominada enuresis secundaria o *enuresis incipiente*, en oposición a *enuresis primaria* en la cual se presentan largos periodos de sequedad, entonces es más probable que haya factores médicos implicados, pero si éstos se descartan, un niño con enuresis secundaria probablemente responda adecuadamente a las mismas técnicas utilizadas para que los enuréticos primarios logren la continencia urinaria.

5. Sensibilidad a los alimentos

Se ha despertado gran interés por el papel que desempeña la sensibilidad a los alimentos en muchos problemas de salud de la infancia, la enuresis entre otros. En ciertos casos, la enuresis nocturna se reduce cuando se eliminan ciertos alimentos de la dieta de un niño porque aparentemente irritan la vejiga, lo cual incrementa las contracciones y reduce la capacidad de aquélla en ciertos niños. Desafortunadamente *muy* pocos niños responden cuando se les modifica la dieta.

6. Factores emocionales

Quizá a usted le preocupe que su hijo enurético moje la cama a causa de algún trastorno emocional; afortunadamente es poco probable que así sea. Si bien es cierto que en cierta forma la enuresis es más frecuente entre los que presentan problemas emocionales, la mayoría de los niños enuréticos están bastante bien adaptados. Muchos, obviamente, se sienten mal por lo que les sucede y podrían presentar problemas emocionales, pero es muy probable que sean resultado de la enuresis, más que la *causa*.

7. Influencias ambientales y experiencias de la primera infancia

Ciertas experiencias de la primera infancia podrían influir en la capacidad de un niño para mantenerse seco por la noche a la edad esperada. Por ejemplo, estudios de grupos numerosos de niños han mostrado un incremento de la enuresis en familias de bajos ingresos, en hijos intermedios y en niños que enfrentan presiones tempranas como un divorcio o una enfermedad crónica. Las presiones durante el tercer año, cuando en general se enseña al niño a ir al baño, son particularmente negativas; y si el entrenamiento mismo es manejado a base de castigos, también es más probable que el niño llegue a padecer una enuresis. Si bien la enuresis es menos común en niños que fueron entrenados cariñosamente por padres que los apoyaban y en ambientes familiares estables, que en niños menos afortunados, la diferencia no es muy grande. No concluya que su hijo moja la cama porque usted no ha sabido ser buen padre o porque en alguna forma usted se lo ha impedido; en el mejor de los casos, el primer ambiente familiar no es más que una explicación parcial de este trastorno.

8. Herencia

Considero que la herencia es el factor más importante en los niños con enuresis. La incidencia es significativa entre los niños cuyos padres también la padecieron. Por ejemplo, si bien sólo el 15 por ciento de los niños moja la cama, esta cifra se incrementa más o menos al 45 por ciento si uno de los padres padeció enuresis y al 75 por ciento si ambos padres solían mojar la cama. No se sabe qué se hereda, pero podrían ser algunos de los factores descritos antes, por ejemplo, la capacidad funcional de la vejiga o la tendencia a despertares parciales no *MOR*.

Enfoques para el tratamiento de la enuresis

En toda la historia registrada, se hace referencia a la enuresis y a diversos métodos de tratamiento. Los actuales son muy humanos y cariñosos, si bien en el pasado los niños enuréticos eran sometidos a «curas» poco comunes.

Ya en el año 77 d.C., Plinio el Viejo recomendaba «dar ratones hervidos» a los niños pequeños incontinentes; en 1544 se sugería «tráquea de gallo o testículos de erizo» como remedio para quienes se «orinan en la cama». Entre las pociones bizantinas se incluía un vino aromático hecho de testículos de liebre, y en los siglos XIX y XX se han intentado cantidad de elíxires y pociones, los cuales no han sido más efectivos que las «flores de margarita blanca» administradas cien años antes.

Además de las pociones, algunas culturas primitivas probaban con rituales especiales para curar la enuresis. En una de ellas, el niño enurético llevaba una rana atada a la cintura, además de que tenía que lamer las pezuñas de un cordero recién nacido. En la tribu navajo, el enurético era obligado a permanecer desnudo con las piernas separadas sobre un nido ardiente de papamoscas americano, de golondrina o de chotacabras, porque se sabía que dichas aves no orinan en sus nidos.

Si bien nuestros tratamientos son muy diferentes, algunos padres, como los de George, aún cometen el error de basarse en el castigo, el ridículo y la vergüenza para tratar de impedir la enuresis. Es importante que usted entienda que no es adecuado tratar de esta manera a un niño enurético. No ayudará, e incluso podría prolongar el problema; si su hijo sigue siendo tratado injustamente, podría sufrir problemas emocionales.

Si su hijo moja la cama por la noche, lo hace estando dormido y no tiene conciencia de ello; no lo hace por portarse mal o por molestarlo. Los niños enuréticos son infelices por su problema y les encantaría corregirlo. George Orwell fue uno de los enuréticos famosos que lo confesaron. Describe su dilema de manera elocuente:

Yo sabía que la enuresis era: a) desagradable, y b) que estaba fuera de mi control. Estaba consciente del segundo hecho, y respecto del primero no hay la menor duda. Por lo tanto, era posible cometer un pecado sin saber que lo había cometido, sin desear cometerlo y sin ser capaz de evitarlo.

Le entusiasmará saber que la mayor parte de los niños enuréticos llegan a reducir la frecuencia con que mojan la cama y muchos son capaces de controlarla por completo, pero antes de iniciar un tratamiento usted debe comprender que la solución del problema exigirá paciencia, persistencia y la cooperación de todos. Los resultados podrían tardar mucho en aparecer, y en ocasiones ocurren recaídas después de un periodo seco. Todos los métodos del tratamiento conductista exigen mucha continuidad y cooperación y sólo funcionarán si tanto usted como su hijo lo desean y están dispuestos a aceptar los inconvenientes temporales. Su hijo no dejará de mojar la cama si usted no coopera plenamente con él, y usted no lo logrará si él no está interesado en participar. Nuevamente, deseo subrayar que es muy importante acudir con un médico. No inicie una terapia hasta que no esté seguro de que su hijo no tiene problemas físicos que requieran ser atendidos.

En la actualidad, la enuresis se trata de cuatro diferentes maneras: entrenamiento de la responsabilidad y reforzamiento, entrenamiento de la vejiga, condicionamiento o medicamentos. Los tres primeros enfoques son conductistas y pueden llevarse a cabo simultáneamente o uno tras otro. Muchas familias empiezan con el reforzamiento y el entrenamiento de la vejiga y a continuación intentan con el condicionamiento, si ninguno de los dos primeros tiene éxito. La terapia con medicamentos sólo puede ser aplicada bajo supervisión médica y rara vez se recomienda, o así debería ser.

Antes de intentar cualquiera de los enfoques conductistas, reúnase con la familia y analicen los programas. Todos tienen que sentirse cómodos con el trabajo conjunto para resolver el problema; si hay resentimientos o burlas, son pocas las oportunidades de lograr el éxito. Si usted ha criticado o castigado a su hijo porque moja la cama, explíquele que estaba equivocado y que ahora se da cuenta de que él no es responsable de eso. Hágale saber que desea que trabajen juntos para ayudarle a controlar la enuresis nocturna y para que se sienta mejor con él mismo. Es más fácil decir esto que hacerlo; incluso los padres mejor intencionados muestran una sutil desaprobación si el problema no desaparece; así que usted también tendrá que controlar cuidadosamente su propio comportamiento.

1. Reforzamiento y entrenamiento de la responsabilidad

En este caso, son dos objetivos relacionados. Primero, usted desea ayudar a que su hijo aprenda a controlarse mejor. Él debe sentirse mejor al respecto, por lo tanto debe presentárselo como un privilegio y una oportunidad, *no* como un castigo. Una vez que se acostumbre a responder rápida y automáticamente a sus propias necesidades generales y a sus responsabilidades y obligaciones durante el día, estando despierto, le será más fácil hacerlo también durante la noche, cuando esté dormido. Con suerte, su hijo empezará entonces a interpretar la sensación de la necesidad de orinar como una señal «importante» que le exige despertarse lo suficiente como para no mojarse y, si es necesario, ir al baño.

Segundo, usted desea motivar aún más a su hijo para que reaccione ante estas señales nocturnas y ayudarle a aprender a reconocer la importancia de las sensaciones de la vejiga durante la noche. Debe hacerlo mediante recompensas, no castigos. La mayoría de nosotros dedicamos mayor energía y concentración para ganar una recompensa que para evitar un castigo, y si la familia trabaja en conjunto con la idea de cooperar, el tratamiento funciona mejor.

Empiece por analizar con su hijo la forma en que podrá asumir mayores responsabilidades generales en el hogar: levantar los platos de la mesa, sacar la basura o pasear al perro. Lo más importante es que el niño tome mayores responsabilidades en torno al evento enurético mismo. Debe cambiarse la pijama y, si tiene edad de hacerlo, más o menos a los siete años, ayudar a cambiar y lavar las sábanas. No obstante, no me parece conveniente que un niño tan pequeño lleve toda la responsabilidad en estas tareas; más bien parecería un castigo, y lo que usted está tratando de hacer es fomentar una atmósfera de cooperación y preocupación mutuas.

Al mismo tiempo, trate a su hijo de la manera adecuada para su edad, no como a un bebé. Bajo ninguna circunstancia seguirá usando pañales, como George, y debe dormir en una cama normal. Ponga paños impermeables bajo las sábanas para proteger el colchón. No lo restrinja de ninguna manera cuando se moje; por el contrario, otórguele privilegios extraordinarios por asumir sus nuevas responsabilidades.

Por otra parte, la mayoría de los niños debe evitar ingerir grandes cantidades de líquido después de las seis de la tarde, si bien esto no es la solución. Restringir severamente la ingestión de líquidos es cruel y carece de valor.

A continuación, establezca un sistema para registrar y recompensar las noches secas; es conveniente preparar una gráfica de estrellas especial para eso o registrarlas en un calendario, lo que funciona cuando menos hasta los diez años de edad. Conceda estrellas por la noches secas y premios especiales una vez que se ha reunido determinado número. Estructure el sistema de manera que se adapte a la edad e intereses de su hijo, aunque también podría basarse en el que presentamos, que ha demostrado su utilidad en varias ocasiones. Elija estrellas de un color para las noches secas y de otro para el final de la semana si ha habido cuatro, así como una etiqueta especial para siete noches secas consecutivas. Quizá en lugar de estrellas su hijo prefiera alguna otra de las estampas que se consiguen ahora fácilmente, como animales, caracteres especiales, figuras en tercera dimensión o con aroma. Permítale que las escoja. Convengan en una etiqueta especial (aunque no debe ser costosa) que será el premio por cada dos etiquetas de siete días. Haga que su hijo las pegue en la gráfica o en el calendario y felicítelo cada vez que gane una, pero no lo regañe o lo haga sentir mal cuando moje la cama. Estos cambios podrían resultar en alguna mejoría, pero si no es así, de todas formas su hijo se está beneficiando. La opinión que tiene de sí mismo, y de usted, mejorará, y se dará cuenta de que no tiene que sentirse culpable por su enuresis y de que no será castigado por ello.

2. Entrenamiento de la vejiga

El entrenamiento de la vejiga puede iniciarse al mismo tiempo que el entrenamiento de la responsabilidad o posponerse un poco si usted lo desea. Éste es el procedimiento:

•No restrinja la ingestión de líquidos durante el día (se ha demostrado que estas restricciones no son útiles), aunque es razonable evitar la ingestión de grandes cantidades ya cerca de la hora de acostarse.

• Durante los dos primeros días, recoja la orina cada vez que su hijo orine en casa y mida su volumen. Anote la cantidad y el tiempo que pasa entre una y otra orinación.

• Registre el mayor volumen de orina de esos dos días y utilícelo como «récord por vencer».

• Si su hijo orina más de cada tres o cuatro horas, intente que incremente el intervalo una media hora cada día hasta que logre un plazo mínimo de tres a cuatro horas.

• Una vez al día, a la misma hora todos los días, pídale que retenga la orina tanto como sea posible, cuando menos hasta el punto de que sienta cierta incomodidad. Después, cuando orine, mida el volumen. Esto ayudará a incrementar gradualmente la capacidad de la vejiga durante el día, al mismo tiempo que el niño intenta batir su propio «récord». No hay un volumen específico que garantice la continencia durante la noche, pero de diez a doce onzas son objetivos razonables;

también intente una mejoría del 50 por ciento respecto del «récord» inicial.

• Cuando menos una vez al día, pídale que practique iniciando y deteniendo el flujo de orina varias veces.

• Cuando su hijo se mantenga seco por la noche durante dos semanas consecutivas, refuerce el éxito con un programa de «sobreaprendizaje». Fomente en su hijo la ingestión de más y más líquidos durante el día y de dos a cuatro vasos a la hora de acostarse para que controle cada vez mejor su vejiga.

3. Condicionamiento

Las técnicas de condicionamiento han tenido mucho éxito en el tratamiento de la enuresis, si bien este método ha sido más utilizado en Europa que en los Estados Unidos. El sistema consiste en una «alarma y dos paños», de los cuales hay algunos disponibles comercialmente. Dos paños que se adaptan a la cama se separan mediante una sábana delgada. Los paños se conectan a una alarma y cuando la sábana se moja, se establece una conexión eléctrica entre ambos, de manera que la alarma suena. Los modelos disponibles ahora en el mercado son muy seguros; se corren pocos riesgos de quemaduras.

El objeto del condicionamiento es que su hijo despierte tan pronto como empiece a mojarse. El sistema funciona sobre la base de la teoría de que, así, su hijo aprenderá a relacionar las sensaciones que tuvo justo antes de orinar con la necesidad de despertarse. Para utilizar este método con éxito, el niño necesita toda su cooperación y comprensión. Por lo tanto, es poco probable que tenga éxito antes de que cumpla siete años, si bien algunos niños más pequeños han podido aprovecharlo.

Para utilizar el sistema de condicionamiento con alarma y paños, tanto los padres como el niño deben saber cómo funciona, pero el niño enurético debe asumir la responsabilidad de probarlo y encenderlo cuando se acuesta por la noche. Es conveniente que utilice una pijama delgada o que duerma desnudo, pues las telas gruesas absorben la orina y demoran el funcionamiento de la alarma.

Si la alarma suena por la noche y el niño no despierta de inmediato, los padres deberán despertarlo. No obstante, deje que siga sonando hasta que el niño se levante y la apague. Después podrá ir al baño para terminar de orinar; si es necesario, ayúdele a volver a hacer la cama y conecte de nuevo la alarma. Es muy importante que se utilice el sistema *todas* las noches y se lleve un registro cuidadoso de los resultados. Aparentemente, la principal causa del fracaso de este dispositivo es la falta de compromiso para continuar con el tratamiento durante el tiempo que sea necesario. Con frecuencia, el condicionamiento lleva varios meses, de manera que prepárese para aplicarlo durante cuatro o cinco, aunque la mayor parte de los niños responden antes. En general, el 25 por ciento de los niños mejora en un plazo de dos a seis semanas; el 50 por ciento se mantiene seco hacia los tres meses, y el 90 por ciento, al cabo de cuatro a seis meses.

También con este programa es posible utilizar el «sobreaprendizaje» cuando el niño se ha mantenido seco durante dos semanas. Incremente la ingestión de líquido por la noche hasta un máximo de dieciséis a treinta y dos onzas antes de acostarlo y siga usando la alarma y el paño hasta que se haya mantenido seco por veintiún noches consecutivas.

Es importante que usted sepa que con frecuencia se presentan recaídas cuando deja de usarse el paño. Si esto le sucede a su hijo, simplemente vuelva a utilizarlo como antes. Cuando el problema persiste, en ocasiones se necesitan varios tipos de condicionamiento.

4. Medicamentos

Para los niños cuya enuresis es severa y no responden a los enfoques conductistas, ocasionalmente prescribimos medicamentos que le ayuden a mantener el problema bajo control. La imipramina (Tofranil) ha sido de gran utilidad, si bien no se sabe con certeza cómo y por qué funciona, tal vez por los efectos que tiene sobre el sueño (posiblemente influye en la probabilidad y las características de los despertares no *MOR*) o porque actúa directamente en la vejiga (reducción de las contracciones e incremento de la capacidad de la misma). Ingerida en las dosis adecuadas, esta medicina es relativamente segura, si bien ocasionalmente se presentan efectos colaterales como irritabilidad, pesadillas y cambios de humor. Sin embargo, las sobredosis del medicamento son bastante peligrosas y podrían ser fatales, de manera que si su médico receta imipramina a su hijo, el medicamento debe ser utilizado con *gran cuidado*. No lo deje al alcance de los niños y asegúrese de que su hijo no intenta incrementar las dosis para mantenerse seco por la noche.

Considero que este tratamiento debe aplicarse diariamente en raras ocasiones, pero lo tomaría en consideración para los niños mayores que no han tenido éxito con otros métodos y que presentan problemas sociales y psicológicos derivados de la enuresis. Una vez que se logra la dosis efectiva, lo mejor es utilizarlo sólo en determinadas circunstancias (como en el caso de Larry) para permitir que el niño vaya de campamento o duerma en casa de algún amigo sin temor a sufrir vergüenza. Siempre empiezo el tratamiento con dosis muy pequeñas que incremento gradualmente hasta lograr una respuesta efectiva o la dosis máxima que considero segura. En general, los resultados se ven pronto; con frecuencia, el niño se mantiene seco desde la primera noche, pero de todas maneras, normalmente hacia el final de la primera semana de terapia se observa una reducción en el número de episodios.

Otros métodos

5. Levantar al niño

Quizá usted ya «levante» a su hijo, es decir, lo lleva al baño unas horas después de que se duerme, probablemente cuando usted está a punto de irse a la cama. En ocasiones se logra cierto éxito y se evita que se moje por la noche, especialmente si el niño sólo lo hace una vez por noche y si la hora en que sucedería es predecible y no demasiado tarde, pero es poco probable que se observen beneficios a largo plazo. El hecho de que usted despierte a su hijo en lugar de permitirle que aprenda a despertar por las señales de la vejiga, probablemente pospondrá el que logre la continencia nocturna. Por otra parte, si esto funciona, quiere decir que cuando menos su hijo permanece seco, hay menos frustración y menos cambios de sábanas y pijamas. Con frecuencia esta técnica no tiene éxito porque el niño ya está mojado cuando usted va por él o se mojará nuevamente más tarde. Si se da cuenta de que este método funciona, le sugiero que cada tres meses deje intervalos de dos semanas sin levantarlo para verificar los avances y darle oportunidad de aprender a controlarse por la noche.

6. Cambios en la dieta

Rara vez sugiero cambios importantes en la dieta para tratar de reducir el número de eventos, porque la mejoría es escasa e implica demasiado trabajo; pero si usted quiere intentar este método, tendrá que seguir las mismas dietas descritas en libros sobre dietas para niños hiperactivos. Pida la ayuda de un bibliotecario, pero recuerde: si hay mejoría, podría tratarse de una coincidencia o de la respuesta a los esfuerzos de cooperación de la familia, más que al régimen en sí. De todas formas, no imponga a su hijo una dieta demasiado restringida; gradualmente incluya de nuevo los alimentos que había eliminado y asegúrese de que un alimento en particular es la causa de que se moje por la noche antes de eliminarlo.

Conclusión

La enuresis podría ser un problema difícil de eliminar por completo, y no hay duda de que es frustrante cuando persiste. Si bien los tratamiento descritos en este capítulo no garantizan el éxito, cuando son llevados a cabo con *diligencia* la mayoría de los niños muestran una mejoría significativa y algunos hasta dejan de mojarse. Si bien la enuresis es un trastorno del sueño menor en cuanto al hecho en sí, podría tener consecuencias importantes por su impacto en el niño y la familia. Por ello, es importante que usted entienda el problema y responda a las necesidades de su hijo de la manera adecuada. Incluso si tiene que esperar a que por fin lo supere, es importante que su hijo sienta que lo hace con cariño. Debe trabajar con *él* de manera positiva, como parte de un equipo. Al hacerlo así, ayudará a evitar meses o años de sufrimiento innecesario para su hijo; sus intenciones respecto a él seguirán siendo adecuadas, identidad del niño mejorará y se llevará mejor con sus amigos. Mientras más capaz sea usted de demostrarle a su hijo que pueden trabajar en equipo, más probabilidades habrá de que sus intentos por reducir la enuresis tengan éxito.

PARTE 5

OTROS PROBLEMAS

XIII. GOLPES EN LA CABEZA, OSCILACIÓN DEL CUERPO Y GIROS DE LA CABEZA

A la hora de acostarse, después de despertar durante la noche o por la mañana, muchos niños muestran algún tipo de comportamiento repetitivo y rítmico. Se mecen en cuatro patas, giran la cabeza de lado a lado, la golpean contra la cabecera de la cama o la dejan caer repetidamente sobre la almohada o el colchón. Por la noche, este comportamiento persiste hasta que se quedan dormidos, y por la mañana, hasta que están totalmente despiertos. Si su hijo actúa de esta manera, le tranquilizará saber que los golpes y giros en la cabeza y las oscilaciones del cuerpo son muy comunes en la primera infancia, cuando menos a dicha edad, en general son normales. Si su hijo muestra alguno de estos comportamientos no tiene por qué preocuparse en cuanto a problemas emocionales o enfermedades neurológicas, sin embargo, si estos síntomas persisten o se inician en niños un poco mayores, podrían tener otras implicaciones.

Cuándo se inicia el comportamiento rítmico
La mayoría de los niños pequeños se mecen hacia adelante y hacia atrás ocasionalmente y cerca del 20 por ciento de ellos lo hacen con mayor frecuencia; se ponen en cuatro patas y se mecen hacia adelante y hacia atrás cuando menos una vez al día, pero este balanceo se presenta sobre todo durante las horas de vigilia, con frecuencia mientras escuchan música. Más o menos la mitad de ellos también lo hace en la cama antes de dormirse y otros limitan su movimiento a este momento. Más o menos el 5 por ciento presentan otros comportamientos rítmicos, sobre todo darse de golpes en la cabeza o girarla, principalmente a la hora de acostarse, después de despertar

por la noche o en la mañana, o durante el sueño. El balanceo del cuerpo y los giros de la cabeza son igualmente comunes en niños y niñas, pero los golpes son tres veces más frecuentes entre los niños.

Estos comportamientos rítmicos con frecuencia se inician muy pronto, en general en el primer año de vida. *En promedio*, el balanceo del cuerpo se inicia a los seis meses, y los golpes en la cabeza y los giros de ésta hacia los nueve meses, aunque el rango es bastante considerable. Los giros de la cabeza y algunas veces el balanceo incluso podrían presentarse dentro de los tres primeros meses. Los golpes en la cabeza podrían iniciarse ya a los cuatro meses, o hasta el principio del segundo año. Con frecuencia, el balanceo del cuerpo y los giros de la cabeza aparecen primero, y los golpes varias semanas o meses después.

Estos comportamientos rítmicos podrían durar sólo unas semanas o unos cuantos meses, o ser aún más persistentes; aun así, en general desaparecen al cabo de un año y medio de haber surgido. Es poco común observarlos después de los tres años de edad.

Comportamiento

El niño se golpea la cabeza, probablemente se pone en cuatro patas y se balancea hacia adelante y hacia atrás golpeando la frente o la parte superior de la cabeza contra la cabecera de la cuna o cama o se sienta en ella y se golpea hacia atrás contra la cabecera. Algunos se acuestan boca abajo y levantan la cabeza, o la cabeza y el pecho y lo golpean o lo dejan caer contra la almohada o el colchón una y otra vez. Ocasionalmente se paran en la cuna, se sostienen del barandal lateral y golpean contra éste la cabeza. A veces, asumen posturas extrañas que les permiten balancearse, golpear la cabeza, chuparse el pulgar y sostener un animal de peluche al mismo tiempo.

Otros niños sólo se balancean; se mueven hacia adelante y hacia atrás, pero sin golpearse la cabeza. Con mayor frecuencia lo hacen en cuatro patas, aunque algunos se sientan. El niño que gira la cabeza, casi siempre se acuesta de espaldas y la mueve rítmicamente de un lado a otro, quizá al mismo tiempo que la golpea contra la parte lateral de la cuna.

En general es muy frustrante para los padres que los niños se golpeen la cabeza. Timothy, por ejemplo, tenía dos años y se había desarrollado saludable y normalmente. No obstante, a sus padres empezó a preocuparles su comportamiento durante la noche. A partir de los siete meses, empezó a balancearse hacia adelante y hacia atrás vigorosamente en cuatro patas más o menos durante veinte minutos antes de conciliar el sueño; no pasó mucho tiempo antes de que empezara a golpearse la cabeza, y aún lo hacía a los dos años de edad.

Todas las noches, después que lo acostaban, Timothy se balanceaba vigorosamente y golpeaba la frente contra la cabecera y la piecera de la cama. Si bien en general dejaba de hacerlo al cabo de quince minutos y se dormía, algunos episodios duraban hasta una hora. Durante el balanceo y los golpes, con frecuencia la cuna se desplazaba por la habitación; constantemente sufría daños y dos veces tuvieron que cambiarla.

A sus padres les preocupaba que se lastimara y por ello acolchonaron los extremos de la cuna, pero de alguna manera lograba quitar las protecciones o encontraba algún punto duro contra el cual golpearse. Cuando pusieron el colchón en el piso, simplemente gateaba hacia la pared y contra ella golpeaba la cabeza.

Niños como Timothy, que presentan el balanceo o los golpes en la cama por la noche, frecuentemente lo hacen a la hora de dormir, pero podrían comportarse de la misma manera por la mañana después de despertar, antes de la siesta o cuando tratan de volver a dormirse después de un despertar nocturno. Otros se van a la cama sin balancearse o golpearse, pero presentan dichos comportamientos después de los despertares espontáneos durante la noche. Esos balanceos rítmicos o los golpes en la cabeza podrían presentarse durante el día en ciertos niños, en general en momentos de presión o dolor, pero con mucha mayor frecuencia si oyen música. Cuando un niño se balancea o se golpea la cabeza por la noche, casi siempre está somnoliento y el comportamiento se detiene en cuanto se duerme profundamente.

Sólo en muy pocas ocasiones estos patrones rítmicos persisten en etapas más profundas de sueño. Si usted entra en la habitación cuando el niño se está balanceando y ni siquiera se percata que usted le habla, entonces es probable que esté dormido. Si en esos momentos responde sólo cuando se levanta la voz o usted lo sacude y parece temporalmente confundido, no hay duda de que estaba dormido. No gira la cabeza para tratar de dormirse de nuevo después de un despertar breve o para llamar su atención, o por ansiedad; en estos casos, el balanceo o los golpes parecen ser algo diferente. En lugar de ser movimientos seminconscientes de su hijo que lo tranquilizan y le ayudan a dormirse, estos comportamientos son inconscientes y aparentemente representan un verdadero trastorno del sueño. Aun así, en general no tienen gran importancia; pero si se presentan durante el sueño profundo, podrían tardar en desaparecer y persistir después de los tres años. No obstante, conforme su hijo crece, progresivamente disminuirá su intensidad y duración, se convertirán en periodos de sueño más ligero o de somnolencia, y a la larga casi podrían desaparecer por completo.

¿Qué provoca este comportamiento?

Todos sabemos que los estímulos rítmicos son tranquilizantes para los bebés, al igual que para nosotros. Un niño que se balancea en la cama o que mueve la cabeza de un lado a otro —o un adulto que se balancea suavemente al compás de una música suave— simplemente se proporciona a sí mismo una sensación de placer o comodidad. Pensamos que en los niños pequeños la sensación es de tranquilidad, como chuparse rítmicamente el pulgar o ser balanceado en una mecedora. Obviamente, no es tan claro por qué golpearse la cabeza vigorosamente tendría que ser «tranquilizante», pero aparentemente lo es. Posiblemente al niño le parece que los sonidos rítmicos fuertes, o incluso los golpes recurrentes regulares, lo tranquilizan de una manera diferente a la de los adultos.

Con frecuencia la dentición se inicia más o menos al mismo tiempo que el comportamiento descrito. Cuando el balanceo o los golpes duran poco, de hecho podrían ser una respuesta a la incomodidad, pero hay una tendencia a achacar demasiados trastornos del sueño de los bebés a la dentición y es poco probable que sea la causa de los comportamientos rítmicos si persisten más de algunas semanas. Nos hemos dado cuenta de que los golpes en la cabeza o el balanceo temporal podrían presentarse o volver a aparecer cuando su hijo enfrenta una fase de desarrollo importante, como aprender a ponerse de pie o dar sus primeros pasos. Cuando esto sucede, sus comportamientos nocturnos aparentemente liberan la tensión que sintió durante el día.

Cuando los comportamientos rítmicos se inician antes de los dieciocho meses, desaparecen casi totalmente hacia los tres o cuatro años y en general no son indicio de problemas emocionales; es más, los niños con dichos hábitos son bastante felices y saludables, y aparentemente en sus familias no hay problemas ni tensiones importantes. No obstante, es cierto que este tipo de comportamientos se presenta con mayor frecuencia en niños con ciertos trastornos neurológicos o psiquiátricos. Los niños retrasados, ciegos y autistas tienen una mayor tendencia a balancear su cuerpo o golpearse la cabeza, pero cuando estos comportamientos se relacionan con un trastorno importante, casi siempre es obvio que el niño no es normal. Así que si su hijo se desarrolla normalmente, no hay razón para preocuparse, sobre todo si dichos patrones motores rítmicos se inician a temprana edad.

Cuando estas conductas aparecen después de los dieciocho meses, cuando persisten o recurren en niños de mayor edad, su significado puede ser diferente. Aun así, si los síntomas no son muy marcados—quizá movimientos de cabeza no muy fuertes y breves o unos cuantos minutos de golpes ligeros contra la almohada antes de conciliar el sueño—, probablemente se trate nada más de hábitos aprendidos relacionados con la somnolencia y el hecho de conciliar el sueño, o quizá son patrones de comportamiento automáticos que se presentan sólo en un estado de somnolencia y no son importantes. Por ejemplo, muchos niños mayores, e incluso algunos adultos, giran una o ambas piernas de un lado a otro durante varios minutos cuando tratan de dormirse.

Sin embargo, si los patrones rítmicos de su hijo son vigorosos, duran más de quince minutos y se repiten durante la noche, entonces debe investigar más. Si el niño es autista o retrasado ya se habrá dado cuenta de dicha condición, pero podría tratarse de problemas emocionales menos serios; quizá se sirva del balanceo o de los golpes para atraer la atención. Si cuando usted entra a su habitación le pide que se detenga, tal vez inadvertidamente haya reforzado dicho comportamiento. El niño ya aprendió que haciendo ruidos de balanceo o golpeándose contra la cama se asegura de tener cierta interacción con usted; también, su comportamiento rítmico nocturno podría ser una forma de manejar la ansiedad. Probablemente se sienta solo y atemorizado cuando se aleja de usted, especialmente si viven en casa y él duerme en la parte alta (o en la planta baja) solo; tal vez esté preocupado por cambios importantes en su vida o por tensiones del momento en el hogar.

Jessica, por ejemplo, tenía ocho años cuando supe que había pasado por un periodo corto de balanceo en la cama antes de cumplir un año, pero había desaparecido poco después. Seis meses antes que su madre me la trajera, había adoptado el hábito de «golpear» todas las noches durante treinta a sesenta minutos antes de conciliar el sueño. Se acostaba boca abajo en la cama, levantaba la cabeza y la dejaba caer varias veces contra la almohada.

Jessica era una niña saludable y parecía bastante contenta, si bien era un poco retraída. Me enteré de que el año anterior había sido difícil para la familia. Sus padres se habían separado y estaban en el proceso de divorcio y ella y su mamá se habían trasladado a un apartamento más pequeño; la madre había vuelto a trabajar. Cuando hablé a solas con la niña, supe que sentía que ella había provocado la separación de sus padres y pensaba que estaban enojados con ella por eso. Tenía miedo de causar mayor infelicidad a su madre y, si eso sucediera, hubiera sufrido aún más por falta de amor. Era obvio que la recurrencia de los golpes con la cabeza se debía a sus problemas emocionales del momento.

Cómo tratar el problema
En el bebé y el niño pequeño, los patrones rítmicos son poco importantes y no es necesario que usted intervenga. Dicho comportamiento probablemente desaparecerá pronto. Si el balanceo o los golpes con la cabeza son especialmente severos, como en el caso de Timothy, para tener un poco más de

tranquilidad por la noche, menos daños en los muebles y que los vecinos dejen de quejarse, quizá valga la pena que tome en consideración diferentes enfoques, aunque sólo en ocasiones tienen éxito. Intente poniendo un reloj que haga ruido bastante fuerte en la habitación de su hijo o un metrónomo ajustado al ritmo de su balanceo o de sus golpes. Si el niño presta atención al sonido rítmico, se quedará tranquilo. Fomente en él las actividades rítmicas durante el día, como los columpios o los caballos de madera, oír música o balancearse en una silla; es muy importante tener en mente que en esta ocasión el consejo «No se preocupe, no pasa nada grave y lo superará» es válido. Los padres de Timothy lo aceptaron, no hicieron cambios (únicamente dejaron de preocuparse) y de hecho al cabo de seis meses los golpes casi habían cesado totalmente.

Un niño normal no se lastimará seriamente cuando se golpea en la cabeza, si bien en ocasiones se raspa la frente; muy rara vez se presentan ligeros sangrados. No hay riesgo de conmociones, fracturas de cráneo o daños cerebrales; el daño principal lo resienten los muebles y los muros. Por otra parte, los jóvenes retrasados que se golpean la cabeza vigorosamente, sí llegan a lastimarse; si su hijo es retrasado o autista, deberá pensar en ponerle un casco o alguna otra protección. Las protecciones en torno a la cama reducen el ruido y usted se preocupa menos, pero los niños como Timothy, propensos a golpearse, con frecuencia las quitan o encuentran algún otro punto donde golpearse.

Para el niño que nada más se balancea, pero lo hace vigorosamente durante largo tiempo, quizá sea mejor que duerma en un colchón en el suelo. Esto evitará que la cuna se mueva hacia atrás y hacia adelante y «camine» por la habitación todas las noches. No tendrá que tolerar el ruido y remplazar los muebles dañados. Desafortunadamente, los colchones en el suelo casi siempre son inútiles para los niños que se golpean la cabeza en ellos. No hay duda de que no ayudará si lo hace contra el colchón, pero si lo hace contra la piecera de la cuna o de la cama, podría ser útil poner el colchón en el centro de la habitación. Aun así, es muy probable que gatee hacia el muro y ahí golpee la cabeza. Ocasionalmente estos cambios reducen los golpes, especialmente a medianoche, cuando el niño quizá opte por balancearse vigorosamente.

Los golpes en la cabeza o el balanceo en niños mayores, en general tienen relación con factores emocionales y usted debe adoptar una actitud más activa para ayudarlo a resolver el problema. Sea cual sea la razón, su hijo podría sentir que necesita mayor atención. Su balanceo o el hecho de que se golpee la cabeza hacen que usted acuda a su habitación, aunque sea para decirle que deje de hacerlo. Observará que si el niño duerme en casa de un amigo o si usted duerme en su habitación no se balancea ni se golpea. Si es así, es importante que responda a su necesidad de atención, pero no al comportamiento nocturno, o lo reforzará; por eso, lo mejor es ignorarlo por la noche (como haría con un berrinche), pero asegúrese de dedicarle tiempo extra durante el día. Demuéstrele que disfruta su compañía pero no espere a que él exija atención. El lapso anterior al momento de acostarlo es especialmente importante. Si pasan juntos unos minutos «especiales», entonces probablemente el niño lo necesitará menos después de darse las buenas noches; quizá valga la pena que usted se quede en la habitación cerca de él cuando se duerme y prometa ir a verlo antes de acostarse. Durante el día los dos pueden trabajar juntos para que él deje de golpearse o de balancearse, quizá mediante una gráfica de estrellas con recompensas por un número suficiente de noches tranquilas. Si usted siente que no puede satisfacer la necesidad de atención de su hijo a causa de las presiones de su propia vida o si la necesidad de atención del niño persiste a pesar de que usted siente que le dedica suficiente tiempo durante el día, quizá necesite ayuda profesional.

También podría ser que el balanceo o los golpes en la cabeza sean su manera de manejar la ansiedad. Si el niño está preocupado por cosas importantes como un divorcio, peleas en la familia o alguna enfermedad, es muy probable que usted conozca la causa de su preocupación. Por otra parte, si superficialmente su vida parece feliz y estable, usted será incapaz de verificar la causa del malestar. De cualquier forma, si su hijo está muy tenso, tendrá problemas por la noche. Cuando el niño se va a la cama y se apagan las luces, se queda a solas con sus pensamientos y fantasías. Si éstos son atemorizantes o perturbadores hará cualquier cosa por evitarlos, incluso balancearse vigorosamente o golpearse en la cabeza. Si se concentra en dichos comportamientos, se le facilita evadir pensamientos preocupantes o atemorizantes. Si su hijo está pasando por una época difícil, también necesita más atención, y por lo tanto, sus actitudes tendrán un propósito doble: ayudarle a afrontar los momentos en que está solo con sus pensamientos por la noche y atraerlo a usted para que le conceda mayor atención y posiblemente lo tranquilice.

Si los comportamientos rítmicos se inician en un momento de cambios importantes en la vida del niño —después de una separación o una enfermedad grave—, trate de analizar abiertamente la situación con él y anímelo a expresar sus sentimientos de enojo o culpabilidad. Si su ansiedad se reduce, también se reducirá su necesidad de balancearse o golpearse. Si es demasiado pequeño para esto, concédale un poco más de atención y cuidado para que sepa que su mundo es seguro y cariñoso y que él no es responsable de ninguno de los problemas. Algunas veces es difícil lograrlo solo; si intenta ayudar a su hijo pero tiene poco éxito o siente que no conoce el origen del problema o no sabe cómo tratarlo, analice la posibilidad de pedir ayuda profesional. Dependiendo de las cuestiones implicadas y de la edad del niño, la terapia podría incluirlo a usted, a su cónyuge, a su hijo o a todos juntos.

En el caso de Jessica, era obvio que estaba muy ansiosa a causa de la confusión relacionada con la separación de sus padres. En un principio, la madre se había mostrado renuente a discutir el asunto con ella por su propia ansiedad y porque sentía que si no lo discutían, todo sería más «fácil para Jessica». Sin embargo, la madre de la niña buscó ayuda para ella misma, lo cual fue muy útil, y la tensión en el hogar empezó a relajarse rápidamente. Dedicó más tiempo a hablar con la niña y juntas analizaron más abiertamente los sentimientos relacionados con el divorcio. La madre de Jessica estaba sorprendida de todo lo que la niña tenía que decir respecto a la partida del padre y ésta admitió que se sentía responsable. Dijo que no había estado dispuesta a discutir las cosas antes porque su madre siempre había evitado el tema. Finalmente, Jessica pudo expresar sus sentimientos y su madre corrigió las malas interpretaciones y le ofreció su apoyo. Jessica dijo que deseaba dejar de «golpearse», de manera que las dos empezaron a trabajar con una gráfica de estrellas en la cual la niña ganaba premios por la noches en que no se golpeaba. Poner al día la gráfica proporcionaba a ambas la oportunidad de pasar un tiempo especial juntas durante el día, cuando la niña pegaba las estrellas y hablaban acerca de su éxito. Jessica no recibía atención especial las noches en que se «golpeaba» ni tampoco recompensas. Recibía atención durante el día y se le otorgaban recompensas por *no* «golpearse».

Ahora que Jessica y su madre están trabajando juntas, sus interacciones diurnas han mejorado y se sienten mejor con ellas mismas. La ansiedad de la niña se ha reducido y la gráfica de estrellas realmente la motiva. El balanceo desapareció al cabo de cuatro semanas, excepto por episodios ocasionales que duraban unos cuantos minutos después de que despertaba algunas noches. En este caso, felizmente, una vez que la madre y la hija comprendieron la fuente del problema, la ansiedad disminuyó, pudieron trabajar juntas y rápidamente se apreció un cambio en el comportamiento nocturno.

No obstante, con frecuencia un niño se enfrenta a presiones continuas, en general en el hogar. En dichos casos, el tratamiento probablemente llevará más tiempo y se recomendará para el niño o para toda la familia. Pienso que siempre es más importante tratar el problema emocional que tratar y detener rápidamente el comportamiento rítmico. De hecho, una vez que cesan las tensiones emocionales, en general el comportamiento nocturno disminuye o desaparece solo.

XIV. RESPIRACIÓN RUIDOSA, RONQUIDOS Y APNEA NOCTURNA

Si su niño ronca muy fuerte mientras duerme, quizá usted no haya prestado suficiente atención y bromee respecto de que nadie podrá nunca compartir la habitación con él, o quizá le preocupe mucho. Observándolo y oyéndolo todas las noches, quizá haya llegado a la conclusión de que le cuesta trabajo respirar, de que incluso a veces no puede hacerlo, y que no nada más «está roncando». Tal vez haya llegado a sentarse al lado de la cama del niño o lo haya llevado a la suya cuando está resfriado para asegurarse de que no deja de respirar. Sus amigos, o incluso su médico, le habrán dicho que los ronquidos no son preocupantes, pero todas las noches usted observa y escucha e independientemente de lo que le hayan dicho sigue preocupado.

Si bien los ronquidos solían ser considerados sólo una molestia, ahora sabemos que con frecuencia están relacionados con problemas respiratorios que se presentan durante el sueño, de manera que si su hijo ronca, usted tiene razón para preocuparse. Podría padecer un trastorno llamado «apnea» que requiere atención médica.

Qué pasa durante la apnea
Si bien los médicos conocen la apnea desde hace muchos años, no fue sino hasta la década de los setenta, época en que empezaron a proliferar los laboratorios del sueño, cuando empezamos a observar la frecuencia con que este trastorno se presenta. En el hombre, el problema es especialmente frecuente después de los cuarenta años, y en la mujer después de la menopausia. No obstante, gran número de niños sufre también este trastorno, aunque ha sido pasado por alto quizá

porque los síntomas *diurnos* son menos obvios en los niños que en los adultos o porque la mayor parte de los centros del sueño atienden a pacientes adultos.

«Apnea» significa ausencia de respiración. En un niño con apnea nocturna, varias veces durante la noche se presenta un fenómeno poco usual. Una vez que se duerme, sus vías respiratorias superiores se reducen o cierran, de manera que no respira adecuadamente; a causa de la obstrucción, casi no pasa aire, o no pasa, independientemente de los esfuerzos que haga por respirar. Si entra un poco, el niño ronca. Los sonidos pueden ser suaves y chirriantes si pasa sólo una pequeña cantidad de aire, o fuertes y ásperos si el aire es más abundante. Si el conducto se bloquea totalmente, hay un periodo de tranquilidad durante el cual el niño no respira. Cuando el flujo de aire se reduce o desaparece, los niveles de oxígeno del torrente sanguíneo decrecen, hasta que, en general, después de ocho a treinta segundos, el niño se levanta, ajusta seminconscientemente los músculos de la lengua y garganta para abrir las vías respiratorias y aspira varias veces sin obstrucciones. Si la respiración estaba totalmente bloqueada, estas inspiraciones irán acompañadas de fuertes ronquidos o resoplidos, de manera que usted oirá ronquidos fuertes y silencios alternados. Si la obstrucción fue parcial, con ronquidos progresivos, estas inspiraciones menos obstruidas serán más silenciosas, con un ronquido ligero o respiraciones fuertes profundas, y se observarán periodos de ronquidos alternados con respiraciones fuertes. Después de que aspira unas cuantas veces y el oxígeno recupera un mejor nivel, el niño vuelve a dormirse (sin tener conciencia del despertar parcial) y su respiración volverá a obstruirse. El niño con apnea se esfuerza por respirar y su sueño puede ser bastante intranquilo. En casos extremos, se sienta o duerme inclinado sobre las rodillas en un esfuerzo por respirar más libremente.

En el pasado, era frecuente que los médicos no reconocieran la apnea en los niños hasta que la intensa presión derivada de su esfuerzo por respirar acompañada de los bajos niveles de oxígeno provocaban una disminución en las funciones cardiacas. Afortunadamente esto es muy poco común y la mayoría no desarrolla complicaciones de este tipo; éstas llegan a presentarse sobre todo en niños con obstrucciones tan severas que su respiración también se ve menguada cuando están despiertos.

En general, en la apnea nocturna la obstrucción real se presenta en la parte posterior de la garganta, atrás de la base de la lengua. En esa zona, las vías respiratorias se bloquean porque se colapsan las paredes de la garganta, que en dicha región son blandas, y por la lengua que cae hacia atrás. Mientras estamos despiertos, mantenemos la lengua hacia adelante y la garganta tensa, de manera que podemos respirar; pero durante el sueño, cuando perdemos cierta capacidad de hacerlo, es posible que se colapsen las vías aéreas. En determinadas condiciones, por ejemplo cuando se reducen anormalmente estas vías respiratorias, lo cual obliga al niño a aspirar con fuerza, es más probable que se presente dicho colapso.

Para darle una idea de cómo se presenta dicha obstrucción, imagínese por un momento lo que sería respirar a través de un popote (pajilla), de tal manera que éste representa el sistema respiratorio (véase figura 14). El extremo más alejado de usted sería la entrada de aire (la nariz) y el extremo que se encuentra en la boca, la fuente de succión (el diafragma). Mientras el popote conserva su forma, normalmente se respira sin dificultad. No obstante, si lo dobla por la mitad varias veces y éste se vuelve flexible, se dará cuenta de que al aspirar con rapidez, la parte debilitada se colapsa, pero que si respira lenta y regularmente, eso no sucede.

Ahora imagínese que aprieta el extremo del popote. Para poder respirar a través de una abertura angosta, tendría que succionar con más fuerza de la normal y la parte debilitada seguramente se colapsaría y provocaría una obstrucción. Esta es una analogía de lo que sucede en las vías respiratorias superiores de un niño, las cuales se han estrechado porque las amígdalas o las adenoides están crecidas. Para tener aire suficiente, debe aspirar fuerte, pero en ese proceso la parte debilitada en la parte posterior de la garganta podría cerrarse a causa de la succión. Esto no le sucede despierto porque puede controlar los músculos de la lengua y la garganta para mantener abierto el paso, pero podría sucederle dormido. Si

FIGURA 14
APNEA NOCTURNA OBSTRUYENTE

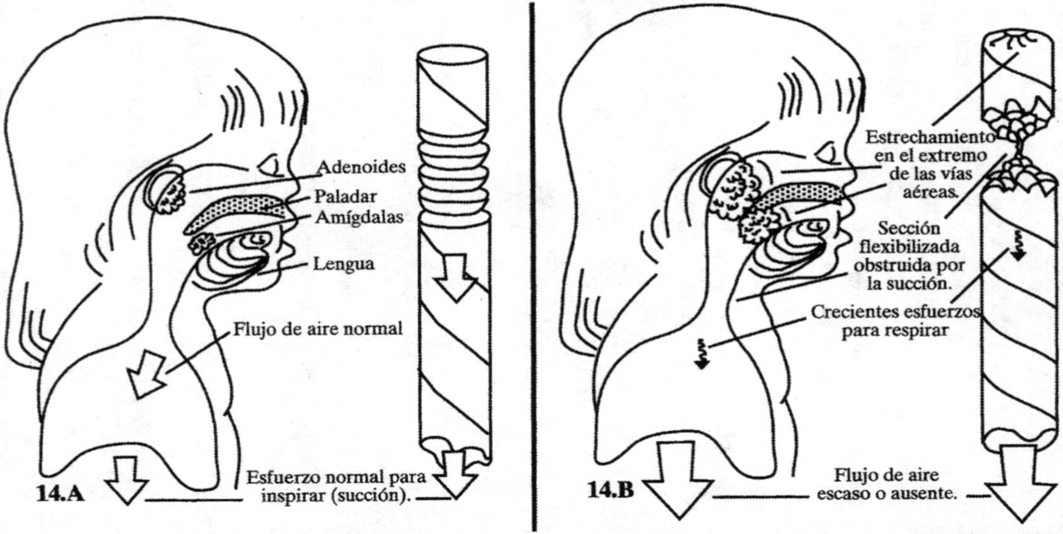

14.A

- Adenoides
- Paladar
- Amígdalas
- Lengua

Flujo de aire normal

Esfuerzo normal para inspirar (succión).

14.B

Estrechamiento en el extremo de las vías aéreas.

Sección flexibilizada obstruida por la succión.

Crecientes esfuerzos para respirar

Flujo de aire escaso o ausente.

En la figura 14A, una niña con amígdalas y adenoides de tamaño normal respira adecuadamente sin mucho esfuerzo. Lo mismo podríamos hacer respirando por un popote(pajilla) con diámetro suficiente (figura 14B).

En la figura 14C, el paso del aire está obstruido por las amígdalas y adenoides notablemente crecidas. La niña tiene que aspirar arduamente para que el aire pase por la vía estrecha, pero la parte flexible del conducto, justamente bajo las amígdalas y las adenoides se cierra con la succión y el flujo de aire es escaso o está ausente (apnea). Es como respirar a través de un popote(pajilla) cuyo extremo se ha estrechado (figura 14D).

esto ocurre varias veces durante la noche, entonces sufre de apnea nocturna.

Si bien no siempre es posible determinar la causa de la apnea nocturna, cualquier estrechamiento de las vías respiratorias superiores o cualquier incremento en la flexibilidad de los tejidos de la garganta pueden dar lugar a dicha condición. Muchos adultos que padecen apnea nocturna están excedidos de peso y presentan un cuello corto y grueso. Cuando menos en parte, la obesidad también puede ser un factor importante en la apnea nocturna en niños por el exceso de los depósitos de tejido graso suave en las paredes de la garganta.

Dicha condición también podría ser provocada por anormalidades orales o faciales; la más común es la mandíbula inferior retraída o anormalmente pequeña (llamada rectrognatismo). La apnea nocturna también se presenta en niños con síndrome de Down porque en ocasiones la lengua es demasiado grande respecto de las dimensiones de la boca y porque el control neurológico de los músculos de la lengua y la garganta podría no ser totalmente normal. En algunos niños, la «anormalidad» podría haber sido provocada artificialmente por una cirugía. Algunas veces, el paladar se conecta mediante cirugía a la parte posterior de la garganta (haciendo una «lengüeta faríngea») para ayudar a corregir ciertos problemas del habla, especialmente en niños nacidos con paladar hendido. Ciertas anormalidades de la nariz, como la desviación del tabique nasal o algún tumor, son causas poco usuales de la apnea nocturna. La obstrucción nasal derivada de alergias podría provocar ronquidos, pero es poco probable que provoque una apnea grave. No obstante, para la mayoría de los niños que la padecen, la fuente del problema son las amígdalas y/o las adenoides crecidas.

Amígdalas y adenoides crecidas

Las amígdalas son unas glándulas rosadas y redondeadas que se observan a simple vista en la parte posterior de la boca, justamente por encima de la lengua y a ambos lados de la garganta. Cuando se infectan, se inflaman bastante; pero cuando la infección cede, vuelven a reducir su tamaño, aunque en ocasiones no recuperan sus dimensiones originales.

Las adenoides no son visibles; se encuentran situadas en la parte posterior de la garganta, por encima del paladar. Su apariencia es muy similar a la de las amígdalas. Cuando están crecidas, bloquean el flujo normal de aire por la nariz y el niño podría verse obligado a respirar por la boca. Su voz adquiere un tono nasal y la nariz fluye constantemente. También, el tubo que normalmente drena la cavidad del oído medio podría obstruirse y presentar una acumulación de líquido, que resulta en una pérdida temporal del oído e infecciones frecuentes.

No todos los niños con amígdalas o adenoides crecidas desarrollan apnea nocturna. Esto se debe probablemente a las diferencias anatómicas y fisiológicas de cada uno. Las dimensiones y la forma de la garganta de un niño podrían determinar el que las amígdalas crecidas bloquearan de manera importante la respiración por la noche. Por otra parte, la capacidad del niño para cambiar automáticamente a la respiración por la boca durante el sueño podría determinar que las adenoides crecidas dificultaran la respiración durante la noche.

En niños con problemas para respirar debido a amígdalas y/o adenoides crecidas, los ronquidos con frecuencia duran varios años; pueden hacerse más severos con el tiempo o mantenerse más o menos estables. Ocasionalmente, los síntomas se presentan de repente a consecuencia de un ataque de amigdalitis. Casi siempre empeoran en el invierno, cuando los resfriados son más frecuentes.

He tratado a muchos niños como Melody, de tres años, que solía estar contenta y alerta durante el día, con excepción de cierta fatiga ocasional por las tardes. Tenía buen comportamiento y era muy cooperativa en los juegos con sus amigos, pero sus padres estaban bastante preocupados por lo que le pasaba durante la noche. Melody empezó a roncar a los tres meses y con el paso del tiempo sus ronquidos empeoraban progresivamente. La mayor parte de la noche se le podía oír por toda la casa. Aparentemente, Melody tenía que esforzarse para respirar mientras dormía; abría la boca y a veces la parte superior del pecho se sumía, más que expandirse, con cada inspiración. Sus padres observaron que algunas veces el pecho de Melody parecía entrar y salir sin que hubiera un flujo de aire aparente, y en esos momentos la sacudían para que despertara y pudiera empezar a respirar de nuevo normalmente. Después de esos periodos en los que aparentemente Melody no respiraba, se agitaba y emitía extraños ronquidos cuando el aire finalmente entraba a sus pulmones. Si se resfriaba, sus problemas para respirar eran aún peores.

Sus padres habían analizado el problema con el pediatra varias veces y éste decía que las anginas de Melody estaban crecidas, y probablemente también las adenoides, porque tendía a respirar por la boca todo el tiempo. No obstante, pensaba que no era necesario eliminar ni unas ni otras, «los ronquidos no son motivo de preocupación dado que constituyen una etapa que se supera» y porque Melody no presentaba infecciones de garganta o de oído frecuentes.

En nuestro centro trabajamos muy de cerca con especialistas en otorrinolaringología, así como con médicos de otras disciplinas como la cirugía oral, la nutrición y la cirugía plástica. Con este enfoque interdisciplinario podemos diagnosticar y tratar a niños como Melody, de manera que sus problemas no sean descartados como si no tuvieran importancia. Para determinar con certeza qué le pasaba a Melody cuando dormía, una noche la tuvimos en el laboratorio con su madre para observarla dormida. Monitoreamos las etapas del sueño, así como el aire que entraba y salía por su nariz y boca. Registramos sus movimientos pectorales y abdominales cuando trataba de respirar y con un dispositivo especial llamado oxímetro, que se fija sin dolor en el oído, pudimos medir la cantidad de oxígeno del torrente sanguíneo. Lo que encontramos era típico de muchos otros niños con problemas similares, si bien el de Melody era especialmente grave.

Durante esa noche, Melody presentó 350 episodios durante los cuales la respiración se obstruyó total o parcialmente durante ocho a quince segundos. Pasó la *cuarta parte* de su periodo de sueño luchando con estas obstrucciones. La niña dormía bastante bien durante la primera parte de la noche en las etapas más profundas de sueño no *MOR*, cuando su respiración era bastante buena y sus ronquidos moderados; pero durante el resto de la noche, las obstrucciones y los despertares frecuentes interrumpían severamente su sueño. Durante la mayor parte de estas obstrucciones, el nivel de oxígeno en la sangre se reducía de manera significativa. Como esperábamos, las obstrucciones más severas se presentaban durante el sueño *MOR*, cuando los músculos de la garganta se relajaban más y el control de la respiración era menos automático.

Era angustioso ver a Melody luchar toda la noche para poder respirar. Dadas las interrupciones del sueño, era sorprendente que no se mostrara más cansada e irritable durante el día. La madre de Melody se tranquilizó al saber que su preocupación estaba justificada y que no permitiríamos que siguiera sufriendo.

Obesidad

La apnea nocturna también se presenta frecuentemente en niños manifiestamente obesos. Casi todos los médicos están familiarizados con el «síndrome de Pickwick», el cual, a grandes rasgos, se refiere a niños gordos y muy dormilones. La expresión se deriva del personaje de Joe, de la obra *Papeles póstumos del club Pickwick*, «un muchacho gordo y de rostro colorado», que siempre parecía estar en «estado de somnolencia». Cuando al señor Pickwick le dijeron que Joe «se dormía rápidamente cuando hacía los mandados y roncaba mientras servía la mesa», respondió, «¡Qué extraño!»

Extraño, quizá, pero no poco común. De hecho, es lo suficientemente común como para que casi todas las semanas llevemos a cabo estudios del sueño en la mayor parte de los jóvenes *manifiestamente* obesos que llegan a nuestro hospital.

Vaughn era uno de ellos; tenía doce años y dos obvios problemas: pesaba casi noventa kilos y siempre se dormía durante el día, a pesar de que, en apariencia, por la noche dormía lo suficiente. Casi siempre se quedaba dormido en la escuela, durante las clases, y también se dormía cuando trataba de hacer la tarea, por lo que tuvo que repetir un grado. Sus maestros y padres consideraban que su somnolencia era pereza y reaccionaban con enojo, en lugar de hacerlo con comprensión.

Cuando me lo trajeron, en un principio la familia no mencionó los ronquidos. Les preocupaba más la somnolencia, pero en respuesta a mis preguntas, dijeron que durante años Vaughn había roncado muy fuerte durante la mayor parte de la noche. Cuando analizamos el sueño de Vaughn nos dimos cuenta de que su apnea era aun más grave que la de Melody; presentaba más de 600 apneas, cada una de 20 a 70 segundos de duración. La falta de falta de oxígeno era intensa y con frecuencia no recuperaba su nivel normal durante los despertares que seguían a cada obstrucción. No presentaba sueño profundo y ni siquiera había periodos breves de respiración regular. Por algo estaba somnoliento todo el día.

Como Vaughn, la mayor parte de los jóvenes obesos con apnea nocturna son normales en todos los demás aspectos. Frecuentemente los padres de estos niños también son obesos; es probable que los factores emocionales sean importantes, ya sea como causa de la obesidad o como reacción ante ésta. Algunas veces la obesidad resulta ser un efecto secundario de algún trastorno médico específico, una condición endrocrinológica (hormonal) o de algún medicamento.

Cómo tratar la apnea nocturna

Los métodos que utilizamos para tratar a niños con apnea nocturna dependen obviamente de la causa del trastorno. Si, como en la mayoría de los niños, las adenoides y las amígdalas crecidas son la causa, en general recomendamos cirugía.

Por ejemplo, en Melody éstas eran demasiado grandes y aunque no había tenido problemas de infecciones en el oído o las amígdalas, pensamos que la severidad de su apnea justificaba la remoción de dichos tejidos. Después de la operación, la mejoría de Melody fue notable. Su respiración se hizo casi completamente silenciosa por la noche y su sueño volvió a la normalidad. De hecho, su madre me dijo que la respiración de su hija era tan tranquila por la noche, que en las primeras semanas después de la cirugía iba a verla para asegurarse de que estaba bien. Parecía extraño no oírla respirar en la otra habitación. Si bien los padres de Melody nunca pensaron que la niña se mostrara anormalmente somnolienta o irritable durante el día, observaron un cambio agradable después de la cirugía. Su humor mejoró, se quejaba menos y estaba llena de energía que utilizaba de la manera adecuada.

Si Melody hubiera nacido en los años cuarenta, es poco probable que hubiera sufrido tanto. De hecho, es muy posible que la apnea nocturna en niños sea más frecuente ahora que antes, dado que en la actualidad los médicos son menos proclives a la amigdalectomía, y por buenas razones. En el pasado, las amígdalas eran operadas sencillamente porque estaban crecidas, pero ahora sabemos que no representan ningún problema; la cirugía no es necesaria si dichos tejidos no provocan trastornos.

Las complicaciones más frecuentes son las enfermedades crónicas del oído medio, la inflamación séptica de la garganta y la apnea nocturna. Las dos primeras en general se diagnostican adecuadamente, pero con frecuencia esta última pasa desapercibida.

Si, como Vaughn, su hijo es obeso, el tratamiento debe incluir la pérdida de peso, que podría ser la curación. Si también están implicados otros factores, éstos deben ser tratados. Por ejemplo, descubrimos que las amígdalas de Vaughn estaban demasiado crecidas. Una vez que fueron eliminadas, mostró una mejoría significativa, pero considerábamos que su respiración por la noche aún no era satisfactoria. Afortunadamente, después de varios meses de una dieta supervisada por médicos con la cual Vaughn bajó unos veinte kilos, sólo presentaba unas cuantas obstrucciones por noche; su sueño era bastante continuo y sin despertares periódicos y las etapas de sueño profundo eran suficientes.Pero el cambio más *evidente* para todos lo que lo rodeaban era que ya podía mantenerse despierto todo el día sin mostrar somnolencia o «pereza» y, para beneplácito de sus padres, maestros y especialmente para él, le iba mucho mejor en la escuela.

Si bien la dieta es un enfoque «directo», no es fácil. La pérdida de peso satisfactoria se logra con un programa *médico* cuidadosamente aplicado y supervisado. Dichos programas no sólo proporcionan una dieta adecuada, supervisada por un nutriólogo, sino que también cuentan con los servicios de asesoría necesarios y con grupos de apoyo. Si su hijo presenta algún trastorno médico que le provoque obesidad o sea la causa de ésta, ambos deben ser tratados al mismo tiempo. La hospitalización de largo plazo con una dieta supervisada estrictamente o con cirugía estomacal e intestinal se recomienda sólo en casos extremos.

Si la causa de la apnea nocturna es una anormalidad oral o facial, la cirugía correctiva podría resolver el problema. Por ejemplo, si su hijo presenta un mentón notablemente retraído, es posible adelantarlo y reajustar los dientes mediante cirugía oral y procedimientos de ortodoncia. No obstante, se trata de una empresa importante, y si bien se garantizan mejoras cosméticas, no hay una certeza absoluta de que la apnea nocturna se reduzca de manera satisfactoria. No obstante, las técnicas *preoperativas* recientes mejoran continuamente nuestra capacidad para pronosticar los resultados. Si su hijo tiene apnea a causa de una lengüeta faríngea creada mediante cirugía, es posible «bajar» dicha lengüeta otra vez —es decir, eliminar la conexión entre el paladar y la parte posterior de la garganta— o cuando menos reducirla para que haya más espacio para la circulación del aire.

Si su hijo no es obeso y no tiene las amígdalas o las adenoides crecidas ni ninguna anormalidad que se pueda corregir mediante cirugía, entonces el tratamiento de la apnea nocturna puede ser más difícil. Desafortunadamente, en general los medicamentos no funcionan. En casos graves sería necesario hacer una traqueotomía, mediante la cual se inserta un tubo en un orificio hecho a través del cuello, por abajo de las cuerdas vocales (laringe) y dentro de la tráquea para que la respiración durante la noche sea adecuada. Durante el día, dicho tubo se desconecta para permitir que el paciente hable con normalidad. (Con el tubo conectado, el aire exhalado pasa en torno a la tráquea de la manera normal y sube a través de las cuerdas vocales para salir por la nariz y la boca). Un nuevo procedimiento llamado «faringoplastia» implica ajustar las paredes de la garganta para hacerla menos flexible; parece promisorio para algunas personas, si bien aún no se ha experimentado lo suficiente con niños. Otro enfoque, que tampoco ha sido aplicado en niños con frecuencia, implica llevar por la noche una máscara ajustada sobre la nariz, a través de la cual el aire sale a presión. Esta presión impide que las vías respiratorias se colapsen a causa de la reacción de succión provocada cuando el niño inhala. El aire sale por la nariz y tiende a inflar como globo la parte de la garganta que de otra manera se hubiera colapsado. Esta técnica podría ser una ayuda temporal para los niños obesos, hasta que hayan perdido suficiente peso. Afortunadamente, la mayor parte de los niños pueden ser tratados mediante la remoción de la amígdalas y las adenoides y/o la pérdida de peso; pocos pueden ser curados mediante otros procedimientos de cirugía oral o plástica correctiva. Unos cuantos requieren de una traqueotomía; dado que este procedimiento implica cirugía mayor y exige cuidados constantes después, en general se lleva a cabo sólo en pacientes con trastornos muy graves. Por otra parte, la remoción de las amígdalas y las adenoides es un procedimiento relativamente sencillo, recomendable incluso si la apnea nocturna es ligera. No obstante, es difícil tratar a un niño con apneas *ligeras* si no presenta amígdalas y adenoides crecidas que pueden eliminarse o exceso de peso que puede reducirse. Si en esos niños los síntomas diurnos son mínimos, probablemente lo mejor que puede hacer el médico es vigilarlos de cerca para asegurarse de que no desarrollarán problemas más graves y de que la apnea nocturna no se agudice.

Precauciones

En general, los síntomas de la apnea nocturna en niños se hacen obvios por la noche (si usted observa de cerca), cuando los trastornos de la respiración son más marcados, pero los síntomas diurnos son más difíciles de observar. Los adultos que presentan esta condición con frecuencia están demasiado somnolientos durante el día, pero esto es mucho menos frecuente en los niños, cuando menos en los que no son obesos. Los niños pequeños sí tienden a lograr una cantidad razonable de sueño profundo a pesar de sus problemas para respirar. De hecho, quizá usted no reconozca los sutiles síntomas diurnos hasta que desaparecen, una vez que la obstrucción es corregida. Entonces, como en el caso de Melody, el sueño mejora al igual que el comportamiento diurno. Recuerde que «la somnolencia» en niños puede manifestarse como diversos problemas de comportamiento —hiperactividad, irritabilidad, dificultad para concentrarse, olvidos, problemas escolares o «pereza» en general— y no como bostezos constantes y siestas frecuentes.

La apnea nocturna en los niños también podría presentar problemas de enuresis y otras interrupciones del sueño derivadas de pesadillas, terrores del sueño y sonambulismo. En ocasiones, los electrocardiogramas muestran que el corazón trabaja demasiado; es raro que la presión arterial de un niño se eleve. También, los adultos con apnea nocturna podrían quejarse de dolores de cabeza al despertar por la mañana, o presentar periodos de «comportamiento automático» durante el día, durante los cuales funcionan como si caminaran dormidos y aparentemente desempeñan algunas actividades rutinarias sin estar conscientes. La hipertensión entre los pacientes adultos es muy común; no obstante, aparte de los ronquidos, las interrupciones del sueño, cierta somnolencia y la enuresis, la mayor parte de los síntomas comunes en los adultos muy rara vez se observan en los niños (véase figura 15), pero hay más probabilidades de que los niños muy obesos presenten todos los síntomas que en general se observan en los adultos.

Usted debe estar consciente de que este trastorno puede ser grave y siempre debe ser tratado por un médico calificado. Si no se trata adecuadamente, la apnea nocturna puede ser fatal en los adultos, principalmente a causa de complicaciones cardiacas. En corazones de cierta edad llegan a presentarse anormalidades del ritmo cardiaco derivadas de la reducción de los niveles de oxígeno durante las apneas. Una causa muy común de muerte entre los pacientes adultos con apnea son en realidad los accidentes automovilísticos, dado que se quedan dormidos al volante. Afortunadamente el corazón de los niños es muy resistente, y si bien la preocupación de usted es entendible, las probabilidades de que sencillamente no despierte por la mañana son *extraordinariamente reducidas*. Aún así, el peligro existe, especialmente si el niño ingiere algún medicamento fuerte, como el fenobarbital, que reduce el impulso automático de la respiración y dificulta el despertar.

La apnea nocturna analizada en este capítulo no debe ser confundida con la «apnea del sueño» en recién nacidos, especialmente los prematuros, que presentan episodios de apnea (o ausencia de respiración) que realmente ponen en peligro su vida. No obstante, en la mayoría de los casos no implican obstrucción de las vías repiratorias. Más bien, sencillamente el bebé deja de respirar. Estos episodios se presentan de manera intermitente, no cientos de veces por noche. A pesar de la investigación que se ha llevado a cabo para demostrar que un fenómeno similar es la causa de la muerte infantil repentina (muerte en la cuna) en bebés de mayor edad, no se han presentado conclusiones definitivas al respecto.

Si usted piensa que su hijo realmente sufre de apnea nocturna, le costará trabajo encontrar el tratamiento adecuado. Desafortunadamente, los médicos no siempre la reconocen. Muchos aún no están conscientes de la frecuencia con que dicho síndrome se presenta en los niños y pocos hospitales cuentan con las instalaciones adecuadas para el estudio del sueño infantil. Además, casi ninguno ha tenido la oportunidad de observar a un niño con apnea durante la noche. El pediatra ausculta a su hijo durante el día, cuando está despierto y probablemente respira bastante bien; tendría usted que esforzarse mucho para convencerlo de que el niño presenta un problema que necesita ser atendido.

Pida a su pediatra que le recomiende un otorrinolaringólogo para que dé su opinión. Grabe los ronquidos de su hijo para que el médico pueda darse cuenta de sus dificultades para respirar. Trate de dar con un centro de sueño en la zona donde vive para que analicen los síntomas de su hijo. Si bien se dedican al tratamiento de adultos, quizá fuera posible que evaluaran a su hijo de manera satisfactoria.

Sea persistente y logrará que atiendan al niño. De ser necesario, pida al médico de su hijo que lea este capítulo para que juntos traten de resolver el problema.

FIGURA 15
CÓMO DETERMINAR QUE SU HIJO
PADECE APNEA NOCTURNA

A. *Síntomas principales*
1. Ronquidos.
   - Fuertes, ásperos, chillones, jadeantes.
   - Se oyen por toda la casa (si usted tiene que acercarse a la cama es poco probable que se trate de apnea nocturna).
   - Todas las noches (no sólo ocasionalmente a causa de un resfriado).
2. Problemas para respirar.
   - Se esfuerza o lucha por respirar
   - Boca abierta (con frecuencia, pero no necesariamente, es cierto).
   - La parte superior del pecho se sume, más que expandirse durante la inspiración.
   - Sueño inquieto.
   - Episodios frecuentes de problemas para respirar seguidos de inquietud (incluso de «escalofríos»), vigilia parcial y respiración más libre por unos momentos (con resoplidos, ronquidos o jadeos intensos, o respiración pesada, vuelta al sueño y reinicio de los problemas para respirar.
   - En ocasiones se observan esfuerzos intensos por respirar (el pecho y el abdomen suben y bajan), pero la respiración en sí (flujo de aire) parece totalmente bloqueada, o casi.

B. *Síntomas relacionados comunes en los niños*
1. Amígdalas o adenoides crecidas (o irritación frecuente de garganta o infecciones de oído), obesidad, o anormalidades en mandíbula, boca o garganta.
2. Durante el día, somnolencia ligera, irritabilidad,dificultad para concentrarse, problemas escolares.
3. Enuresis.

C. *Otros síntomas, frecuentes sobre todo en adultos*
1. Somnolencia abrumadora durante el día.
2. Dolores de cabeza matutinos.
3. Comportamiento automático (llevar a cabo rutinas cotidianas aparentemente sin tener conciencia de ello)
4. Problemas cardiovasculares (presión alta y anormalidades electrocardiográficas).

D. *Diágnostico en laboratorio del sueño (que debe llevarse a cabo si los síntomas anteriores lo ameritan)*
1. Obstrucciones respiratorias recurrentes.
2. Valores de oxígeno bajos.
3. Alteraciones importantes del sueño.
4. Posibilidad de que se presenten trastornos del ritmo cardiaco.

XV. LA NARCOLEPSIA Y OTRAS CAUSAS DE SOMNOLENCIA

Durante los dos años anteriores a que me visitara por primera vez, Timothy dormía siesta de unos cuarenta a sesenta minutos todas las tardes. En general se iba a la cama después de cenar, más o menos a las siete de la noche y dormía hasta las seis y media de la mañana. Quizá esto no parezca anormal, pero Tim tenía diez años. Algunas veces también se quedaba dormido en la escuela de diez a quince minutos, pero en general podía luchar contra su somnolencia hasta que llegaba a casa. Estaba en cuarto año cuando lo vi y empezaba a tener problemas tanto sociales como académicos en la escuela. Su maestro estaba preocupado y pensaba que debía consultar a un terapista.

Jacqueline, de dieciocho años, también era demasiado dormilona para su edad. Dormía diez horas por la noche y cuando menos tomaba dos siestas de veinte minutos casi todos los días. A veces su somnolencia se presentaba repentinamente y era casi imposible luchar contra ella a menos que en el momento estuviera activa, caminando o moviéndose, e incluso así era muy difícil. Después de la siesta, en general se sentía recuperada. Su somnolencia había empezado cuando tenía quince años y en la época en que la vi había observado dos nuevos síntomas. Ocasionalmente, cuando estaba a punto de conciliar el sueño por la noche Jacqueline se daba cuenta de que no podía moverse, excepto respirar y mover los ojos. Esto persistía durante varios minutos o hasta que alguien la tocaba o hablaba con ella. También, cuando reía muy fuerte y a veces cuando estaba enojada, se debilitaba. Le costaba trabajo mantener erguida la cabeza o las rodillas se le doblaban; incluso llegó a caerse. A Jacqueline le asustaban mucho estos nuevos síntomas pero se avergonzaba de hablar de ellos. A los diecisiete años se había quedado dormida manejando y había tenido un accidente, afortunadamente de poca importancia. Desde entonces manejaba el auto de la familia lo menos posible. Abandonó la escuela en su primer año de preparatoria porque no podía mantenerse despierta durante las clases ni terminar ninguna tarea.

Éstos son casos de narcolepsia. Si bien la somnolencia extrema es un síntoma importante de dicho trastorno, los niños narcolépticos en general presentan también otros síntomas. Tienen ataques repentinos de debilidad durante el día (cataplexia) y parálisis temporal, así como alucinaciones ocasionales cuando concilian el sueño o cuando despiertan (parálisis del sueño y alucinaciones hipnagógicas). De hecho, los ataques cataplécticos de debilidad como los de Jacqueline, en su caso provocados por la risa, son una de las características importantes de dicho trastorno. Timothy aún no había desarrollado cataplexia, pero sin duda le hubiera sucedido más adelante.

En general, la narcolepsia no se manifiesta hasta la mitad de la adolescencia, si bien niños como Timothy también pueden padecer dicho trastorno. De hecho, tanto Tim como Jacqueline tenían varios años de presentar los síntomas cuando los vi por primera vez, diagnostiqué su condición e inicié el tratamiento, que evitó años de sufrimiento innecesario a Tim y permitió a Jacqueline volver al colegio. De hecho, la mayor parte de los pacientes narcolépticos no son diagnosticados antes de ocho o diez años. Esto se debe a que no es posible un diagnóstico temprano, sino que con frecuencia no se reconocen los síntomas o son mal interpretados.

No todos los niños somnolientos tienen narcolepsia. Ésta también es un síntoma de otros trastornos del sueño, de diversos problemas médicos y de la depresión. Con frecuencia, los niños anormalmente somnolientos se consideran sencillamente «perezosos» o «lentos» y el médico podría estar tan equivocado como la familia; pero la somnolencia es una queja seria y no debe ser descartada fácilmente o con humor. Si su hijo en apariencia es más dormilón de lo que debería ser, investigue más profundamente y si día tras día se muestra muy somnoliento sin causa evidente, preocúpese y busque atención médica.

¿La somnolencia de su hijo es anormal?

Lo primero es determinar si su hijo realmente es excesivamente dormilón. Los extremos son obvios, pero la somnolencia ligera es mucho más difícil de calificar de «anormal». Las normas de sueño aproximadas para niños de diferentes edades se registran en la lista de la figura 1. Si su hijo duerme hasta dos horas más del promedio para su edad pero parece estar bien durante el día, probablemente nada más necesite algo más de sueño, pero si su promedio es aún más elevado que ese, entonces quizá haya motivo de preocupación. Así pues, un niño de ocho años que duerma quince horas por la noche pero está totalmente alerta y alegre durante el día quizá sólo necesite más sueño; pero dichos hábitos son en cierta forma preocupantes y probablemente valga la pena que consulte a algún médico. Las siestas frecuentes en niños en edad escolar son otra clave de la presencia de somnolencia excesiva. Las siestas se reducen significativamente después de los tres años y son poco comunes hacia los cinco. Cualquier niño de seis años o más que aún duerme la siesta regularmente o que empieza a dormirla de nuevo (independientemente de la duración de la misma) podría presentar somnolencia anormal.

Es difícil determinar si su hijo es demasiado dormilón o si sólo parece *cansado*, pero en realidad quizá no se duerma más que cuando va en el auto. Podría estar irritable, bostezar y andar de aquí para allá, pero mantenerse despierto; o tal vez tenga problemas para estarse tranquilo y atento en la escuela o en el hogar. Posiblemente tenga dificultades inesperadas en la escuela; con frecuencia es en ese momento cuando los padres, los maestros e incluso los médicos confunden la somnolencia excesiva de un niño pequeño con algo más. Pueden pensar que el niño es hiperactivo, tiene problemas de aprendizaje o sencillamente es perezoso, y si bien ahora contamos con medios para diagnosticar la somnolencia en el laboratorio, con frecuencia es difícil reconocerla sólo por la observación. No siempre es fácil decidir si su hijo es lento, perezoso, demasiado activo o excesivamente dormilón, de manera que si presenta algunos de los diferentes síntomas de la somnolencia sería bueno que usted se mostrara suspicaz.

Causas no narcolépticas de la somnolencia

Algunas de estas causas de la somnolencia son fáciles de identificar, pero otras no. Si usted advierte que su hijo es más dormilón de lo que debiera, entonces sus siguiente consideración debería ser que quizá sea así porque la cantidad o la calidad de su sueño es inadecuada, o si es dormilón *a pesar* de que duerme lo suficiente y normalmente. Sin estudios de laboratorio podría ser imposible que usted respondiera con certeza a estos interrogantes, pero sí puede hacer ciertas observaciones importantes.

Analice primero la cantidad de sueño de su hijo. Siga el rastro de sus hábitos de sueño durante varias semanas. Si es difícil despertar a su hijo de diez años después de nueve horas de sueño y se muestra somnoliento durante el día pero se despierta espontáneamente después de once horas de sueño el fin de semana y después está alerta durante todo el día, simplemente nueve horas no son suficientes para él. Si su hijo adolescente se acuesta a las dos de la mañana, se despierta a las seis de la mañana para ir a la escuela y duerme siesta todas las tardes, es obvio por qué necesita esas siestas. Quizá se acueste tarde porque le gusta, pero podría ser que no pueda dormirse temprano a causa de sus fases (véase capítulo IX). Los adolescentes también tienen la capacidad para dormir excesivamente durante el fin de semana, especialmente si no lo hacen en el transcurso de ésta. Los fines de semana pueden dormir hasta quince horas por la noche y quizá una siesta durante el día, pero no lo hacen todos los días; si su hijo adolescente se comporta de esta manera, muéstrese suspicaz. Preste mucha atención a los fines de semana y los días festivos para poder juzgar cuánto duerme su hijo cuando no tiene que levantarse para ir a la escuela o la guardería.

A continuación, trate de determinar si su hijo duerme bien una vez que se ha ido a la cama. Esto es mucho más difícil fuera de laboratorio; pero si su hijo es muy inquieto o parece despertarse con frecuencia durante la noche, ya sea que se mantenga despierto durante largo tiempo o no, su somnolencia podría deberse a un sueño intranquilo, a un sueño profundo inadecuado o a la mala calidad de éste.

Si su hijo es somnoliento a pesar de que duerme lo suficiente y aparentemente bien, busque otras causas. Muchos medicamentos también provocan somnolencia durante el día. Los antihistamínicos que se utilizan para tratar las alergias o ciertas medicinas recetadas para las crisis convulsivas, son drogas que presentan la somnolencia como efecto colateral.

Obviamente, cualquier tipo de enfermedad podría hacer que su hijo se sintiera fatigado y en cierta forma verdaderamente somnoliento. Las infecciones virales, especialmente la mononucleosis y la hepatitis, así como las enfermedades que provocan fiebres altas, se caracterizan por ello; pero la somnolencia no debe persistir mucho tiempo después de que desaparecen las fiebres o por más de varias semanas en el caso de infecciones virales que se resuelven lentamente. Los niños que padecen de anemia, hipotiroidismo o alguna otra condición crónica, son propensos a estar cansados, pero incluso con estos problemas el sueño verdaderamente excesivo no es común. También, los niveles de azúcar altos o bajos rara vez provocan somnolencia exagerada. Otras enfermedades más serias, incluido el cáncer, sin duda podrían hacer que un niño pareciera «agotado» y hasta cierto punto provocar que duerma de más.

Si su hijo *nunca* está alerta, entonces tiene de qué preocuparse. Si duerme mucho por la noche y varias veces durante el día y aun así nunca está completamente alerta entre siestas, necesita atención médica. Suponiendo que no sea un efecto temporal derivado de una enfermedad aguda o de que recientemente empezó a tomar algún medicamento, ese niño somnoliento debe ser evaluado para detectar condiciones médicas y psicológicas serias, así como trastornos básicos del sueño, como la narcolepsia y la apnea.

Cómo tratar algunas de estas causas de somnolencia
Si la somnolencia de su hijo es más bien ligera y parece tener relación con el sueño inadecuado por la noche, es necesario ayudarle para que duerma más. Por ejemplo, si se rehúsa a

acostarse temprano o no puede hacerlo, o si permanece despierto frecuentemente por la noche a causa de sus asociaciones con el sueño, una fase de sueño demorada o un ambiente sin límites, es necesario que usted ataque estos problemas en función de los métodos esbozados en los primeros capítulos de esta obra. En estos casos el problema principal es la *falta de sueño*, y la *somnolencia diurna* es sólo una de sus consecuencias.

Si aparentemente su hijo necesita más sueño, será necesario que la familia haga ciertos ajustes para permitirle dormir más. Esto no siempre es fácil o posible. Un adolescente que necesita diez horas de sueño y tiene que levantarse a las seis y media de la mañana para ir a la escuela tendría que acostarse a las ocho y media de la noche. Si necesita dormir doce horas, la hora de acostarse tendría que ser a las seis treinta de la tarde; obviamente, no es factible que se vaya a la cama tan temprano. Usted tendrá que llegar a un acuerdo en una situación de ese tipo; quizá su hijo pueda irse a la cama más bien temprano de lunes a viernes, digamos a las nueve y media de la noche, y durante el fin de semana tendrá que permitirle que duerma hasta tarde o tome siestas. Esa solución no es la ideal, pero podría ser factible. Si su hijo normalmente se acuesta a las once y media de la noche, dos horas más de sueño podrían ser parte de la solución.

Si la somnolencia de su hijo se deriva de alguna enfermedad, medicamento o condición física, entonces usted tendrá que trabajar con su médico para encontrar la manera de aliviar sus síntomas; cambiar los medicamentos o modificar la dosis, por ejemplo, podría ser útil.

Evaluación en un centro de trastornos del sueño
Si ni el sueño inadecuado ni factores médicos conocidos parecen ser la explicación de la somnolencia de su hijo, entonces es muy importante hacerle un análisis completo. Éste podría revelar un trastorno médico no diagnosticado, un problema emocional (los niños deprimidos con frecuencia se refugian en el sueño) o un trastorno primario del sueño (en el cual los mecanismos básicos del sueño sean la razón directa).

De ser posible, el sueño de su hijo deberá ser evaluado directamente en un laboratorio del sueño. Estoy consciente de que muchos centros médicos aún no cuentan con instalaciones para hacer este tipo de estudios, especialmente en niños, no obstante, dichos centros cada vez son más comunes e incluso si el que le quede más cerca trata principalmente adultos, tal vez puedan hacerle estudios a su hijo, especialmente si ya tiene diez años o más. Hay dos estudios del sueño útiles para evaluar a los niños somnolientos. En el primero, el niño es monitoreado durante la noche; algunos de los factores que buscamos son:

1. ¿Cuánto tiempo le lleva al niño conciliar el sueño? (Un niño dormilón difícilmente se mantiene despierto durante largo tiempo, aunque sea en un laboratorio).

2. ¿Cuánto duerme su hijo: lo normal, demasiado, o muy poco?

3. ¿Pasa por todas las etapas normales del sueño y éstas duran lo esperado? En particular, ¿las fases de sueño no *MOR* más profundas, las Etapas III y IV, están presentes y son lo suficientemente largas? (La mayor parte de la recuperación se presenta en estas etapas y son importantísimas para sentirse descansado).

4. ¿Las etapas del sueño fluyen o se interrumpen con despertares frecuentes? (Incluso si duerme un lapso normal, el sueño interrumpido puede provocar somnolencia).

5. ¿Es normal el paso de un ciclo de sueño al siguiente?

6. ¿El sueño *MOR* se presenta en el momento esperado o empieza demasiado pronto? (En la narcolepsia, y hasta cierto punto en la depresión, el sueño *MOR* tiende a presentarse demasiado pronto después que se concilió el sueño. De hecho, hemos encontrado que niños que presentan narcolepsia, con frecuencia entran al sueño *MOR* a los diez minutos de dormirse por la noche y especialmente durante la siesta. A esto nos referimos como «inicio *MOR*», «periodo de inicio del sueño *MOR*» o como *SOREMP*, por sus siglas en inglés).

7. ¿El niño presenta apnea? De ser así, ¿qué tan grave es?

8. ¿Las ondas cerebrales (*EEG*) son anormales, e incluyen patrones observados en pacientes con crisis epilépticas o tumores?

El segundo estudio, la prueba múltiple de latencia del sueño (*MSLT* por sus siglas en inglés), de ser posible se lleva a cabo un día después del estudio de sueño inicial. Ésta evalúa el grado real de somnolencia de un niño y su tendencia a entrar al estado *MOR* rápidamente. También en este caso el niño es monitoreado como durante la noche, pero no continuamente, sino que descansa en la oscuridad, en una habitación tranquila cada dos horas y se le permite que durante veinte minutos duerma cada vez. La primera siesta es a la diez de la mañana y la última a las seis de la tarde. Si el niño se duerme, se le deja hacerlo durante diez minutos.

La mayor parte de los niños se duerme sólo ocasionalmente durante esta prueba y el tiempo que le lleva conciliar el sueño, en promedio durante los cinco intentos, es de más de doce minutos. Los niños anormalmente dormilones lo conciliarán la mayor parte de las veces y más o menos les toma de cinco a diez minutos. En general, los niños narcolépticos se quedan dormidos a los dos o tres minutos en todas o casi todas la siestas y cuando menos en dos de ellas tendrán inicios de sueño *MOR*.

Si a su niño lo observan en una clínica del sueño y los estudios mencionados resultan completamente normales, entonces es probable que sea anormalmente dormilón. Eso no quiere decir que no esté cansado durante el día. («Cansado» y «somnoliento» no es lo mismo; usted puede estar cansado después de jugar tenis o de correr alrededor de la manzana y no estar para nada somnoliento) Su fatiga podría ser provocada por alguna condición médica o emocional. Una vez que su médico descarte los factores físicos, entonces será necesario analizar cuidadosamente la posibilidad de que la somnolencia de su hijo sea síntoma de un trastorno emocional subyacente.

Si las pruebas de laboratorio confirman que su hijo es muy dormilón (es decir, que concilia el sueño rápidamente en cada una de las siestas durante la prueba *MSLT*), pero que su sueño es en sí normal por la noche y durante el día, entonces, una vez que se descarten los factores médicos, las causas podrían ser psicológicas.

Si bien los adultos que sufren de depresión en general

no duermen bien, los jóvenes, especialmente los adolescentes, reaccionan a la depresión de manera muy diferente. Tienden a retirarse a su mundo interior de sueño como manera de escapar de los problemas que les parecen demasiado difíciles de enfrentar. Cómo hacen esto, no sabemos, pero el sueño es real y de larga duración; pueden dormir profundamente por la noche y tomar varias siestas durante el día, e incluso pueden pasar la mayor parte del día en la cama. Si esto le sucede a su hijo, no espere a que el problema explote; busque ayuda médica y psicológica de inmediato.

Narcolepsia
La narcolepsia y la apnea son los dos trastornos del sueño no psiquiátricos más importantes que hacen que los niños estén muy somnolientos durante el día. Usted recordará que en la apnea del sueño el problema es la incapacidad para respirar normalmente durante el sueño y que la interrupción de éste es secundaria; si bien la somnolencia diurna puede ser muy evidente, en los niños con frecuencia es muy sutil. Pero en el caso de la narcolepsia, ésta es muy evidente y son los sistemas del sueño los que están directamente afectados.

La narcolepsia no es epilepsia. Se trata de un trastorno totalmente diferente, aunque algunos de sus síntomas ocasionalmente se asemejan a ciertas formas de crisis epilépticas. La narcolepsia se caracteriza no sólo por la somnolencia, sino por otros síntomas que analizaré brevemente.

En general, los síntomas de la narcolepsia se presentan en la adolescencia o en los primeros años de la edad adulta, pero podrían aparecer en la escuela primaria. Alrededor del 50 por ciento de los narcolépticos muestran síntomas hacia los dieciséis años. Se trata de una condición de por vida, aunque la somnolencia podría reducirse a la larga y alguno de los síntomas relacionados con este padecimiento podrían incluso desaparecer. La narcolepsia y todos sus síntomas pueden ser tratados con siestas y medicamentos; con frecuencia el tratamiento tiene éxito, pero tanto la severidad de la enfermedad como la respuesta a la terapia pueden ser muy variables.

En la narcolepsia, los sistemas del sueño se activan

inadecuadamente durante el día y no siempre funcionan como deberían por la noche. Si bien tanto el sueño *MOR* como el no *MOR* se ven afectados, con mayor frecuencia es el sistema *MOR* el que se activa cuando no debería y es el causante de la mayoría de los síntomas.

Trastornos del sueño en la narcolepsia
Es una creencia común que los pacientes narcolépticos son *hipersomnes*, es decir que duermen demasiado y muy profundamente. Si bien su sueño podría ser en cierta forma excesivo, como en el caso de Timothy, la cantidad total de sueño de un narcoléptico en un periodo de veinticuatro horas en general es muy cercano al anormal. Con frecuencia el sueño nocturno se ve interrumpido por despertares breves o no tan breves, de la misma forma que la vigilia diurna se ve interrumpida por siestas breves y no tan breves. Por eso, el sueño se distribuye a lo largo de las veinticuatro horas del día y no se consolida en un solo bloque por la noche. Este trastorno del sueño nocturno es una de las características importantes de la narcolepsia.

Otra de las principales características del sueño de los narcolépticos es que el sistema *MOR* con frecuencia se inicia inadecuadamente, y como resultado de ello generalmente se presenta de inmediato, o cuando menos a los diez minutos de haber conciliado el sueño. Como esto no sucede todas las veces, el análisis de una siesta o de una noche de sueño no es suficiente para diagnosticar este trastorno, aunque las cinco siestas del estudio *MSLT* sí permiten que dicha tendencia se manifieste. Si un niño tarda unos cuantos minutos en conciliar el sueño durante las pruebas y pasa directamente al sueño *MOR* en cuando menos dos de las cinco siestas, podemos confirmar el diagnóstico de narcolepsia.

En general, hacia los tres meses de edad el sueño *MOR* no se presenta sino hasta después de un ciclo completo de sueño no *MOR*, con frecuencia, después de dos en niños que han pasado la primera infancia. Es de esperar que se presenten inicios *MOR* en condiciones poco usuales, por ejemplo cuando se retira un medicamento que reduce el sueño *MOR* (lo cual conduce a «un rebote *MOR*»).

Activación parcial del sistema MOR
Algunas veces, los narcolépticos presentan episodios en los cuales el sueño *MOR* no se establece totalmente. Esto puede suceder a la hora de acostarse, al despertar o durante el día. Este fenómeno poco usual puede considerarse la causa de los otros síntomas de la narcolepsia, cataplexia, alucinaciones hipnagógicas y parálisis del sueño. Durante estos estados parece que ciertas características del estado *MOR*, en concreto los sueños o la parálisis, se activan aun cuando el niño esté totalmente despierto o sólo parcialmente dormido.

Síntomas principales de la narcolepsia:
somnolencia y cataplexia
Estos dos síntomas son las características principales del síndrome de narcolepsia. Si su hijo presenta ambas, entonces casi no hay duda de que el diagnóstico será narcolepsia. Describámoslas una a una.

1. La somnolencia de la narcolepsia
Los niños narcolépticos son dormilones. Se quedan dormidos de inmediato siempre que no pase algo que los mantenga despiertos. Sin embargo, cuando están levantados y en ambientes que no les parezcan monótonos, tediosos o aburridos, la mayoría de los narcolépticos pueden mantenerse despiertos. Solamente se *sienten* muy somnolientos algunas veces durante el día, pero los narcolépticos graves lo están todo el tiempo y presentan periodos de somnolencia «irresistibles» también.

En realidad, los narcolépticos no tienen «ataques de sueño» con tanta frecuencia como se cree. La somnolencia evidente puede presentarse de repente, pero la persona puede luchar contra el sueño si está lo suficientemente motivada para hacerlo y posiblemente si cuenta con la ayuda de alguna otra persona; cuando se duermen, es posible despertarlos. Lo que sucede es que empiezan a sentirse tremendamente somnolientos y cada vez menos capaces de mantenerse en vigilia. Si un narcoléptico trata de permanecer despierto, lo que sucede es que la somnolencia se prolonga. Si se da por vencido y se duerme, se siente liberado tanto de la incomodidad de tener que luchar contra ésta como, después de la siesta, temporalmente de la somnolencia misma.

Todos nos hemos sentido irresistiblemente somnolientos en algunas ocasiones, pero los narcolépticos se sienten así todo el día y su deseo de dormir es mucho más irresistible. Para que se dé una idea de lo que siente una persona narcoléptica, imagínese usted mismo después de una cena abundante frente a un programa de televisión aburrido en una habitación demasiado caliente. Siente los párpados pesados y sabe que no podrá mantenerse despierto a menos que se levante y salga a caminar. Quizá le parece buena idea dejarse vencer por el sueño, pues tratar de luchar contra éste es muy difícil, desagradable y le provoca dolor de cabeza. Si realmente se duerme, probablemente despierte de quince a sesenta minutos después sintiéndose reanimado. Desaparece la sensación de sueño irresistible.

Así sucede con los narcolépticos. La somnolencia evidente se presenta a diversas horas del día, no sólo después de una comida abundante sino a cualquier hora, si bien dicha somnolencia es mucho más común y pronunciada en situaciones en las que a cualquier otra persona le resultaría difícil mantenerse despierta. Sin actividad física, para los narcolépticos es prácticamente imposible luchar contra el sueño. Incluso si logran mantenerse despiertos, se sienten atontados y su capacidad de concentración o trabajo disminuye significativamente.

Las siestas de los narcolépticos son cortas, algunas veces de unos cuantos minutos, y ocasionalmente llegan a una hora, pero rara vez son más largas; además, se consideran muy reanimantes. En la escuela, por ejemplo, un niño narcoléptico puede volver al trabajo productivo si se le permite, «o si se lo permite», tomar siestas de veinte minutos. Sin embargo, si tiene que luchar contra el sueño será incapaz de concentrarse durante horas. Para esos niños podría ser verdaderamente imposible estar tranquilos escuchando y al mismo tiempo mantenerse despiertos; tienen que moverse, hablar e interrumpir o se quedarían dormidos. De cualquier manera, en general tienen problemas con los maestros.

Así pues, si bien los narcolépticos pueden conciliar el sueño casi en cualquier ambiente, muy probablemente lo harán en situaciones que exigen poca actividad física y que proporcionan estímulos interesantes o variados rara vez. Un niño narcoléptico sentado en clase, viajando en auto o mirando televisión puede darse cuenta de que el deseo de dormir llega súbitamente y parece imposible de vencer. Esos niños pueden quedarse dormidos durante un juego de beisbol, pero probablemente también suceda si están sentados en la banca o de pie en el campo esperando que alguien batee la bola. Sería raro que se durmieran mientras corren para cachar la bola, aunque en esos momentos podrían presentar ataques cataplécticos.

2. Cataplexia

Este síntoma dramático es muy desconcertante e incluso peligroso para el narcoléptico, aun cuando es extraño e incluso humorístico observarlo. La cataplexia es una debilidad muscular repentina, o incluso una parálisis total temporal, desencadenada por emociones profundas, y con frecuencia es la clave para diagnosticar la narcolepsia. Comúnmente, las emociones que provocan un evento catapléctico son la risa o el enojo, pero cualquier emoción fuerte puede provocarla. De hecho, los adultos cataplécticos con frecuencia aprenden a dominar sus emociones rígidamente y evitan todas las expresiones de risa, enojo o emoción. No obstante, sus sobrinos podrían disfrutar tratando de hacerlo reír o enojar sólo para ver cómo cae sobre la mesa en la que cenan.

Los ataques cataplécticos varían de una persona a otra en función de la frecuencia, la gravedad de la debilidad y la duración de los ataques. Si su hijo es catapl007ctico, las debilidades pueden ser tan ligeras que sólo experimenta que se le doblan momentáneamente las rodillas, se le sacude la quijada o presenta dificultades transitorias para mantener la cabeza erguida. Puede ser también tan severa que cae al suelo debido a una parálisis temporal pero casi completa. Podría ser incapaz de mover los músculos, excepto los que controlan la respiración y los movimientos oculares. De hecho, la parálisis es la misma que se presenta durante el sueño *MOR*.

La mayor parte de los ataques cataplécticos son cortos, duran unos cuantos segundos o un minuto; con menos frecuencia duran varios minutos y raras veces llegan a prolongarse hasta media hora. Los episodios que duran varios minutos podrían desembocar en un periodo de sueño. La mayor parte de los narcolépticos sufre de uno a cuatro ataques al día. Algunos pacientes los tienen con menor frecuencia, pero otros muchas veces al día a la menor provocación. Cuando la cataplexia es grave y frecuente, llega a ser una condición incapacitante si no se trata. Incluso si los ataques no son tan frecuentes, pueden ser peligrosos si la debilidad es muy marcada. Tanto adultos como niños pueden tener accidentes en el hogar, como quemaduras derivadas de derrames de agua hirviendo o heridas que se provocan ellos mismos cuando caen de las escaleras; el peligro fuera del hogar es aún mayor. Un niño puede caerse en la calle si se asusta por un vehículo que se acerca y un adolescente puede tener un ataque catapléctico mientras conduce un auto.

También en este caso, a pesar de la semejanza con ciertos tipos de epilepsia, la cataplexia es un problema muy diferente. Si bien a veces se tiende a suponer que la debilidad es imaginaria o «histérica», especialmente cuando es precipitada por situaciones poco usuales como durante el miedo o la relación sexual, es muy real. La cataplexia es una debilidad verdadera, una parálisis *verdadera*. Aparentemente es idéntica a la que se presenta durante el sueño *MOR* normal. Creemos que el sistema que controla esta parálisis *MOR* se activa de manera inadecuada y repentina durante el día en lugar de limitarse al sueño *MOR*. Aún no sabemos por qué las emociones pueden desencadenar un ataque de cataplexia.

La edad en que se presenta por primera vez y su relación con el inicio del insomnio varían mucho. La cataplexia y la somnolencia pueden iniciarse al mismo tiempo; también, la cataplexia puede ser anterior o posterior en varios años al inicio de la somnolencia. No obstante, lo más frecuente es que la somnolencia se presente antes. La cataplexia aparece normalmente al cabo de cinco años, pero conocemos casos en que se ha demorado más. Por ello, es raro que se manifieste en niños de cinco años, pero es más frecuente entre los adolescentes aun cuando el 85 por ciento de narcolépticos no desarrollen el síntoma hasta después de los 15 años.

Incluso si su hijo es cataplético, el síntoma podría ser difícil de reconocer. Muchos niños tienen problemas para describir su debilidad cuando los episodios son ligeros. De hecho, incluso si usted se da cuenta de que su hijo se cae cuando se ríe con fuerza, es poco probable que se alarme. La mayoría de los niños normales se caen al piso o sobre el escritorio o la mesa cuando se ríen con fuerza y se sienten traviesos, pero sí debe preocuparle si su hijo se queja o parece alarmado respecto a su relajamiento en esos momentos o si experimenta una debilidad similar cuando está enojado o sorprendido. En general es fácil reconocer la cataplexia en niños de mayor edad.

Síntomas menores: parálisis del sueño
y alucinaciones hipnagógicas

3. Parálisis del sueño

Éste es un fenómeno muy similar a la cataplexia, pero no se presenta durante la vigilia total. Es más frecuente cuando el niño narcoléptico está a punto de dormirse y menos frecuente cuando acaba de despertar. Niños como Jacqueline, con parálisis del sueño, se dan cuenta de que están alerta pero no pueden moverse.

Por lo tanto, la parálisis del sueño parece también representar sólo la parte de *parálisis* del sueño *MOR*, pero se presenta ya sea justo antes o justo después del sueño real y de los sueños; la mayoría de los episodios duran solamente unos minutos. Terminan espontáneamente o son interrumpidos por algún tipo de estimulación externa, típicamente el tacto (como la Bella Durmiente) o incluso un sonido. En general la parálisis del sueño se presenta sólo unas cuantas veces al mes; rara vez lo hace todas las noches.

La parálisis del sueño podría iniciarse en cualquier momento durante el curso de la narcolepsia. Más o menos la mitad de los pacientes narcolépticos presentan episodios frecuentes de parálisis del sueño y un 25 por ciento de ellos desarrolla el síntoma hacia los dieciséis años. No nos sorprende que la parálisis del sueño sea una experiencia atemorizante, especialmente cuando se presenta por primera vez. Los niños podrían sentir que están muriendo e incluso se aterrorizan aún más cuando ocurre con alucinaciones hipnagógicas atemorizantes durante las cuales el sistema de los sueños se activa al mismo tiempo que la parálisis.

4. *Alucinaciones hipnagógicas*

Ocasionalmente, cuando el niño narcoléptico empieza a despertar, ve imágenes muy reales pero muy extrañas, a las que denominamos alucinaciones hipnagógicas. Con frecuencia también oye algún sonido. (Los otros sentidos, olfato, gusto, tacto, rara vez participan en la experiencia alucinatoria.)Las alucinaciones visuales o auditivas pueden ser agradables o atemorizantes. Un niño puede ver burbujas de colores que se mueven u oír sonidos sin sentido. Con mayor frecuencia las imágenes están bien formadas y el niño visualiza escenas reales que parecen verdaderas en la vida cotidiana. Puede pensar que oye música o voces o los intrusos de repente aparecen en su habitación o en algún otro lugar visualizado como parte de la alucinación. Puede ver ladrones, animales de colores o formas extrañas o monstruos que lo aterran. Este tema de la invasión y amenaza es común, y como las imágenes son muy reales, efectivamente puede ser aterrador. Dependiendo de lo cerca que esté del sueño, su hijo podría darse cuenta de que dichas visiones o sonidos no son reales o pensar que realmente existen. El niño también podría sentir que está haciendo alguna actividad, como corriendo o tratando de librarse de algo, aun cuando en realidad no esté en movimiento. Si presenta parálisis del sueño al mismo tiempo que una alucinación hipnagógica, es comprensible que su terror se incremente.

Las alucinaciones hipnagógicas se presentan inmediatamente después de conciliar el sueño o justamente al despertarse (a lo que nos referimos como alucinaciones *"hipnopómpica"* pero como en el caso de la parálisis del sueño, tienden a presentarse sobre todo al principio del sueño como parte de un episodio de *MOR* parcial. También en este caso, uno de los componentes del *MOR* se activa, en este caso el *sueño* se inicia mientras está durmiendo pero la parálisis no.

La aparición de las alucinaciones hipnagógicas en general hace que un niño se sienta cuando menos ansioso, y bastante asustado. Si son frecuentes, el hecho de acostarse puede provocar asociaciones desagradables que hacen que se resista a irse a la cama. Un niño pequeño puede tener problemas para describir dichas experiencias y con frecuencia los niños mayores sienten temor de hablar de ellas porque podría tachárseles de «locos», especialmente si experimentan imágenes extrañas de cuerpos distorsionados o de deformaciones o pérdida de miembros. Dado que muchos niños dicen que a la hora de irse a la cama sienten temor de que haya monstruos en su habitación, es posible confundir la imaginación normal de la vigilia de su hijo con una activación anormal del sistema mismo de los sueños.

Si bien decimos que las alucinaciones hipnagógicas sólo incluyen al sistema de los sueños, esto podría ser algo simplista. Más bien, quizá sea que una transición de la vigilia directamente hacia el sueño *MOR* ya no es instantánea como es la transición usual de la vigilia al sueño no *MOR*. Durante la transición, el sueño empieza a establecerse antes de que el niño pierda conciencia del ambiente. Por ejemplo, si usted cabecea y tiene ensoñaciones en una silla, al despertar insistirá en que no estaba dormido; recordará los sueños pero pensará que tenía control de los pensamientos racionales de la vigilia más que haber caído en los irracionales del sueño. En un narcoléptico, la transición hacia el *MOR* podría ser similar, pero las características de los pensamientos o imágenes serían más extrañas y realmente parecerían haber sucedido. La conciencia de dichos eventos dependería de qué tan pronto en la transición hacia el sueño se inició realmente el sueño.

Para muchos pacientes narcolépticos lo mejor que pueden hacer es no luchar con la alucinación sino dejar que el sueño los invada. Probablemente con esto no se termine el sueño, pero gradualmente la conciencia «consciente» se va perdiendo. El hecho de que los sueños sean tan intensos podría ser parte de la anormalidad del sistema del sueño *MOR* en la narcolepsia y posiblemente sea la causa de que los narcolépticos también tengan más pesadillas atemorizantes.

Si bien más o menos la mitad de los narcolépticos a la larga presenta alucinaciones hipnagógicas, sólo el 15 por ciento (el 25 por ciento si incluimos a quienes tienen pesadillas aterrorizantes frecuentes) las presentan hacia los dieciséis años.

Parálisis del sueño, alucinaciones hipnagógicas o cataplexia sin somnolencia

Los síntomas de la parálisis del sueño, alucinaciones hipnagógicas y cataplexia en un paciente narcoléptico tienden a presentar altibajos en cuanto a la frecuencia y la gravedad, pero hay una tendencia general a que los síntomas disminuyan con la edad y, de hecho, alguno o todos llegan a desaparecer completamente.

Si bien estos tres síntomas son muy característicos de la narcolepsia, también pueden presentarse independientes uno de otros. Algunas veces se trata nada más de síntomas aislados y no forman parte del síndrome de la narcolepsia. De hecho, muchas personas presentan parálisis del sueño o alucinaciones hipnagógicas «independientes».

Estos síntomas de parálisis del sueño o alucinaciones hipnagógicas, sin somnolencia excesiva o cataplexia, no son motivos de alarma. En los niños, la parálisis del sueño independiente con frecuencia se presenta al despertar. Esto es de esperarse, dado que el despertar del sueño MOR es común entre los niños, si bien los periodos de inicio del sueño MOR sólo son previsibles en narcolépticos. No obstante, las alucinaciones hipnagógicas independientes sí se presentan al momento de conciliar el sueño y pueden ser muy intensas e incluso atemorizadoras, como las de los narcolépticos. En estos casos, no está claro si se presentan como parte del sistema no MOR o del sistema MOR. Muchas personas tienen «mini sueños» cuando están quedándose dormidas. Aparentemente esto ocurre en la Etapa I, durante la cual podemos tener ciertos pensamientos o imágenes que parecen sueños, pero en general no son muy intensos, atemorizantes o convincentemente reales aunque en ocasiones algunos sí lo son; quizá algunas personas tienen un inicio MOR ocasional aun cuando no padezcan de narcolepsia. De cualquier manera, cuando las alucinaciones hipnagógicas independientes se presentan en los niños, en general son ocasionales.

La cataplexia independiente es mucho más rara. Algunos investigadores piensan que sigue siendo parte de la narcolepsia pero que la somnolencia aún no se hace evidente. Esto podría ser posible, pues en ocasiones la cataplexia precede el inicio de la somnolencia por varios años. De cualquier modo, si su hijo muestra síntomas de cataplexia debe consultar a un médico pues ésta puede ser peligrosa por sí misma y los síntomas similares a la cataplexia también pueden ser provocados por otros trastornos.

La importancia del diagnóstico temprano
Si bien cualquiera de los síntomas de la narcolepsia puede ser el primero en aparecer, en el 90 por ciento de los niños el problema inicial es la somnolencia, y la cataplexia en general aparece al cabo de unos años. Las alucinaciones hipnagógicas y la parálisis del sueño no siempre aparecen y podrían iniciarse en cualquier momento.

Algunas veces la manifestación de los síntomas parece estar relacionada con un incidente en particular. Por ejemplo, un trauma emocional en ocasiones se relaciona con el inicio de la somnolencia. En dicho casos, el diagnóstico inicial en general es psiquiátrico, pero el correcto podría no obtenerse durante largo tiempo o quizá podríamos estar conscientes de que los síntomas comenzaron en determinado año. Probablemente la somnolencia empezó a interferir con la vida diaria durante el tercer año de la educación secundaria. En esa época, los padres y el joven podrían haber reconocido su presencia, pero aún no estaban conscientes de que habían ocurrido cambios importantes.

Si la cataplexia se inicia y es importante, es probable que un paciente requiera atención médica. A menos que el síntoma se malinterprete como una forma de epilepsia o histeria, la narcolepsia podría ser diagnosticada o cuando menos intuida. No obstante, si su médico sabe poco respecto de los síntomas de la narcolepsia o si su hijo no es cataplético o dicho síntoma es muy ligero, podrían pasar años antes de que se diagnosticara el trastorno. El costo para la persona provocado por la demora de dicho diagnóstico podría ser enorme. El rendimiento escolar de un niño, así como su autoestima, pueden sufrir tremendamente. Tal vez el niño pase la mayor parte de sus años escolares con una invalidez no diagnosticada. Quizá en una tercera parte de los pacientes narcolépticos la somnolencia se inicia con la suficiente antelación como para interferir con el rendimiento en la escuela primaria o la secundaria. Un niño o un adulto que sufra de narcolepsia no diagnosticada puede modificar sus planes de educación y de formación profesional a causa de sus problemas escolares. Conforme crece, puede desarrollar problemas sociales graves y sentir que tiene que analizar nuevamente sus planes de matrimonio. Las personas que lo rodean sencillamente podrán suponer que es «perezoso» o que tiene «problemas psicológicos». Podría iniciar una terapia psicológica para tratar sus síntomas mal diagnosticados, pero no hay duda de que esto no tendrá éxito dado que están tratando un problema equivocado. Un psiquiatra no puede ayudar a reducir la somnolencia o eliminar los ataques de cataplexia mediante psicoterapia, aunque sí puede ayudar a que su paciente aprenda a manejar mejor dichas condiciones una vez que la narcolepsia haya sido adecuadamente diagnosticada.

Por estos motivos, es muy importante diagnosticar a los pacientes narcolépticos lo más pronto posible. Actualmente no hay manera de predecir si un niño a la larga presentará narcolepsia, si bien hay ciertas pruebas de que los hábitos de sueño de dichos jóvenes son diferentes incluso antes de que se presenten los síntomas importantes. Estudios retrospectivos de adultos narcolépticos sugieren que muchos, de niños, seguían durmiendo siestas durante la escuela primaria. Más del 10 por ciento de ellos habían sido mal diagnosticados como niños hiperactivos (porque no podían estar sentados tranquilos y poner atención) y se les trataba con estimulantes, quizá la droga adecuada (los niños verdaderamente «hiperactivos» responden muy bien a dichos medicamentos), pero por la razón equivocada. Así que usted debe mostrarse especialmente suspicaz si su hijo parece hiperactivo pero duerme siestas inadecuadamente.

Dado que el inicio de la somnolencia puede ser muy sutil, la mayor parte de los padres no busca ayuda para sus hijos inmediatamente a menos que los síntomas sean muy dramáticos. Incluso cuando los síntomas no son tan sutiles, los padres están en lo correcto si suponen que si la somnolencia aparece en niños normales en cualquier otro aspecto, de hecho pasará. Con frecuencia así es, sea cual sea la razón, al cabo de varias semanas o meses. Cuando esto sucede, la somnolencia no era provocada por la narcolepsia, sino quizá por una infección viral de bajo grado o por un periodo de lucha emocional, pero la somnolencia que persiste debe ser analizada.

La causa de la narcolepsia
Si bien la narcolepsia no es común, indudablemente no es rara. Alrededor de un niño de cada 2 500 desarrollará el trastorno y se presenta con igual frecuencia en niños y niñas. Esto significa que si usted va a un juego de beisbol con otros 40 000 aficionados, unos dieciséis de ellos ya la sufren, o pronto la sufrirán.

No sabemos si la narcolepsia es una enfermedad genética, pero el patrón hereditario es complejo. Si usted, su cónyuge o algunos de sus hijos la padecen, entonces todos los demás tiene una posibilidad en cincuenta, no una en 2 500, de desarrollar los síntomas.

Aun así, la anormalidad biológica específica que provoca la narcolepsia sigue siendo un misterio. Ni siquiera se sabe si es o no heredada en las personas destinadas a desarrollar el trastorno. La investigación actual es alentadora y quizá pronto tendremos muchas respuestas.

El tratamiento de la narcolepsia
Los centros del sueño que tratan adultos tienen muchos pacientes narcolépticos. En nuestro centro, en el que tratamos niños, vemos muy pocos. Esto se debe a dos razones: con frecuencia los síntomas no aparecen antes de la adolescencia y las personas, familiares y médicos por igual, no los reconocen cuando están surgiendo, no hacen las preguntas adecuadas y no se preocupan lo suficiente por la somnolencia diurna como para presionar para una evaluación más profunda. Algunas veces están preocupados pero sencillamente no saben qué

hacer. Dado que los estudios del sueño y los *MSLT* aún no son rutinarios en la mayor parte de los centros médicos, y en especial en las instituciones pediátricas, usted tendrá que buscar un centro que cuente con dichas instalaciones. También en este caso, incluso si el centro más cercano a su domicilio trata principalmente adultos, tendrán experiencia con la narcolepsia y podrían serles de mucha utilidad.

Con frecuencia el tratamiento de la narcolepsia requiere del uso de medicamentos y por lo tanto debe hacerse bajo supervisión médica. Si usted trabaja de cerca con el especialista, hay cosas que podrán hacer con y por su hijo para aliviar los síntomas. El niño siempre presentará ese trastorno, pero no tiene que interferir de manera tan dolorosa con su vida social, escolar o de trabajo.

Los diferentes síntomas de la narcolepsia se tratan de manera distinta

1. Somnolencia

La somnolencia de la narcolepsia se trata con siestas y medicamentos. Fomentamos entre los pacientes narcolépticos que tomen siestas breves cuando lo necesiten durante el día. Si al niño que funciona adecuadamente se le permite tomar dos siestas relativamente breves durante el día, incluso no necesitará medicamentos para combatir la somnolencia. No tendrá que luchar contra el sueño dado que esto no le ayudará ni le impedirá desempeñarse adecuadamente durante el día. En general pedimos a la familia que se ponga en contacto con la escuela y analice el trastorno con los maestros y los asesores. En general éstos se muestran bastante dispuestos a proporcionar un lugar y un momento para que el niño tome la siesta una vez que entienden perfectamente de qué se trata y como se debe encarar dicho trastorno. Esto permite que el niño tome su siesta sin sentirse culpable o perezoso. Los maestros también son útiles para hablar con los compañeros del niño respecto del problema y desalentar las burlas.

Cuando es necesario dar medicamentos, los narcolépticos aún necesitan tomar siesta cuando lo requieran para desempeñarse mejor durante el día, sentirse menos estresados e ingerir menor cantidad de aquéllos. Nos hemos dado cuenta de que estimulantes como la pemolina (Cylert), el metilfenidato (Ritalin) y las anfetaminas son lo mejor para aliviar la somnolencia, si bien algunas veces las drogas utilizadas para tratar los otros síntomas (véase a continuación) también ayudan a reducir la somnolencia. Estas drogas presentan un potencial de abuso, pero no es una preocupación importante durante la infancia, cuando los padres controlan las dosis. Algunos adultos se muestran proclives a abusar de su medicamento, especialmente si su somnolencia no es adecuadamente controlada, pero la mayoría puede manejarlo responsablemente. No obstante, es importante recordar que se trata de drogas fuertes con efectos colaterales importantes. Si bien su uso es indispensable, se debe tener cuidado de mantener las dosis al mínimo necesario para obtener resultados satisfactorios.

Si un niño muestra sólo ligeras mejorías con los medicamentos, probablemente no sea adecuado seguir utilizándolos. No obstante, si mejora significativamente, sí lo es. Con mucha frecuencia vemos avances importantísimos en la escuela, el hogar y en la vida social cuando los niños empiezan a tomar estimulantes; cuando a un niño se le diagnostica narcolepsia, es preciso iniciar un periodo de prueba con medicamentos nada más para darse cuenta de si el niño es aún más somnoliento de lo que se sospechaba. Una vez que vemos cómo responde a éstos, podremos decidir más adecuadamente si se utilizan o no.

Dependiendo de la severidad de los síntomas, el niño podría necesitar los medicamentos una o varias veces al día y podría o no dejar de tomarlos durante los fines de semana o las vacaciones. Debe ser vigilado de cerca por un médico que conozca la narcolepsia, ya que las decisiones sobre las medicinas deben tomarse con frecuencia. Los médicos permitirán que un adolescente conduzca un auto sólo si la somnolencia y la cataplexia (véase a continuación) están adecuadamente controladas. No obstante, deben evitarse los viajes largos.

En la mejor de las circunstancias, una dosis relativamente baja de los estimulantes recetados conduce a alivios satisfactorios y la misma cantidad sigue siendo efectiva a lo largo del tiempo. Con Timothy, por ejemplo, pudimos reducir de manera importante su somnolencia diurna permitiéndole que siguiera tomando su siesta después de la escuela (y ocasionalmente en la escuela) y con una dosis mínima de metilfenidato.

Hace ya más de un año que toma el medicamento y sólo hemos tenido que incrementarlo muy ligeramente. Como resultado de este tratamiento, Timothy se siente mucho mejor y en la escuela ha mejorado considerablemente. Ya no duerme tanto por la noche y las horas después de la cena las utiliza para hacer su tarea, jugar y pasar más tiempo con su familia.

En circunstancias menos afortunadas, un niño necesita dosis cada vez más fuertes para que se observe una respuesta satisfactoria. A la larga, éstas llegan a ser inaceptablemente altas y la droga debe ser retirada para volver a iniciar con niveles más bajos o cambiar definitivamente de estimulantes. En estas circunstancias otro tipo de drogas algunas veces son útiles.

Jacqueline, como muchos niños, estaba más o menos entre ambos extremos. Sus somnolencia también respondía a los medicamentos, pero necesitaba dosis moderadamente altas de femolina. Aun así, no era necesario incrementarlas progresivamente.

ÍNDICE TEMÀTICO

SOBRE EL AUTOR

El doctor Richard Ferber es ampliamente conocido como autoridad líder en el campo de los problemas infantiles del sueño. Es director del Laboratorio del Sueño y del Centro de Trastornos Pediátricos del Sueño del Hospital Infantil de Boston (hospital infantil de enseñanza de la Universidad de Harvard). También imparte cátedra en la Escuela de Medicina de Harvard y es especialista en pediatría.

Printed in the United States
by Baker & Taylor Publisher Services